PUBLICATIONS

SAINT-SIMONIENNES.

1830 — 1836.

d.

d.

—— Enseignement. 1828—1829.

— 1° *Exposition. Première année* (1828—1829). Volume de 452 pages. *Troisième édition*, publiée en août 1854.

— 2° *Lettre au Président de la Chambre des députés*, en date du 1ᵉʳ octobre. *Troisième édition.* Mai 1854. 8 pages.

— 3° *Résumé du premier volume d'exposition ;* par Hippolyte Carnot. *Troisième édition.* Décembre 1854. 45 pages.

DOCTRINE

DE

SAINT-SIMON.

EXPOSITION.

PREMIÈRE ANNÉE.

1828 — 1829.

TROISIÈME ÉDITION.

REVUE ET CORRIGÉE.

PARIS.

AU BUREAU DU GLOBE ET DE L'ORGANISATEUR,
RUE MONSIGNY, N° 6.

M. DCCC XXXI.

PUBLICATIONS

SUR LA

DOCTRINE SAINT-SIMONIENNE.

FR. C.

Le Globe, journal quotidien de la Doctrine de Saint-Simon ; prix d'abonnement : 80 fr. pour un an ; 40 fr. pour 6 mois ; 20 fr. pour 3 mois.

L'Organisateur, gazette hebdomadaire des Saint-Simoniens ; prix d'abonnement : 25 fr. par an ; 13 fr. pour 6 mois ; 7 fr. pour 3 mois. Pour les abonnés du *Globe*, ces prix sont ainsi réduits : 20 fr. par an ; 10 fr. pour 6 mois ; 6 fr. pour 3 mois.

Exposition de la Doctrine de Saint-Simon ; 1e année, 1 vol. in-8°, 3me édition. 7 50

Exposition de la Doctrine de Saint-Simon ; 2me année, 1 vol. in-8°, *sous presse*.

Tableau synoptique de la Doctrine de Saint-Simon. . . 3 »

Appel aux Artistes ; broch. in-8°. . . . . 3 »

Lettres sur la Religion et la Politique ; in-8°. . . . . 3 »

Cinq Discours de M. Transon aux Élèves de l'École Polytechnique. . . . . 2 »

Enseignement central ; broch. in-8°. . . . . . . 2 »

Extrait de la Revue Encyclopédique ; broch. in-8°. . . 1 50

Paris. Imprimerie d'EVERAT, rue du Cadran, n° 16.

DOCTRINE
DE SAINT-SIMON.

IMPRIMERIE D'ÉVERAT,
rue du Cadran, n° 16.

DOCTRINE

DE

SAINT-SIMON.

EXPOSITION.

PREMIÈRE ANNÉE.

1828. — 1829.

TROISIÈME EDITION.

REVUE ET AUGMENTÉE.

PARIS,

AU BUREAU DE L'ORGANISATEUR,
RUE MONSIGNY, N° 6.
M. DCCC XXXI.

INTRODUCTION.

Lorsque *le Producteur* fut créé, en 1825, Saint-Simon venait de mourir. Pénétrés d'admiration pour la doctrine sublime à laquelle notre maître avait dû les dégoûts, les mépris, les injures dont il avait été abreuvé, nous nous consacrâmes à sa propagation : dès lors nous sentîmes toute l'importance de cette grande mission, nous prévîmes les obstacles qu'il nous faudrait vaincre. Certains d'être considérés d'abord comme des rêveurs, de voir les esprits les plus éclairés faire tomber sur nous, du haut de leur grandeur, quelques regards de pitié et peut-être aussi de colère, nous consentîmes à braver l'opinion des personnes qui, voyant la société actuelle divisée en deux camps, se méprendraient sur nos intentions, et nous traiteraient comme des transfuges. Nous savions qu'en refusant les titres de *libéraux* ou d'*ultras*, nos opinions politiques seraient d'abord incompréhensibles; et cependant, *affranchir* les sentimens, les sciences, l'industrie, de tous les liens qui s'opposent à leurs PROGRÈS, tel était notre désir; mais nous devions aussi montrer que de *nouveaux liens* étaient nécessaires, pour *combiner avec ordre* les efforts, pour *diriger* toute l'activité sociale vers un *même but :* ici devait s'abîmer l'esprit des hommes pour lesquels le mot d'*affranchissement* ne rappelle que *la révolte*, et de ceux qui frémissent lorsqu'ils entendent parler de *direction sociale :* les représentans des opinions arriérées allaient nous nommer *radicaux, révolutionnaires ;* tandis que les défenseurs des opinions dites *nouvelles*, mais qui déjà, pour nous, appartiennent au passé, nous appelleraient *Égyptiens, ultramontains, jésuites !*

Les difficultés que nous avions à vaincre auraient pu nous paraître insurmontables, si nous n'avions pas eu l'expérience du passé, si nous n'avions pas su que le jour qui éclaire un *grand siècle*, c'est-à-dire un siècle où apparaît une *lumière nouvelle*, trouble toujours la vue des hommes habitués depuis long-temps à l'obscurité ; le christianisme a eu plus de persécuteurs de bonne foi qu'il n'a compté de martyrs : les chrétiens devaient *affranchir* l'esclave, ils devaient détruire l'exploitation *directe* de l'homme par l'homme, aussi ont-ils été traités par les *ultras* du temps comme des révolutionnaires (1). La *communion* chrétienne préparait l'*association humaine ;* elle a rencontré ses *libéraux* dans les *schismes* qui l'ont déchirée. Nous qui croyons que l'exploitation de l'homme par l'homme, sans être *directe*, existe encore ; nous qui prétendons que l'*unité* papale n'a fait naître l'*opposition* protestante, que parce que le catholicisme ne comprenait pas en lui tous les modes de l'activité humaine, et qu'il n'était pas d'ailleurs constitué *directement pour le progrès,* comment pouvions-nous ne pas nous attendre à des obstacles semblables ?

Notre position paraissait d'autant plus difficile, que SAINT-SIMON avait laissé un très-petit nombre d'élèves, et que sa doctrine n'avait été étudiée

---

(1) *Judaeos assiduè* rebellantes, *incitante* CHRISTO, *ab urbe expulit.*

(SUETONIUS.)

scientifiquement que par très-peu de personnes. Notre premier travail devait donc surtout avoir pour but d'indiquer *les sommités* de cette nouvelle philosophie aux penseurs qui, en se réunissant un jour à nous, pourraient constituer une *école*. Nous résolûmes alors de publier un recueil périodique, *le Producteur*, où les principaux points de la doctrine seraient sommairement exposés sous la forme scientifique : suivre une pareille marche, c'était nous exposer d'autant plus à n'être pas compris par les gens qui nous liraient comme on lit un des cours de la Sorbonne ou une gazette ; c'était encore rendre très-difficile, non-seulement la rédaction de notre journal, mais son établissement financier.

Sous ce dernier rapport, nous ne nous dissimulions pas qu'il était impossible que nous fussions *rétribués* pour nos propres efforts par de nombreux abonnemens ; nous savions que, pendant quelques années au moins, leur produit ne suffirait même pas pour payer les frais d'impression. Nous nous adressâmes à quelques banquiers qui, précédemment, entraînés par les sollicitations constantes de Saint-Simon, avaient soutenu ses premiers travaux, et à d'autres personnes que leur amitié pour nous engageait à contribuer au succès des idées pour lesquelles elles nous voyaient tant d'affection et de dévoûment.

Une société en commandite par actions fut formée.

Dans le but de rendre *le Producteur* moins étranger aux habitudes du public, nous pensâmes qu'il était nécessaire d'adopter la forme de publication hebdomadaire, et de consacrer une partie du journal à des articles de technologie ou de statistique industrielle; mais nous ne tardâmes pas à reconnaître les inconvéniens de ce plan : d'une part, le format que nous adoptions favorisait la tendance du public à s'occuper en jouant des matières les plus graves; de l'autre, les articles de technologie, souvent rédigés par des personnes presque entièrement étrangères à la doctrine, pouvaient donner le change aux esprits sérieux, sans intéresser vivement les lecteurs superficiels, pour l'amusement desquels, d'ailleurs, nous ne sentions pas la nécessité de faire le moindre sacrifice.

Nous avions été à peu près forcés de commencer ainsi, parce qu'il était nécessaire de réunir d'abord autour de nous un assez grand nombre de rédacteurs, pour nous ménager la chance de trouver parmi eux des auxiliaires qui nous permettraient, dans la suite, d'entreprendre une exposition plus pure de la doctrine de notre maître. Cette raison nous avait encore engagés à payer la rédaction du journal, car nous n'ignorions pas que pour consacrer *gratuitement* son temps à des idées, il faut, avant tout, les *comprendre* et surtout les AIMER. Mais bientôt nous nous sentîmes assez forts pour ne plus recourir à ce moyen, et pour soutenir, par le travail assidu de six personnes, la publication du journal; et cependant cette tâche était assez pénible; aucun de nous ne jouissait du *magnifique privilège* de pouvoir vivre sans travailler; nous étions tous, au contraire, sans cesse distraits de nos spéculations philosophiques par des occupations qui leur étaient étrangères.

Le Producteur parut alors chaque mois, par cahier de douze feuilles d'impression, et fut consacré tout entier à l'exposition plus détaillée et plus méthodique de plusieurs points importans de la philosophie de SAINT-SIMON. Les grands phénomènes que présente le développement INDUSTRIEL et SCIENTIFIQUE de l'espèce humaine furent *parti-*

culièrement employés par nous à la démonstration des vues générales de l'école sur l'avenir qu'ils annoncent et nécessitent.

Nos efforts ne tardèrent pas à être couronnés du genre de *succès* que nous avions prévu ; bien des gens daignèrent nous épargner, par égard pour notre qualité de *rêveurs*; d'autres nous firent l'honneur de nous ranger dans cette classe de *jeunes imberbes qui veulent régenter le monde*. Toutes les opinions arriérées, de quelques noms qu'elle se parassent, semblèrent alarmées ; les disciples du dix-huitième siècle surtout nous jugèrent dignes de leurs coups. Mais un phénomène remarquable s'opérait dans cette espèce de combat, nos mots de ralliement passaient peu à peu dans le camp de nos adversaires.

Un philosophe du dix-huitième siècle, D'ALEMBERT, avait déjà remarqué que l'on commençait par flétrir les *novateurs* du nom de *rêveurs*, et qu'on finissait par les accuser de *plagiat*; il aurait pu observer encore qu'après ces précautions on s'emparait de leurs idées, tout en continuant de les attaquer dans leur source : tout cela nous est arrivé, et nous nous en sommes réjouis, parce que nous y avons vu la marche naturelle que devait suivre, dans son progrès, la doctrine dont nous étions les organes.

Nous avions obtenu le résultat le plus important que nous pussions espérer: l'*école* de Saint-Simon était constituée; nous étions même désignés sous ce nom par les personnes qui attaquaient nos idées, et nous attachions beaucoup de prix à cette désignation, précisément à cause de l'anomalie qu'elle exprime aujourd'hui. Nos mœurs philosophiques, aussi bien que nos passions politiques, nous ont habitués, depuis quelques siècles, à voir dans un *maître* un tyran, un despote; à établir sur le terrain de la science un système de *souveraineté individuelle*, constituant la *lutte* entre toutes les intelligences; chacun prétend trouver en lui-même le maître et l'élève, au moyen de la double révélation et de l'action réciproque de la *conscience* et de la *raison*, divinités mystiques de l'ontologie moderne. Nos jeunes philosophes ont même trouvé un mot qui peint merveilleusement cette anarchie intellectuelle: demandez-leur à quelle école ils appartiennent, ils répondront : Nous sommes de l'école *éclectique;* c'est comme s'il disaient: Nous ne sommes de l'école de personne; et ils ont bien raison, car aucune des vieilles philosophies qu'ils cultivent ne convient à l'état actuel de la civilisation, Un homme ne *constitue* une *école* et ne lui donne son nom, que lorsqu'il produit un *système* nouveau, *généralisant* tous les faits observés, et donnant ainsi une *direction* aux observations nouvelles. Cette remarque, qui s'applique aux spécialités scientifiques comme à la philosophie, et qui nous fait dire l'école de Newton, comme celle de Socrate, s'étend aussi aux systèmes politiques : le pouvoir de *constituer une société* n'est donné qu'aux hommes qui savent trouver le *lien* du passé et de l'avenir de l'espèce humaine, et coordonner ainsi ses *souvenirs* avec ses *espérances*, rattacher, en d'autres termes, la *tradition* aux *prévisions*, et satisfaire également les *regrets* et les *désirs* de tous. Si Grégoire VII, par exemple, a constitué l'ordre social du moyen âge, si Mahomet a fondé l'islamisme, c'est que l'un et l'autre sentaient vivement les *besoins généraux* des masses qu'ils dirigeaient.

Revenons au *Producteur*. Le nouveau mode de publication que nous avions adopté nous avait permis de faire une économie tellement considérable, que jamais ouvrage périodique ne s'est soutenu à moins de frais. Cependant le moment approchait où nos ressources allaient être épuisées. Pénétrés de la nécessité de continuer le développement des idées sur lesquelles nous avions commencé à fixer l'attention d'un public, peu nombreux, il est vrai, mais livré à des études sérieuses, nous fîmes tous nos efforts pour déterminer deux personnes qui avaient jusqu'alors consacré le plus d'argent à favoriser les travaux de Saint-Simon et les nôtres, à donner encore leur appui au *Producteur;* nous leur montrâmes d'abord que le *maximum* des dépenses annuelles du *Producteur,* et par conséquent du sacrifice probable qui serait nécessaire, en supposant que le nombre des abonnés n'augmentât pas, s'élèverait à une somme bien modique, à peine 5,000 fr. (1). Ensuite nous cherchâmes à leur faire sentir que si nous étions dans l'impossibilité de faire ce sacrifice, si léger pour des mil-

---

(1) Ces détails nous ont paru nécessaires pour faire apprécier les difficultés de tous genres qui entourent les premiers pas d'une doctrine nouvelle. Quelque faible que soit l'impression produite par la publication du *Producteur*, il n'est pas un de ses lecteurs aujourd'hui, même parmi ceux qui n'ont pas adopté les principes développés dans cet ouvrage, qui ne le regarde comme ayant soulevé de grandes idées, et méritant ainsi l'attention des esprits sérieux, et l'appui des hommes qui s'intéressent aux progrès de l'humanité.

lionnaires, mais trop pesant pour des hommes qui n'ont d'autre fortune que leur travail, celui auquel nous nous obligions nous-mêmes, en nous engageant à continuer gratuitement la rédaction, jusqu'au moment où les produits couvriraient les dépenses, pouvait donner une idée du dévoûment que notre doctrine savait inspirer. Nos démarches n'eurent aucun succès; la publication du *Producteur* fut suspendue.

Le travail pénible auquel nous avions été obligés de nous livrer pour rédiger un système d'idées entièrement neuf, et pour épargner à nos lecteurs une partie des difficultés que nous avions éprouvées à nous l'approprier, nous avait empêchés de nous apercevoir que nous comptions trop sur nos forces, en pensant pouvoir continuer ce que nous avions fait pendant une année; le repos nous était devenu indispensable, et nous en fûmes tous avertis par des maladies plus ou moins graves qui auraient, malgré nous, suspendu nos travaux.

Nous éprouvâmes bientôt, d'ailleurs, quelques compensations à la peine que cette suspension nous avait fait ressentir. La presse ne nous mettant plus en communication avec le public, les personnes qui avaient pris intérêt aux idées de l'école s'empressèrent de s'approcher de nous ; des correspondances vraiment *apostoliques* s'ouvrirent avec de nouveaux *initiés* ; ils invoquaient l'esprit de Saint-Simon pour les diriger au milieu de la confusion produite dans leurs sentimens et dans leurs idées par cette nouvelle doctrine, qui, ébranlant tous leurs préjugés, appelait en eux une complète régénération. Chacun de nous s'entoura promptement de quelques-uns de ces hommes, si nombreux aujourd'hui, qui, las du vide intellectuel et moral des doctrines politiques ou philosophiques professées dans les salons, dégoûtés du passé, fatigués du présent, appellent un avenir qu'ils ignorent, mais auquel ils demandent la solution des grands problèmes que présente la marche progressive de l'espèce humaine.

Ainsi, après nous être adressés pendant quelque temps au public, par l'organe du *Producteur*, nous pouvions agir alors personnellement sur ceux de nos lecteurs qui avaient adopté quelques-unes des vues générales de l'école, et qui désiraient vivement compléter leur initiation. Des réunions se formèrent, et le développement de la doctrine y fut continué par l'un de nous. Des centres de propagation s'établirent sur divers points ; les ouvrages de Saint-Simon, *le Producteur* et notre correspondance, appuyés des éclaircissemens que des discussions consciencieuses et approfondies exigeaient, furent distribués avec choix; en un mot, la *parole* nous servit mieux encore que ne l'avait fait la presse, et le nombre des partisans dévoués de la doctrine nouvelle s'accrut rapidement; car chacun de nous, aujourd'hui, peut se féliciter d'avoir réuni à l'école un plus grand nombre de disciples que Saint-Simon n'en comptait autour de son lit de mort.

Ces avantages ne nous empêchaient pas, cependant, de reconnaître l'utilité qu'il y aurait, surtout depuis que les bases de l'école s'étaient étendues et affermies, à se servir de la presse pour propager notre doctrine; quelques-uns de nous, pendant la suspension du *Producteur*, avaient publié des ouvrages, où des parties importantes, mais presque toujours isolées, de la philosophie de Saint-Simon étaient développées. Toutefois, ces travaux particuliers ne pouvaient pas remplir le but que nous avions en vue. C'était l'ensemble de la doctrine dont il fallait continuer les développemens ébauchés par nos premières publications.

L'exposition orale ne suffisait plus, d'ailleurs,

pour le nombre des personnes qui étudiaient nos idées ; la correspondance employait un temps précieux, et devenait aussi trop multipliée ; elle exigeait la répétition trop fréquente des mêmes idées à des personnes différentes ; car les mêmes éclaircissemens nous étaient souvent demandés dans divers lieux ; enfin nous étions certains que l'existence continuée de l'école, et ses progrès connus, excitaient la curiosité de nos anciens adversaires, qui autrefois avaient si peu approfondi la doctrine que nous leur avions fait connaître, qu'ils avaient célébré gaîment ses funérailles en annonçant la suspension du *Producteur;* quelques-uns même avaient pensé que, revenus de cette folie de jeunesse, désabusés des illusions que SAINT-SIMON avait fait naître dans nos esprits, nous avions été ramenés par la réflexion à des idées plus saines ; cependant chaque jour ils entendaient parler avec surprise de conversions qui amenaient vers nous quelques-uns de leurs frères d'armes : eux-mêmes daignaient reconnaître qu'il y avait bien, en effet, quelques bonnes idées dans la doctrine du *Producteur.* Ils osaient avouer, chose miraculeuse cependant, que ce fou de SAINT-SIMON avait formé des élèves assez forts ; d'autres commençaient à trouver assez singulier, si la doctrine n'était qu'un composé de rêveries, même de rêveries ingénieuses, que l'école se recrutât particulièrement dans la classe des hommes qui se paient le moins de rêveries, c'est-à-dire de ceux qui ont consacré leur vie à l'étude des *sciences positives;* tandis qu'il était évident, au contraire, que les faiseurs de phrases, les habiles diseurs, ce qu'on appelle, en un mot, les *littérateurs*, ne figuraient pas dans nos rangs ; d'autres, enfin, reconnaissaient l'excellence de plusieurs de nos principes, et, par exemple, la haute utilité de la méthode indiquée par nous pour classer les faits humains dans l'étude de l'histoire ; ils adoptaient même, sur la foi des démonstrations que nous en donnions à l'aide de cette méthode, quelques-unes de nos vues les plus importantes sur le passé et sur l'avenir de l'humanité. Toutes ces dispositions nous prouvaient que nous touchions à la seconde crise qui menace les novateurs, et que nous allions voir disparaître bientôt, des discussions qu'exciterait la réapparition publique de la doctrine, les attaques semblables à celles qui avaient été dirigées contre la *personne* de SAINT-SIMON, les plaisanteries plus ou moins insignifiantes qui nous avaient été prodiguées, enfin cette légèreté qui fait prononcer sur des idées, avant de s'être donné la peine de les lire et de les étudier, avec d'autant plus de soin qu'elles sont plus nouvelles.

Nous nous décidâmes donc à nous adresser de nouveau au public par la voie de la presse. La position de l'école était changée; nous nous sentions plus forts que nous ne l'étions à la mort de Saint-Simon; plus forts qu'au moment où la publication du *Producteur* avait été suspendue; nous n'étions plus dans la dure nécessité de solliciter l'appui des personnes qui, par des considérations étrangères à la doctrine, avaient contribué à sa propagation; non-seulement l'extension que nous avions donnée à nos relations nous offrait la presque certitude que nous aurions un assez grand nombre de lecteurs pour n'éprouver aucune inquiétude sur les moyens de couvrir nos dépenses, mais déjà le nombre des personnes qui s'étaient ralliées à nous, pour le succès de la doctrine de notre maître, était assez considérable pour garantir que, quels que fussent les efforts entrepris, ils seraient continués sans interruption; déjà l'école présentait l'aspect d'une association intime, forte, dont tous les membres étaient unis par une pensée puissante et généreuse. Cet accord unanime nous rappelait les difficultés, nous dirons même les dégoûts que nous avions éprouvés, lorsque l'école de Saint-Simon, naissante à peine, avait fait tant d'efforts inutiles pour n'être pas condamnée au silence. Ici, au contraire, un même esprit nous animait; nous formions tous les mêmes vœux, les mêmes espérances; nous portions nos regards vers un même but, l'accomplissement des destinées humaines, l'élévation *morale, intellectuelle* et *industrielle* des générations futures.

Les détails auxquels nous venons de nous livrer donneront principalement l'idée des obstacles matériels que la doctrine de Saint-Simon a jusqu'à présent rencontrés, et dont elle a triomphé; ils indiqueront également la marche suivie dans la composition du personnel de l'école, et, sous ce rapport, nous désirons surtout qu'ils fassent partager à nos lecteurs le sentiment que nous éprouvons si vivement à l'aspect d'une association formée avec tant de peine, luttant contre les préjugés et les répugnances que de vieilles habitudes, qu'une vieille éducation, opposent toujours à des idées nouvelles. Le zèle qui nous anime, le dévoûment auquel nous nous sentons capables de nous abandonner, nous donnent sans doute une physionomie étrange, placés comme nous le sommes au milieu d'une société qui n'éprouve de *sympathie* vive pour aucune entreprise générale, qui ne sait se *passionner* que pour des intérêts purement individuels, qui *calcule* ce que doivent pécuniairement rapporter, même les actes où les sentimens les plus tendres devraient seuls se faire écouter, qui enfin est livrée tout entière à l'ÉGOÏSME. Ce n'est pas un succès financier que l'école désire ; nous n'espérons pas non plus, pendant long-temps du moins, durant toute notre vie, peut-être, voir changer en reconnaissance, en affection, la légèreté dédaigneuse, et l'hostilité que nous nous attendons à exciter plus fortement que jamais contre nous, lorsque des réputations caduques, des intérêts rétrogrades, qui exercent encore une assez grande puissance, se sentiront plus ouvertement attaqués par nous.

Nous savons quelle est la destinée des hommes qui luttent contre le PRÉSENT avec les armes du PASSÉ ; les souffrances que leur commande un noble dévoûment nous inspirent la PITIÉ ; mais nous connaissons aussi le sort promis à ceux qui, les premiers, montrent à leur siècle la route d'un long AVENIR; pour ceux-là seuls nous réservons NOTRE AMOUR.

Notre tâche n'est pas terminée, il nous reste à exposer la marche des travaux de l'école.

Nous l'avons déjà dit, les quatre premiers volumes du *Producteur* ont été presque exclusivement consacrés au développement des séries historiques relatives aux faits INDUSTRIELS et SCIENTIFIQUES, d'où ressortaient des considérations sur l'organisation politique des *savans*, et sur les combinaisons favorables aux plus grands efforts de l'*industrie*. Nous sommes loin d'avoir épuisé une source si féconde d'observations; peu d'idées ont encore été émises sur l'ordre des travaux scientifiques, sur le lien encyclopédique des sciences, sur les institutions politiques qui doivent unir les *sciences* à *l'industrie*, ou les faire servir au développement des *sentimens* sociaux; la grande question de l'éducation, celle, tout aussi vaste, du perfectionnement constant des sciences, pouvaient à peine être indiquées; nous en exposerons plus loin la raison. De même, en nous occupant du crédit, des banques, des relations à établir entre les directeurs des travaux industriels et les hommes qui les exécutent, nous avons été forcés, avant toutes choses, de déblayer le terrain sur lequel nous nous placions, et, dans ce but, nous avons employé nos efforts à démontrer la *décroissance constante de l'influence des militaires,* c'est-à-dire de l'EXPLOITATION DE L'HOMME PAR L'HOMME, et en même temps les *progrès des travailleurs pacifiques,* c'est-à-dire de l'EXPLOITATION DU GLOBE PAR L'INDUSTRIE. Ces travaux préliminaires, indispensables, ne nous permirent donc pas de traiter, dans son ensemble, la superbe question de l'organisation matérielle de la société, ou, en d'autres termes, de la *constitution de la propriété.* Enfin, dans cette seconde série de travaux, nous rencontrions le même obstacle qui s'opposait, comme nous venons de le dire, à ce que les questions les plus générales de l'ordre scientifique fussent encore traitées par nous.

En nous expliquant sur les causes qui arrêtaient ainsi notre pensée dans certaines limites, nous allons donner une idée de la nouvelle carrière que l'école a dû parcourir, depuis le *Producteur,* pour compléter, dans les termes les plus généraux, l'exposition d'une doctrine qui comprend aussi bien les phénomènes de l'activité SENTIMENTALE de l'homme, que ceux qui nous sont offerts par la marche progressive des SCIENCES et de l'INDUSTRIE.

Les *beaux-arts*, en donnant à ce mot la valeur que nous lui avons attribuée, c'est-à-dire en l'appliquant à toute expression des *sympathies* et des *antipathies* de l'homme, les beaux-arts, ou la vie *passionnée* de l'espèce humaine, peuvent être scientifiquement observés, dans leur développement, avec la même méthode que nous avons employée pour étudier les progrès scientifiques et industriels de la société : les faits historiques, qui doivent être classés sous cette dénomination, donnent également lieu à l'établissement de séries régulières, dont les lois expriment, sous une nouvelle forme, l'avenir social. Nous avons proclamé, dans l'ancien *Producteur*, toute l'importance de cette partie de la doctrine de Saint-Simon; mais nous nous sommes conformés à l'exemple de notre maître, nous avons cru devoir commencer par poser les bases *scientifiques* de sa doctrine, et nous nous sommes empressés d'y rattacher *d'abord* les faits les plus palpables, ceux qui ont évidemment conservé la plus grande influence, parce qu'ils s'adressent aux intérêts matériels, aujourd'hui si puissans, c'est-à-dire les faits *industriels*.

L'école a donc un champ presqu'entièrement neuf à exploiter : là se présenteront en foule à nos yeux les ruines de ces grands monumens qui attestent le perfectionnement MORAL de l'humanité. Les sentimens créés par la poésie, exprimés par la parole, le chant, l'harmonie, par la peinture, la sculpture, l'architecture, se réunissant tous dans la pompe majestueuse du culte, ont laissé des traces qu'il est facile de suivre dans l'histoire : à chaque époque de civilisation, la législation porte leur empreinte, ils apparaissent dans les perfectionnemens du langage, dans les habitudes, dans les jeux du peuple, comme dans les passions de ses maîtres.

En effleurant à peine, dans l'ancien *Producteur*, les questions relatives à ce nouvel ordre de travaux, nous étions privés des moyens de donner aux faits dont nous nous occupions le degré de *généralité* nécessaire pour faire *sentir* toute leur importance dans le développement de l'espèce humaine; mais cette abstraction nous permettait d'éviter la confusion qui aurait pu résulter de l'influence simultanée de deux principes, sinon contradictoires, puisqu'ils mènent au même but, du moins très-différens, puisqu'ils y conduisent par deux routes distinctes; nous voulons parler du *raisonnement* et de la *sympathie*, en d'autres termes, de la *science* et de la *poésie*. Ainsi, il nous paraît évident, par exemple, que si les adversaires de la traite des nègres, qui cherchent à détruire l'esclavage dans les colonies, s'efforcent de *démontrer* que, dans l'*intérêt* de la production matérielle, l'esclavage est un mauvais *calcul*, d'autres hommes sont arrivés autrement en Europe au même résultat; l'esclavage a cessé par d'autres moyens, ou du moins d'autres moyens ont puissamment contribué à nous en délivrer. En deux mots, le *calcul* ou le raisonnement, la *science*, appliquée aux *intérêts matériels*, n'est pas le seul mobile des actes humains; nous agissons par suite de *sympathies* que les beaux-arts excitent et favorisent; nous sommes *raisonneurs*, mais aussi *passionnés*; nous sommes *intéressés*, et cependant nous savons nous livrer au *dévoûment* le plus généreux.

L'école devait donc montrer quels sont les actes *passionnés* qui ont favorisé ou contrarié la marche de la société; elle devait observer les différences qui existent dans les formes sous lesquelles, à chaque époque de civilisation, se témoignent les *sympathies* humaines. Les sentimens de *famille*, ceux qui ont attaché le citoyen à la *patrie*, et qui doivent unir aujourd'hui l'homme à l'*espèce hu-*

maine tout entière, ceux enfin qui portent l'être doué de la vie à la répandre sur tout ce qui l'entoure, voilà les sources nouvelles où nous devions puiser.

Nous avions alors à reprendre les résultats auxquels nous avions été conduits dans le *Producteur*, par l'examen des faits *industriels* ou des faits *scientifiques*. Les sciences, l'industrie allaient nous apparaître surtout comme les *moyens* de placer l'homme dans les conditions les plus favorables au développement de ses SENTIMENS d'affection pour les *faibles*, de soumission pour les *puissans*, d'amour pour l'*ordre social*, d'adoration pour l'*harmonie universelle*. Les *poètes*, ceux surtout qui, animés de l'esprit prophétique, ont chanté l'*avenir*, mais ceux aussi qui, privés d'inspirations nouvelles, ont célébré le *passé*, devenaient nos guides; nous devions étudier les sentimens que leur chaleur entraînante a fait naître, ou ceux qu'ils s'efforçaient en vain de ressusciter. Il nous fallait découvrir quelle a été l'influence constante des *femmes* sur l'adoucissement de nos mœurs, et à quelle élévation morale, d'esclaves avilies qu'elles étaient, elles sont parvenues; il nous fallait surtout faire sentir le sort que leur réserve un avenir qui, après les avoir complétement affranchies du joug barbare que des passions brutales leur ont imposé, reconnaîtra en elles le type de cette puissance sympathique qui excita d'abord l'horreur pour les sacrifices humains, brisa plus tard les chaînes de l'esclave, et prononça enfin ce mot sublime, *philanthropie*.

Cet exposé rapide suffira sans doute pour faire apprécier l'étendue immense du champ qui s'ouvrait devant nous. Le cercle qu'embrasse la doctrine comprend tous les phénomènes humains, dans leurs plus hautes généralités; et, c'est à ce titre que nous réclamions d'abord pour elle le beau nom de philosophie (1), prodigué si complaisamment de nos jours.

Nous sommes habitués à entendre nommer cé-

---

(1) Un autre nom, plus grand encore, lui est réservé, un nom que toutes les doctrines qui ont dirigé les peuples ont successivement pris et quitté, celui de *religion*. Ainsi les *philosophes* de la Grèce et de l'Italie, après avoir long-temps parcouru, et enfin senti le vide dans lequel leurs interminables discussions étaient agitées, se sont tous *ralliés* à la voix du Christ, et la *religion* chrétienne a été fondée; et depuis trois siècles les *chrétiens*, renonçant à leur Communion, se sont détachés de l'*Église* pour former des *écoles* philosophiques, qui s'éteignent à leur tour comme celles d'Athènes et de Rome, et se dirigent, à leur insu même, vers l'Église nouvelle.

lèbre *historien* le compilateur de petits faits renfermés dans de vieilles chroniques ; on appelle également profond *publiciste* un homme qui prévoit la chute d'un ministère d'un jour, et la naissance de celui qui lui succède pour mourir lui-même le lendemain ; mais nos philosophes rencontrent une indulgence plus grande encore, l'exigence à leur égard est ausi petite que possible. En effet, pour suivre des cours de droit ou de médecine, pour obtenir les grades universitaires les plus obscurs, dans les sciences et dans les lettres, il faut pouvoir subir un examen de philosophie ; donc, pour être philosophe, il n'est pas nécessaire de connaître les principes de la législation et des sciences, ni d'avoir réfléchi sur l'influence sociale exercée par la poésie ; ce n'est pas tout encore, parlez à nos philosophes du *crédit*, des *emprunts*, de la *population*, des *douanes* ; cherchez à connaître leur pensée sur quelques-unes des questions les plus intéressantes de l'ordre industriel, telle que l'organisation du travail, la constitution de la propriété, les corporations, etc., les plus hardis vous répondent par quelques lieux communs d'une science arriérée, les autres disent naïvement : Nous n'avons pas étudié l'*économie politique*.

Pour nous, l'*histoire*, la *science sociale*, et la *philosophie* ont une autre importance ; le but qu'elles doivent se proposer n'est pas de récréer, par le récit de quelques historiettes, un public ennuyé, ou de l'intéresser à des événemens politiques qui n'auront qu'un instant de durée, ou bien encore de le distraire par des discussions arides, incomplètes, arriérées, sur les procédés, sur le mécanisme des facultés intellectuelles ; il faut qu'elles révèlent avec certitude à l'humanité son avenir, qu'elles le justifient par sa marche passée, qu'elles lui montrent les progrès déjà accomplis, et ceux qui lui restent à faire, enfin qu'elles la passionnent pour ce noble but de ses travaux, pour cette grande récompense de ses efforts, pour cette douce compensation de ses longues souffrances.

En donnant à nos travaux ce sublime caractère, notre enthousiasme, nous le savons, fera sourire les sceptiques de nos jours ; ils seront surpris de trouver autour d'eux une semblable exaltation, qu'ils ne sauraient concevoir, parce qu'ils ne connaissent rien qui puisse l'exciter en eux ; ils admirent tous cependant Socrate mourant pour ses croyances, mais tous se précipiteraient à genoux, comme Galilée, pour abjurer les leurs : qu'ils réfléchissent un instant sur Saint-Simon, sur notre maître, sur cette vie de sacrifices, d'humiliations même, sur ce calme imperturbable, qui le faisait, en présence de la mort, s'entretenir avec nous de l'avenir de l'espèce humaine; peut-être alors sentiront-ils qu'un nouveau Socrate a pu paraître, que l'humanité pouvait encore assister à un aussi grand phénomène, enfin que la révélation d'une philosophie nouvelle devait encore illustrer le monde.

La disposition des esprits auxquels nous nous adressons ne nous a pas encore permis d'entreprendre un enseignement dogmatique de la doctrine; nous avons dû marcher pas à pas, prendre les penseurs de notre époque sur leur terrain (c'était là que Saint-Simon nous avait pris nous-mêmes), pour les amener sur le nôtre. Nous devions employer avec eux l'arme dont ils se servent avec tant d'ardeur, la *critique;* les dégoûter de leurs *croyances* anarchiques, leur faire sentir les souffrances *morales, intellectuelles* et *physiques,* qui accablent les masses, dans une époque de désordre comme la nôtre, souffrances qui sont d'autant plus cuisantes qu'on a l'âme généreuse, l'intelligence élevée et une puissante activité ; nous devions surtout exposer devant eux les titres qui nous donnaient le droit de leur parler bientôt d'amour, de poésie, de RELIGION, et, pour cela, nous asseoir fermement sur le terrain de la *science* et de l'*industrie* (1), combattre les préjugés des *savans* et des *économistes* de nos jours, attaquer les dogmes d'une politique *dissolvante*, qui fut long-temps nécessaire pour *détruire* un ordre social vicieux, qui l'est encore, comme *obstacle* à la *rétrogradation*, mais dont la puissance purement *négative* ne saurait commander l'enthousiasme et le dévoûment, aujourd'hui que tout a été *nié*, jusque dans les rangs les plus obscurs de la société.

Tel est le but du volume que nous publions aujourd'hui, et qui renferme les résumés des séances d'une exposition publique, faite l'année dernière (1829) : nous allons en présenter l'abrégé très-sommaire, pour en faire saisir l'ordre, et en faciliter ainsi la lecture.

---

(1) « Si je fais quelque cas de la science, disait LEIBNITZ, c'est parce qu'elle me donne le droit de réclamer le silence quand je parle de religion. »

PREMIÈRE SÉANCE.

Cette séance est consacrée à faire sentir la situation douloureuse dans laquelle se trouve, en ce moment, la société européenne : tous les liens d'affection brisés, des regrets ou des craintes partout, des joies et des espérances nulle part; la défiance et la haine, le charlatanisme et la ruse présidant aux relations générales, et apparaissant aussi dans les relations les plus particulières. Ce désordre, nous le signalons dans la *politique* qui nous DIVISE, au nom du *pouvoir* et de la *liberté;* dans les *sciences* qui n'ont aucun lien entre elles, qui sont DÉSUNIES comme les hommes qui les cultivent; dans l'*industrie*, où une CONCURRENCE acharnée sacrifie tant de victimes, et élève des temples brillans à la fraude, à la mauvaise foi; dans les *beaux-arts*, enfin, qui, privés d'inspirations larges et généreuses, languissent décolorés, et ne retrouvent de force que pour salir, pour DÉCHIRER ce monde qui les blesse et les épouvante.—En présence de cette crise terrible, nous appelons l'humanité à une vie nouvelle, nous demandons à ces hommes *divisés, isolés, en lutte,* si le moment n'est pas venu de découvrir le nouveau LIEN d'*affection*, de *doctrine* et d'*activité* qui doit les UNIR, les faire marcher EN PAIX, avec ORDRE, avec AMOUR, vers une COMMUNE destinée, et donner à la société, au globe lui-même, au monde tout entier, un caractère d'*union*, de *sagesse* et de *beauté*, qui fasse succéder l'hymne de grâce aux cris de désespoir que fait entendre aujourd'hui le génie.

DEUXIÈME SÉANCE.

Un pareil avenir est-il possible ? Ouvrant le grand livre des traditions, nous voyons la société humaine s'avancer, effectivement, sans cesse, vers cet avenir que SAINT-SIMON lui annonce aujourd'hui : nous la voyons marcher à travers des époques d'ORDRE et de DÉSORDRE *élevant*, *détruisant* chaque fois l'édifice, toujours de plus en plus parfait, dans lequel s'élaborent et se préparent ses pacifiques destinées. Alors, notre vue se reporte avec plus de calme sur la *crise* actuelle, précédemment signalée : à des crises semblables dans le passé, à des momens de DÉSORDRE, d'*anarchie*, d'*égoïsme*, d'*athéisme*, nous avons vu succéder une *hiérarchie*, un *dévoûment*, une *foi*, en un mot, un ORDRE nouveau; nous savons, par exemple, que les divinités de l'Olympe et leurs prêtres, et que le patriciat de Rome, sont tombés sous les coups des philosophes et des affranchis, comme notre foi catholique, ses ministres, et notre noblesse féodale, ont été frappés à mort par nos savans, nos légistes, et nos bourgeois, par notre *tiers-état;* mais les disciples du Christ n'ont pas douté de l'avenir de l'humanité, pourquoi ceux de Saint-Simon en désespéreraient-ils ?

TROISIÈME SÉANCE.

Mais quelle est cette nouvelle manière d'envisager *l'histoire,* de faire, pour ainsi dire, raconter au *passé l'avenir* de l'humanité ? De quelle valeur est donc cette *preuve,* apportée par nous à l'appui de nos rêves d'avenir ? Une science nouvelle, une science aussi *positive* que toutes celles qui méritent ce titre, a été conçue par Saint-Simon : cette science est celle de *l'espèce humaine;* sa méthode est la même que celle qui est employée en astronomie, en physique; les faits y sont classés par séries de termes homogènes, enchaînés par ordre de *généralisation* et de *particularisation,* de manière à faire ressortir leur TENDANCE, c'est-à-dire à montrer la loi de *croissance* et de *décroissance* à laquelle ils sont soumis.

QUATRIÈME SÉANCE.

Une première application de cette science vient justifier la tendance de l'espèce humaine vers l'*association universelle,* ou, en d'autres termes, la décroissance constante de l'*antagonisme*, exprimée successivement par ces mots : *familles, castes, cités, nations,* HUMANITÉ; d'où résulte, que les sociétés, constituées primitivement pour la *guerre,* tendent à se confondre en une ASSOCIATION *pacifique* UNIVERSELLE.

CINQUIÈME SÉANCE.

Un tableau général du développement de l'espèce humaine, embrassant le monothéisme juif, le polythéisme grec et romain, et le christianisme jusqu'à nos jours, fait ressortir avec évidence cette loi du PROGRÈS. JÉRUSALEM, ROME des CÉSARS, et ROME du monde chrétien, voilà les trois grandes cités initiatrices du genre humain. MOÏSE, NUMA, JÉSUS, ont enfanté des peuples morts ou mourant aujourd'hui. Quel sera le PÈRE de la race future? où est la ville du PROGRÈS, qui s'élèvera, GLORIEUSE, sur les ruines des cités de l'EXPIATION et de la RÉDEMPTION ? où es la Jérusalem nouvelle?

SIXIÈME SÉANCE.

L'homme a jusqu'ici exploité l'homme. Maîtres esclaves; patricien, plébéien; seigneurs, serfs; propriétaires, fermiers; oisifs et travailleurs, voilà l'histoire progressive de l'humanité jusqu'à nos jours; ASSOCIATION UNIVERSELLE, voilà notre avenir; *à chacun suivant sa capacité, à chaque capacité suivant ses œuvres,* voilà le DROIT nouveau, qui remplace celui de la *conquête* et de la *naissance :* l'homme n'exploite plus l'homme; mais l'homme, associé à l'homme, exploite le monde livré à sa puissance.

SEPTIÈME SÉANCE.

Ce nouveau *droit*, celui de la CAPACITÉ, substitué à celui du *plus fort* et au privilége de la *naissance,* est-il conforme aux lois de la *nature,* à la volonté *divine,* à l'*utilité* générale? La nature, Dieu, l'utilité, ont *permis* à l'homme d'avoir des esclaves; plus tard, ils le lui ont *défendu;* ils lui ont donné des *serfs*, mais leurs chaînes sont brisées ; ils lui permettent encore de vivre, dans l'*oisiveté*, des sueurs du *travailleur*, des larmes de l'enfance et de la vieillesse ; mais Saint-Simon est venu lui dire : Ton oisiveté est contre *nature*, *impie*, *nuisible* à tous et à toi-même, TU TRAVAILLERAS.

Hommes ! formez une armée *pacifique*, et ne dites pas, cela est impossible ; vous avez été braves dans les camps, naguère vous saviez tous vous ranger sous un *chef*, vous classer *hiérarchiquement*, reconnaître des *guides*, marcher avec *ordre*, *économie*, et surtout avec ENTHOUSIASME ; et où couriez-vous ainsi ? Ravager le monde, porter partout des larmes, du sang, la MORT ! Suivez-moi, rangez-vous, reconnaissez de nouveaux guides, soyez courageux encore, car vous avez de grands et nobles travaux à faire ; suivez-moi, j'apporte la VIE.

HUITIÈME SÉANCE.

Eh ! que viennent nous dire aujourd'hui nos légistes, publicistes, économistes ? leur science nous prouvera-t-elle qu'à jamais la richesse et la misère seront *héréditaires* ; que le repos peut s'acquérir par le repos ; que la richesse est l'inséparable *apanage* de l'oisiveté? Nous prouvera-t-elle aussi que le fils du pauvre est *libre* comme celui du riche? Libre! quand on manque de pain! Qu'ils sont *égaux en droits?* Égaux en droits! lorsque l'un a le droit de vivre sans travailler, et que l'autre, s'il ne travaille pas, n'a plus que le droit de mourir.....!

Ils nous répètent sans cesse que la propriété est la base de l'ordre social; nous aussi, nous proclamons cette éternelle vérité. Mais qui sera propriétaire? est-ce le fils *oisif, ignorant,* IMMORAL du *défunt*, ou bien est-ce l'homme capable de remplir dignement sa *fonction* sociale? Ils prétendent que tous les priviléges de la naissance sont détruits : Eh! qu'est-ce donc que l'hérédité, dans le sein des familles? Qu'est-ce que la transmission de la fortune des pères aux enfans, sans autre raison que la filiation du sang, si ce n'est le plus *immoral* de tous les priviléges, celui de *vivre en société sans travailler,* ou d'y être récompensé au-delà de ses œuvres?

Triste science, qui aurait maintenu le servage, qui aurait défendu à JÉSUS de prêcher la *fraternité* humaine, dans la crainte que sa parole ne retentît à l'oreille d'un esclave; triste science, qui, dans une époque plus reculée encore, aurait célébré la justice de l'anthropophagie!

Oui, tous nos théoriciens politiques ont les yeux tournés vers le passé, ceux même, ceux surtout qui se prétendent dignes de l'avenir; et lorsque nous leur annonçons que le règne du TRAVAIL arrive, que celui de l'OISIVETÉ est fini, ils nous traitent de rêveurs; ils nous disent que le fils a toujours *hérité* de son père, comme un païen aurait dit que l'homme libre avait toujours eu des esclaves; mais l'humanité l'a proclamé par JÉSUS, PLUS D'ESCLAVAGE! par SAINT-SIMON elle s'écrie: *A chacun selon sa capacité, à chaque capacité selon ses œuvres*, PLUS D'HÉRITAGE!

NEUVIÈME, DIXIÈME, ONZIÈME SÉANCES.

Mais la répartition des instrumens et des produits de l'industrie n'est pas le seul objet du gouvernement des sociétés futures; une autre distribution réclame les soins paternels des directeurs de l'humanité. Inspirer à tous les hommes, développer, cultiver en eux les SENTIMENS, les *connaissances*, les *habitudes* qui doivent les rendre dignes d'être les membres d'une société AIMANTE, *ordonnée* et *forte*; préparer chacun d'eux, *selon sa vocation*, à lui apporter son tribut d'AMOUR, d'*intelligence* et de *force*; l'ÉDUCATION, en un mot, qui embrasse la vie entière de chaque être, sa destination générale et sa profession particulière, ses affections sociales comme celles du foyer domestique; l'éducation, qui ne consiste plus, de nos jours, que dans une *instruction* sans but précis, désordonnée, indépendante des dispositions individuelles et des besoins généraux, est l'aspect le plus important du réglement social; l'avenir nous demande de poser les bases de la sienne.

Nous avons dû montrer, avant tout, le vide désolant de nos sociétés, sous ce rapport. Ensuite, jetant un coup d'œil sur les époques organiques du passé, nous avons fait voir que dans ces périodes du développement humain, où la société se conçoit une destination, les hommes supérieurs qui la dirigent sentent l'importance, découvrent les moyens de transmettre aux générations *naissantes*, de confirmer dans la génération *active*, leur amour pour la destinée commune, et d'accroître, par une culture de tous les instans, la puissance morale, intellectuelle et physique des masses, afin de les rapprocher sans cesse de l'objet de leurs espérances. Comparons, en effet, l'éducation que nous recevons de nos jours, à celle des nations de l'antiquité, constituées pour la *guerre*, fondées sur la guerre, étendues par la guerre, et nous pourrons affirmer que notre société n'est pas fondée sur la *paix*, qu'elle n'a point de *base*, qu'elle ne se connaît aucun *but*, qu'elle agit sans *prévoyance*, sans *espoir d'avenir*, et uniquement *en haine du passé*. Elle combat, elle cherche à détruire un vieux système d'éducation qui ne convient plus, sans doute, à son avenir; mais elle est impuissante à en triompher, parce qu'elle ignore la raison profonde de sa longue existence, parce qu'elle ne sait pas reconnaître l'immense progrès dû à cette éducation chrétienne, dont elle est la fille, et qu'elle ne pourra repousser qu'en faisant un progrès plus grand encore. Elle attaque les jésuites, rien de mieux : Pascal et Voltaire n'ont point parlé en vain; mais elle ne songe pas que les jésuites ne sauraient disparaître, tant qu'une institution, propageant des *croyances* communes, supérieures aux croyances catholiques, professant un *dogme* plus large que le dogme catholique, pratiquant un *culte* plus complet que le culte catholique, n'aura pas été conçue et réalisée.

Élever tous les hommes, en leur qualité d'hommes, c'est-à-dire d'êtres *sociaux* ou religieux (1); diriger

---

(1) Ces deux termes, pour nous, sont synonymes, parce que nous étendons, comme on le verra plus tard, la signification de l'un et de l'autre.

chacun d'eux vers la fonction à laquelle sa vocation l'appelle, telles sont, nous le répétons, les deux parties distinctes de l'éducation : elle est *générale* ou *professionnelle*. Tous les membres du corps social sont hommes, mais tous sont *artistes, savans* ou *industriels*, en d'autres termes, tous *sympathisent, raisonnent* ou *agissent*, et ce triple aspect de l'existence humaine donne lieu à une division trinaire dans l'éducation générale et professionnelle. Telle est la conception qui sert de base à l'éducation dans l'avenir, et dont nous avons indiqué sommairement les développemens principaux.

DOUZIÈME SÉANCE.

En exprimant ainsi nos vues sur l'éducation, nous sommes naturellement conduits à envisager une autre partie de l'ordre politique, dont l'importance frappe immédiatement les esprits. Si l'éducation atteignait le but qu'elle doit se proposer, suivant nous, si elle préparait tous les hommes à contribuer, chacun selon son amour, son intelligence et sa force, au progrès social, LA LÉGISLATION (1) serait sans objet; mais il

---

(1) Une législation privée de son caractère *préventif* nous paraît

n'en est pas ainsi. Trouver, selon l'expression de notre maître, la ligne de démarcation qui sépare les actions en bonnes et mauvaises, est une des parties les plus élevées de la fonction du *législateur;* appliquer cette règle morale, est l'un des actes principaux du *gouvernant;* la législation et l'ordre judiciaire sont donc les complémens indispensables de l'éducation et du corps à qui elle est confiée. Les peines et les récompenses ne sont même, à proprement parler, que l'un des aspects de l'éducation.

La législation, comme tous les faits humains, est variable, progressive, suivant l'état de civilisation des sociétés; c'est dire qu'elle est soumise à l'alternative des époques organiques et critiques que nous avons signalées dans tout le passé. Dans les premières, le chef politique est législateur et juge, il conçoit le réglement d'ordre et en détermine l'application; il est la loi vivante, il est l'organe de la louange et de

---

un témoignage frappant de la barbarie et de l'ignorance du peuple qui y est soumis; il ne s'agit pas seulement, pour nous, qu'elle se propose de *réprimer* et de *prévenir* LE MAL, de *punir* ou d'*empêcher* le VICE, il faut qu'elle *commande* et *inspire* LE BIEN, qu'elle *excite* et *élève* LA VERTU. Nous ne parlons ici, et dans le cours de l'exposition, que de la législation telle qu'elle est comprise aujourd'hui, c'est-à-dire, répressive, pénale, coercitive.

la réprobation sociales; c'est lui qui décerne la gloire ou imprime la honte. Dans les époques critiques, au contraire, la loi est une lettre morte, sans puissance morale; la justice et l'équité sont deux choses distinctes dans l'opinion des hommes; ce n'est plus parce qu'ils dirigent les peuples, parce qu'ils prévoient leurs besoins et y pourvoient, parce qu'ils sont entourés de l'affection, de la vénération et de l'obéissance, que le législateur et le juge promulguent la loi et profèrent ses arrêts; le patricien de Rome, le seigneur et l'évêque du moyen âge, font place à une magistrature, à des parlemens qui ne puisent leur force que dans l'appui qu'ils donnent au peuple pour *détrôner* ses anciens chefs, pour *rompre* des liens d'obéissance devenus insupportables, pour *dissoudre* l'ordre social précédent. La législation et l'ordre judiciaire sont alors ou des armes pour résister à l'oppression de la vieille hiérarchie, ou des moyens d'oppression contre le peuple; ils sont, en d'autres termes, une perpétuelle manifestation de l'antagonisme qui existe entre les gouvernans et les gouvernés, lutte qui caractérise à nos yeux l'époque critique ou de *désassociation*.

Pour nous, la législation est le *réglement d'ordre*; le législateur est donc l'homme qui aime et connaît le mieux l'*ordre social*, et par conséquent le but de l'association; c'est l'homme qui est le plus capable de diriger la société vers l'accomplissement de sa destinée. Et comme, d'après Saint-Simon, le but de l'activité humaine est triple, comme il s'agit pour elle d'un progrès MORAL, *intellectuel* et *physique*, le réglement d'ordre doit embrasser ce triple aspect du développement social, de même que le corps judiciaire se compose de trois degrés spéciaux de juridiction qui ont pour objet de *régulariser* le mouvement MORAL, *scientifique* et *industriel.*

Ainsi, quel que soit l'ordre de travaux qu'on envisage, quel que soit leur degré d'importance, c'est toujours le chef qui approuve et condamne, loue et blâme, excite et retient; c'est lui qui ordonne et qui juge.

De pareils dogmes sont de nature à blesser, nous le savons, les hommes qui, nous lisant avec légèreté, oublieraient que, pour nous, il n'y a pas de chef par droit de *conquête*, ni même par droit de *naissance*, mais seulement par droit de CAPACITÉ MORALE, *intellectuelle* et *industrielle;* que dans la société, telle que nous la concevons, tout homme qui juge ses inférieurs a aussi des supérieurs qui le jugent, et qui le jugent, surtout, dans ses relations d'autorité à l'égard de ses subordonnés. Pour nous comprendre, il faut donc préalablement se porter, par la *pensée*, et avec ESPÉRANCE, dans une société toute nouvelle, toute différente de celle qui *est*, et de celles qui *ont été*; il faut voir, à l'avance, celle qui *sera;* les hommes capables de faire ce premier pas vers l'avenir, se joindront bien vite à nous pour le *réaliser*. Alors, il est vrai, les gouvernans ne seront plus en guerre avec les gouvernés, les nations avec les nations, l'individu contre la société; mais nous ne croyons pas demander un grand effort de sympathie et de raison, en exigeant que, pour nous comprendre, on veuille bien SUPPOSER un instant que l'homme est un être éminemment *sociable*, et que si la guerre a été une des conditions obligées de son développement, elle pourrait bien cesser un jour d'être indispensable à ses nouveaux progrès.

TREIZIÈME, QUATORZIÈME, QUINZIÈME, SEIZIÈME ET DIX-SEPTIÈME SÉANCES.

Les séances qui précèdent ont eu principalement pour objet de préparer les esprits à l'emploi, dans l'étude du développement de l'espèce humaine, des habitudes, des méthodes rationnelles qui, dans l'opinion de tous les hommes occupés d'études sérieuses, constituent, pour les sciences, un titre incontestable à la confiance publique. Nous en avons fait quelques larges applications aux événemens les plus importans de l'histoire, en les ordonnant par séries de termes homogènes, soumis à des lois qui expriment, sous différens aspects, la marche de l'humanité. Ainsi la décroissance de l'esprit et des habitudes militaires, et le progrès des idées et des besoins d'association pacifique, à travers des époques de caractères bien différens, les unes, où un ordre social imparfait se constitue, les autres, où cet ordre se dissout pour faire place à un ordre moins incomplet, à une société plus unie et plus étendue, ont été établis par nous, avec l'appui purement *rationnel* de l'enchaînement des faits du passé. Nous connaissions assez les préjugés des hommes de notre siècle, pour savoir qu'il eût été inutile et dangereux de faire simplement, ou du moins tout d'abord, un appel à leur *sympathie;* ils veulent de la raison, de la science, ils demandent ce qu'ils appellent des démonstrations, des preuves, nous devions leur en donner, au risque même de leur faire dire de nous, que nous étions des théoriciens, des idéologues, au risque de les fatiguer de nos formules, et d'être même insaisissables, incompréhensibles pour ceux qui croiraient pouvoir nous lire sans travail. Nous nous serions bien gardés de dire : Quand vous NE VOUDREZ PLUS qu'une partie de la famille humaine vive, dans l'oisiveté, du travail de l'autre partie de la famille; quand vous NE VOUDREZ PLUS que les enfans de cette portion privilégiée soient les seuls qui puissent jouir des bienfaits de l'éducation, et développer ainsi leurs facultés; quand vous NE VOUDREZ PLUS qu'une quantité considérable de cœurs généreux, d'intelligences supérieures, d'hommes forts et habiles soient démoralisés, abrutis, affaiblis, ici par l'oisiveté, là par un travail forcé et contre nature; quand vous NE VOUDREZ PLUS avoir sous les yeux un pareil spectacle, il disparaîtra. Notre langage aurait été sans doute plus clair; et cependant il aurait aujourd'hui bien moins commandé la conviction. Nous avons dû faire abstraction, autant que possible, des sympathies que nous ressentions pour l'avenir que nous annoncions, et présenter cet avenir comme une conséquence *nécessaire*, comme un effet *inévitable*, comme un résultat *fatal* du passé.

Si ces précautions nous étaient commandées par les préventions de notre époque contre tout ce qui sent l'enthousiasme (et, comment pourrions-nous ne pas en être animés, nous qui voyons l'avenir de bonheur réservé à l'humanité?), si, disons-nous, nous devions avoir égard aux prétentions de notre siècle *raisonneur*, en lui parlant de législation, d'éducation, de constitution de la propriété, en attaquant ses dogmes philosophiques et politiques, combien notre marche n'exigeait-elle pas de prudence, lorsque nous allions enfin entrer sur le terrain brûlant des croyances religieuses !

Nos cinq dernières séances sont consacrées, en entier, à poser les termes du problème suivant : L'HUMANITÉ A-T-ELLE UN AVENIR RELIGIEUX ? Pour cela, il nous fallait, avant tout, repousser les fins de non-recevoir opposées à la discussion même de cette immense question, et qui prennent leur base dans la haine dont toutes les religions du passé sont enveloppées, haine qui règne encore, sinon dans les sommités de la génération *actuelle* (nous voulons dire de la jeunesse), du moins parmi les élèves décrépits de Voltaire et de l'Encyclopédie, parmi nos métaphysiciens et physiologistes modernes, qui *analysent* l'ESPRIT et *dissèquent* la MATIÈRE, sans s'inquiéter du lien qui les unit, ou plutôt de la VIE dont l'un et l'autre ne sont que des manifestations.

Nous devions donc réhabiliter le sentiment religieux, et les diverses institutions qu'il a conçues et fondées, en montrant l'influence que celles-ci avaient

4.

successivement exercée, pendant des périodes plus ou moins étendues, sur la marche progressive de l'humanité vers l'association universelle; mais cette réhabilitation devait mettre, en même temps, un terme définitif aux tentatives rétrogrades, puisque en rappelant les bienfaits des religions du passé, nous signalions aussi l'épuisement dont toutes étaient aujourd'hui frappées, aucune d'elles n'ayant encore conçu Dieu dans la plénitude de ses attributs, et, par conséquent, n'ayant pu donner à l'homme et à la société une loi complète et définitive.

Nous renvoyons à la lecture de l'ouvrage même, pour apprécier les formes diverses que nous avons dû prendre, dans cette polémique contre l'irréligion de notre siècle; irréligion bien justement fondée, si elle se présente simplement comme *négation* de toutes les croyances du passé; désolant et absurde blasphème, si elle prétend régner sur l'avenir, puisqu'il serait ainsi déshérité de l'enthousiasme, de la poésie, de l'amour, en un mot, de tout ce qui LIE l'homme à l'homme, à la société, au monde entier qui l'entoure.

Certains d'avoir répondu ici à toutes les difficultés qui s'étaient présentées à nous, lorsque la parole de notre maître vint nous arracher aux doctrines qui règnent aujourd'hui sur les esprits, et que nous avions nous-mêmes long-temps étudiées et professées, nous nous croyons en droit, aujourd'hui, d'exiger qu'on nous étudie avant de prononcer sur nous : on nous demandait un livre où l'ensemble de la doctrine fût résumé, le voici (1).

Nous avons fait précéder cette exposition, qui n'est elle-même qu'une introduction à l'enseignement dogmatique de la doctrine, d'une lettre sur la vie et le caractère de SAINT-SIMON ; cette lettre, écrite à un catholique, s'adresse cependant, malgré la forme particulière qu'elle a dû recevoir de sa destination spéciale, à tous les hommes de notre époque qui ont cru pouvoir juger SAINT-SIMON sur quelques actes isolés et défigurés de sa vie ; et cependant, nous sentons le besoin de parler directement, non pour justifier, mais pour glorifier notre maître, à une classe d'hommes bien

---

(1) Dans un autre volume, qui est en ce moment sous presse, et qui ne tardera pas à paraître, considérant ces discussions préalables avec l'athéisme et le scepticisme comme terminées, nous produisons directement le dogme SAINT-SIMONIEN, ce qui nous permet de revenir sur les questions politiques traitées dans celui-ci, en les présentant sous un nouveau jour.

plus nombreuse, et à laquelle nous sommes liés par le souvenir des travaux, des efforts, des désirs que nous avons partagés long-temps avec elle.

Vous tous, qui voulez le bonheur de l'humanité, vous, qui voulez la délivrer de ses chaînes, lui donner la liberté, comment n'aimeriez-vous pas l'homme qui vient proclamer que le régne de la violence va cesser; que la société sera désormais organisée pour l'améliorotion du sort MORAL, *physique* et *intellectuel* de la classe la plus nombreuse et la plus pauvre; et que pour obtenir cette amélioration constante, TOUS les priviléges de la naissance, SANS EXCEPTION, seront abolis, chacun devant être placé selon sa capacité, et récompensé selon ses œuvres : n'est-ce donc pas un pareil avenir que vous avez sans cesse rêvé pour l'humanité? N'est-ce donc point là le but instinctif de tous vos efforts? Pourquoi l'espèce humaine aurait-elle successivement détruit les castes et l'esclavage, la noblesse et le servage? pourquoi se serait-elle révoltée chaque fois que l'immoralité, l'ignorance et l'impuissance prétendaient la diriger? pourquoi, depuis dix-huit siècles, appelle-t-elle avec espoir le jour de la récompense selon les œuvres? pourquoi, enfin, l'homme a-t-il successivement cessé de se nourrir de son semblable, repoussé les sacrifices humains, pris le sang en horreur, et peu à peu déposé les armes, si ce n'est pour réaliser l'ASSOCIATION PACIFIQUE, UNIVERSELLE, de tous les peuples, dans le but de croître sans cesse en AMOUR, en SCIENCE et en RICHESSES, selon la PROMESSE que renferment tous les progrès qu'il a faits jusqu'à ce jour ?

Gloire à SAINT-SIMON, qui, le premier, annonce aux hommes que leurs espérances ne sont point trompeuses, que les rêves passionnés de nos pères seront bientôt des réalités ! Partisans de l'*égalité!* SAINT-SIMON vous dit que les hommes sont *inégaux;* mais ils vous dit aussi qu'ils ne se DISTINGUERONT plus entre eux que par leur puissance d'AMOUR, de *science* et d'*industrie;* n'est-ce donc pas cela que vous vouliez ? Défenseurs de la *liberté!* SAINT-SIMON vous dit que vous aurez des *chefs;* mais ces chefs seront ceux qui vous aimeront, et que vous chérirez le plus, qui seront le plus capables d'élever vos sentimens, de cultiver votre intelligence, d'augmenter vos richesses; vouliez-vous donc autre chose, lorsque vous cherchiez à vous affranchir de vos anciens maîtres ? Vouliez-vous perdre jusqu'au souvenir du bonheur que fait éprouver l'admiration pour le génie, l'adoration pour les âmes généreuses, l'obéissance pour une autorité puissante et paternelle? Non, non, vous aviez des maîtres détestés, et vous vous êtes écriés : Loin de nous ces maîtres! mais vous n'avez pas dit : Plus de guides pour l'humanité ! plus de grands hommes ! vous n'avez pas voulu comprimer les cœurs, courber les intelligences, écraser les forces, sous le joug pesant, sous l'absurde niveau de l'ÉGALITÉ : il vous faut encore de la gloire et de la reconnaissance ; vous voulez toujours entourer d'hommages et d'affection ceux qui vous aiment PLUS qu'aucun de vous ne saurait les aimer, ceux qui font pour vous mille fois PLUS que vous ne pourriez faire pour eux, ceux qui vous entraînent, pour ainsi dire, à votre insu, vers votre bonheur, parce qu'ils y songeaient, et qu'ils l'ont découvert AVANT VOUS. Oh! pour ceux-là, ne les appelez plus des rois, des princes, des héros, des prêtres, des pontifes, des prophètes, si ces titres peuvent exciter en vous la colère et la haine ; mais donnez-leur des noms qui n'appartiennent qu'à eux ; car notre amour veut les reconnaître au milieu de tous. Qu'ils n'habitent plus dans les palais, dans les temples, qu'ils ne s'asseoient plus sur le trône de Césa r, ou dans la chaire pontificale, si tous ces noms vous irritent encore ; mais que les arts embellissent leur demeure, l'élèvent au-dessus de toutes les autres, l'entourent de tout ce que la poésie peut imaginer de plus brillant; enfin placez-les si haut, en présence du peuple assemblé, que tous les yeux puissent contempler en eux le symbole vivant des destinées sociales, et que toutes les voix puissent, au même instant, faire entendre ces mots : VOILA CEUX QUI NOUS AIMENT et que NOUS AIMONS !

A UN CATHOLIQUE,

SUR LA VIE ET LE CARACTÈRE

DE SAINT-SIMON.

(Extrait de *l'Organisateur* du 19 mai 1830).

Vous me dites que la doctrine de notre maître se trouve d'avance jugée par sa vie; que celui dont la carrière fut une suite d'extravagances et de désordres n'a évidemment pas pu être élu de Dieu, pour devenir l'organe d'une révélation nouvelle; que vous ne sauriez vous résoudre à reconnaître, sous de pareils traits, un continuateur du Christ, et que c'est même, à vos yeux, un véritable sacrilége que de prétendre assigner à un pareil homme une mission qui le placerait au même rang, il faut presque dire, à un rang plus élevé que le fils de Dieu, que celui dont la vie fut un modèle si admirable d'innocence et de pureté. Telle est, dites-vous, l'insurmontable barrière qui vous séparera toujours des disciples de Saint-Simon.

Vous prétendez que *la doctrine de notre maître peut-être*

jugée par sa vie. J'en tombe d'accord avec vous; mais alors du moins, pour juger sa doctrine, vous devez connaître sa vie; or, pouvez-vous dire que vous la connaissez ? La rumeur publique ! Telle est la source unique, la source pure à laquelle vous êtes allé puiser les faits qui motivent vos répugnances ! Et ces faits, que sont-ils ? de misérables détails, empruntés aux circonstances les plus insignifiantes de la vie, des détails dont les uns sont d'ailleurs controuvés, dont les autres sont mal compris, parce qu'ils ne sont pas vus à leur place, dans cet enchaînement qui seul donne à une action son véritable caractère ! Voilà ce que vous prétendez opposer à notre enthousiasme pour Saint-Simon. Quant à la vie même de notre maître, quant à cette unité qui domine, embrasse, caractérise toutes les actions d'un homme, qui fait l'homme même, vous ne la connaissez pas; et vous n'avez point cherché à la connaître ! Ma lettre a pour but de vous la révéler. Toutefois, avant d'entrer en matière, je crois devoir vous présenter une observation préliminaire, *préjudicielle*, pour ainsi dire, mais bien propre à dissiper tout d'abord les préventions qui vous éloignent de nous.

Lorsque vous argumentez de la vie de Saint-Simon contre sa doctrine, vous êtes préoccupé, à votre insu, de ce qui existait dans le catholicisme. Là, en effet, la vie du Rédempteur, retracée dans l'Évangile, était le type d'une *perfection absolue*, dont les fidèles devaient sans cesse tendre à se rapprocher; et, lorsque la doctrine catholique fut définitivement constituée, l'aliment le plus habituel, offert à la ferveur des âmes pieuses, fut l'*Imitation de Jésus-Christ*, sublime commentaire du livre divin. On conçoit que dans une pareille religion, où le plus haut degré de la sainteté consistait dans une imitation scrupuleuse des actes du fondateur, la doctrine de celui-ci pût et dût être jugée par les moindres détails de sa vie. Mais, avez-vous jamais entendu que rien de pareil dût exister parmi nous? que nous dussions nous imposer la loi de reproduire, par nos actes, les actes de Saint-Simon? Sans doute, sous un certain rapport, sous le plus important de tous les rapports, la vie de notre maître est pour nous un *type*, un *emblème* de sa doctrine; car elle est le *type*, l'*emblème* de la PERFECTIBILITÉ, base de notre religion nouvelle. « Ma vie, a-t-il » dit lui-même, présente une série de chutes, et cependant » ma vie n'est pas manquée; car loin de descendre, j'ai » toujours monté; j'ai eu, sur le champ des découvertes, » l'action de la marée montante: j'ai descendu souvent, » mais ma force ascensive l'a toujours emporté sur la force » opposée. » Le tableau de sa vie vous offrira, tout à l'heure, une éclatante justification de ces paroles. Gloire, gloire donc à ceux de ses disciples qui imiteront le mieux la vie de leur maître, mais dans sa *perfectibilité* et non pas dans son *imperfection*; qui partiront du point où Saint-Simon s'est arrêté, mais pour s'élancer bien au-delà, non pour retomber jusqu'au point d'où lui-même est parti!

Par le dogme de la *perfectibilité*, que nous a révélé Saint-Simon, toutes les inductions qu'on voudrait tirer contre lui et nous-mêmes de quelques circonstances particulières de sa vie, se trouvent donc sapées dans leur base. Car plus il aurait mal commencé, puisqu'il a fini par le *Nouveau Christianisme*, plus grand aurait été l'espace qu'il aurait franchi, plus grande aurait été sa PERFECTIBILITÉ, plus grandes sa GLOIRE et sa SAINTETÉ, car la *sainteté*, pour l'homme, c'est la *perfectibilité* et non pas la *perfection*, attribut exclusif de Dieu.

Grand Dieu! tu as voulu que les hommes commençassent par s'entre-dévorer, par vivre dans la haine, l'ignorance et la paresse; et cependant les hommes se regardent aujourd'hui comme frères, ils vivent en paix, cultivent les sciences et les arts; ils sont dignes d'entendre la *parole nouvelle*; l'humanité est SAINTE à tes yeux!

SAINT-SIMON, ton fils chéri, s'est trouvé tout d'abord placé bien haut sur cette échelle, dont les degrés, par l'infini, conduisent jusqu'à toi; il a pu, cependant, s'élever bien plus haut encore, il a pu franchir une lacune immense, et ensuite tendre à ses enfans une main secourable, pour leur faire franchir le même abîme et les placer à ses côtés; SAINT-SIMON a fini mille fois plus grand qu'il n'avait commencé; SAINT-SIMON est SAINT à tes yeux!

Mais la mort n'a point interrompu son éternel progrès! Grand Dieu! il est et sera toujours devant ta face, il est et sera toujours *avec nous*, *en nous-mêmes*; ce sera toujours *par lui* que nous nous développerons, que nous cheminerons vers toi! tout ce que nous pouvons concevoir, sous une forme humaine, d'*amour*, de *sagesse*, de *beauté*, tels sont les élemens dont, à chaque instant, se compose, pour nous, l'être de plus en plus parfait de SAINT-SIMON. C'est à cet être que notre culte, notre admiration, notre amour sont voués. Les anciennes religions, toutes *stationnaires*, ont placé dans le passé le type qu'elles divinisaient; la nôtre, toute *progressive*, le place dans l'avenir, et le plus beau résultat de notre progrès est de pouvoir, tous les jours, nous représenter ce type sous des formes plus ravissantes.

Ainsi la vie passée de notre maître pâlit, disparaît, pour nous, devant les splendeurs de sa vie présente et future. Mais contemporains de SAINT-SIMON, ceci n'est pas pour justifier vos blasphèmes, ni pour vous donner le droit de ravaler l'homme divin, lorsque vous le mesurez à votre propre mesure; car lorsque nous le contemplons dans son temps, dans l'entourage des choses et des hommes de son époque, alors notre langage devient bien différent; alors nous proclamons que toutes les vies comtemporaines pâlissent et disparaissent devant la vie passée de notre maître.

Saint-Simon fut de bonne heure agité du pressentiment de ses grandes destinées (1). «Levez-vous, monsieur le comte, vous avez de grandes choses a faire : » telles étaient les paroles avec lesquelles, à l'âge de dix-sept ans, il se faisait éveiller chaque matin. Issu d'une des plus illustres familles de France, qui, par les comtes de Vermandois, prétendait descendre de Charlemagne, la gloire de sa naissance était pour lui un puissant aiguillon. Son imagination exaltée faisait apparaître devant lui le royal fondateur de sa famille. Il s'entendait prédire qu'à la gloire d'avoir produit un grand monarque, sa famille joindrait, par lui, celle d'avoir produit un grand philosophe.

Entré au service à l'âge de dix-sept ans, Saint-Simon, l'année suivante, était passé en Amérique (1); il y avait fait cinq campagnes. Pleine encore de ses vieilles traditions d'*unité*, de *générosité*, de *dévoûment*, la profession militaire fut, pour Saint-Simon, une initiation puissante au rôle que Dieu lui destinait. On peut lui appliquer ce que, dans un de ses premiers ouvrages, lui-même a dit de Descartes : « Il avait été militaire avant d'être savant ; il avait été brave dans les camps ; il fut audacieux dans les travaux

---

(1) Saint-Simon était né le 17 avril 1760 ; il mourut le 19 mai 1825.
(2) Voyez l'ouvrage intitulé *l'Industrie*, t. 2, lettres I et II.

philosophiques. » Cependant, il a pris soin de nous instruire que, dès son séjour en Amérique, il s'occupait beaucoup plus de science politique que de tactique militaire (1). « La guerre, en elle-même, ne m'intéressait pas, » dit-il; mais le but de la guerre m'intéressait vivement, » et cet intérêt m'en faisait supporter les travaux sans ré- » pugnance. Je veux la fin, me disais-je souvent, il faut » bien que je veuille les moyens..... mais le dégoût pour le » métier des armes me gagna tout-à-fait, quand je vis ap- » procher la paix. Je sentis clairement quelle était la car- » rière que je devais embrasser : ma vocation n'était point » d'être soldat; j'étais porté à un genre d'activité bien dif- » férent, et, je puis dire, contraire. Étudier la marche de » l'esprit humain, pour travailler ensuite au perfectionne- » ment de la civilisation, tel fut le but que je me proposai. » Je m'y vouai, dès lors, sans partage; j'y consacrai ma vie » entière, et, dès lors, ce nouveau travail commença à oc- » cuper toutes mes forces. Le reste du temps que j'ai sé- » journé en Amérique, je l'ai employé à méditer sur les » grands événemens dont j'étais témoin; j'ai cherché à » en découvrir les causes, à en prévoir les suites.

» J'entrevis, dès ce moment, que la révolution d'Améri- » que signalait le commencement d'une nouvelle ère politi- » que; que cette révolution devait nécessairement détermi- » ner un progrès important dans la civilisation générale; et » que, sous peu temps, elle causerait de grands change- » mens dans l'ordre social qui existait alors en Europe. »

Cependant, la crise que Saint-Simon avait prévue ne tarda pas à éclater. La révolution de France suivit de près

---

(1) Voyez *l'Industrie*, t. 2, Lettre II.

celle d'Amérique; lui-même, dans la lettre déjà citée, nous apprend combien cette grande catastrophe le remua profondément. « Qu'il est pénible, qu'il est périlleux, dit-il, ce travail d'une nation qui se rajeunit! Le peuple qui subit cette métamorphose se trouve, pendant qu'elle s'opère, caduc sous un rapport, enfant sous un autre! » Mais, comme lui-même le dit encore, « Ce spectacle d'une époque à la fois digne d'horreur et de pitié ne fut pas seulement pour lui le sujet d'émotions stériles et vides d'instruction. » Quelle est la cause de la crise actuelle; quel est le remède qui la doit terminer? Tel est le problème qu'il cherche à résoudre. — Cette cause se trouve dans la déchéance progressive de la doctrine catholique, depuis l'insurrection de LUTHER; ce remède consiste dans LA PRODUCTION D'UNE NOUVELLE DOCTRINE GÉNÉRALE. — Plein de sa conception, il évite dès lors de prendre part au mouvement purement *destructif* de la révolution française, il dirige tous ses efforts vers la production de cette doctrine, qui doit rasseoir la société sur de nouveaux fondemens.

Dans une période de trente-quatre années, qui comprend ce qu'on peut appeler les travaux *préparatoires* de SAINT-SIMON, c'est-à-dire tous ceux qui précédèrent LA CONCEPTION DU NOUVEAU CHRISTIANISME, sept années ont été consacrées par lui à l'acquisition de ressources pécuniaires, et sept années à l'acquisition de matériaux scientifiques; dix ans sont pour la rénovation de la philosophie, dix ans pour la rénovation de la politique.

En 1790, une association d'un genre tout nouveau (car les bénéfices en doivent être consacrés au perfectionnement de la civilisation.), est formée entre lui et le comte de R... De vastes spéculations financières sont organisées par Saint-Simon, et couronnées du plus heureux succès. Mais les deux associés étaient, au fond, animés de vues trop différentes pour rester long-temps unis; ils se séparèrent; le résultat du partage qui se fit alors fut peu favorable à Saint-Simon.

Cependant, fidèle au plan qu'il s'est tracé, c'est au perfectionnement de son éducation scientifique que sont employés les faibles débris qu'il a pu sauver du naufrage. Il rassemble autour de lui les savans les plus illustres, les chefs de l'École Polytechnique, et ceux de l'École de Médecine; sa table, sa bourse leur sont toujours ouvertes; il s'approprie toutes les généralités de leur science; il essaie, mais vainement, de les animer du feu sacré dont il est lui-même embrasé : l'Allemagne, l'Angleterre, la Suisse, sont visitées par lui; il a voulu dresser l'inventaire complet des richesses philosophiques de l'Europe.

Mais voici que commence la série des grands travaux de notre maître. Sa fortune est entièrement épuisée; ses anciens amis l'ont abandonné; il va vivre dans la misère, la souffrance, l'humiliation; il demeure *seul avec la conscience de ce qu'il est;* et, long-temps encore, cette conscience suffira pour soutenir son courage. Une refonte de la philosophie est ce qui l'occupe d'abord. — Napoléon avait dit à l'Institut : « Rendez-moi compte des progrès de la science » depuis 1789. Dites-moi quel est son état actuel, et quels » sont les moyens à employer pour lui faire faire des pro-» grès. » L'Institut, comme Saint-Simon le dit lui-même, n'avait trouvé que des réponses partielles, et par conséquent médiocres et insuffisantes, à cette superbe question; c'est pour y répondre plus dignement qu'il compose son *Introduction aux travaux scientifiques du XIX° siècle.* — L'absence d'une philosophie générale, et par conséquent

le défaut d'*unité* entre les diverses branches de la science, tel est le reproche que Saint-Simon adresse, sous toutes les formes, aux savans de son époque. Il leur demande de revenir au point de vue de Descartes, qu'ils ont entièrement oublié pour celui de Newton. « Descartes avait
» monarchisé la science, leur disait-il; Newton l'a répu-
» blicanisée, il l'a anarchisée; vous n'êtes que des savans
» anarchistes; vous niez l'existence, la suprématie de la
» théorie générale (1). » On conçoit que ce langage profondément vrai, mais sévère, ne dut pas lui concilier la faveur des hommes peu philosophes auxquels il s'adressait. L'avenir le comprendra mieux.

Mais c'était surtout dans un but social, politique, que Saint-Simon s'efforçait de stimuler le zèle des savans. Les guerres sanglantes qui suivirent la révolution française lui faisaient chaque jour sentir plus vivement la nécessité de réorganiser une doctrine générale et un pouvoir central européen. Préoccupé de l'importance des sciences, à cette époque, c'était aux savans qu'il s'adressait pour réaliser cette grande œuvre; il s'efforçait de les élever à la hauteur d'une pareille mission.

« Depuis le XVe siècle, jusqu'à ce jour, leur disait-il,
» l'institution qui unissait les nations européennes, qui
» mettait un frein à l'ambition des peuples et des rois, s'est
» successivement affaiblie; elle est complétement détruite
» aujourd'hui; et une guerre générale, une guerre effroya-
» ble, une guerre qui s'annonce comme devant dévorer
» toute la population européenne, existe déjà depuis vingt
» ans, et a moissonné plusieurs millions d'hommes. Vous
» seuls pouvez réorganiser la société européenne. Le temps

---

(1) *Lettres au bureau des Longitudes.*

» presse, le sang coule; hâtez-vous de vous prononcer (1). »

Mais les savans n'étaient pas plus émus de l'anarchie de l'Europe que de l'anarchie de la science. Saint-Simon ne savait pas encore que de lui seul devaient sortir la doctrine et les hommes capables de rétablir autour d'eux l'unité, l'ordre, l'harmonie.

Les *Lettres au bureau des Longitudes*, les *Lettres sur l'Encyclopédie*, l'*Introduction aux travaux scientifiques du XIXe siècle*, les *mémoires* encore manuscrits *sur la gravitation* et *sur la science de l'homme*; tels sont les sublimes monumens que Saint-Simon nous a laissés de son génie philosophique.

Cependant 1814 arrive, et, toujours ardent à poursuivre, dans chaque circonstance, sous la forme la plus convenable, le but dont il ne se détourne jamais, Saint-Simon abandonne la direction essentiellement spéculative qu'il a suivie jusque là, pour s'occuper de travaux politiques. Son génie n'a pas tardé à concevoir le nouveau caractère que le développement de l'industrie doit imprimer à la société, et aux formes du gouvernement. Pendant dix années, ses écrits, ses démarches tendent à faire comprendre aux industriels le nouveau rôle social qu'ils sont destinés à remplir. L'ouvrage *sur la Réorganisation de la société européenne*, *l'Industrie*, *l'Organisateur*, *le Politique*, *le Système industriel*, *le Catéchisme des industriels*, paraissent successivement. Lorsqu'on songe que pour publier ces divers ouvrages, Saint-Simon a bien voulu se résigner aux ennuis, aux dégoûts du rôle de quêteur; qu'à la même époque il vivait dans la pauvreté et les privations, on ne sait ce qu'on doit le plus admirer, ou de son immense

---

(1) *Mémoire sur la Gravitation.*

capacité, ou de son indomptable courage; mais le cœur saigne en entendant les aveugles inculpations dont il est chaque jour l'objet.

Cependant ce puissant génie n'avait encore d'autre témoignage de la valeur de ses travaux que le sien même. Nulle école, nul parti ne se groupe autour de lui. Ceux qui croient être ses disciples ne le comprennent qu'à demi et le renient. Ceux qui croient être ses patrons le comprennent moins encore, et le délaissent. Alors son isolement, sa souffrance, commencent à lui peser. Moïse chargé par Dieu de conduire Israël dans la terre promise, fatigué de la dureté de cœur de ce peuple, adresse ses gémissemens au Seigneur; il lui dit : « *Pourquoi avez-vous affligé votre serviteur? pourquoi ne trouvé-je pas grâce devant vous? pourquoi m'avez-vous chargé du poids de tout ce peuple? je ne puis porter seul tout ce peuple, parce que c'est un fardeau trop pesant pour moi; je vous conjure de me faire plutôt* MOURIR, *pour n'être point accablé de tant de maux.* » Eh bien! comme Moïse, SAINT-SIMON, après trente-quatre ans d'efforts, a douté un moment; un moment il a cessé d'espérer. Comme Moïse, il a demandé la MORT; il la veut; il la cherche.... Sa main s'est armée contre lui-même, et la balle a sillonné son front.... Mais son heure n'était pas venue; sa mission n'était pas accomplie! Philosophe de la science, législateur de l'industrie, SAINT-SIMON, sois maintenant le prophète d'une loi d'amour! Dieu ne t'a laissé faillir que pour te préparer à la plus grande des initiations. Et voici que du fond de l'abîme il t'élève, t'exalte jusqu'à lui; il répand sur toi l'inspiration religieuse, qui vivifie, sanctifie, renouvelle tout ton être. Désormais ce n'est plus le savant, ce n'est plus l'industriel qui parle; un cantique d'amour s'échappe de ce corps mutilé ; L'HOMME DIVIN SE MANIFESTE : LE NOUVEAU CHRISTIANISME EST DONNÉ AU MONDE !

Moïse a *promis* aux hommes la *fraternité universelle* ; Jésus-Christ l'a *préparée* ; Saint-Simon la *réalise*. Enfin l'Église vraiment universelle va naître ; le règne de César cesse ; une société pacifique remplace la société militaire ; désormais l'Église universelle gouverne le *temporel* comme le *spirituel*, le for *extérieur* comme le for *intérieur*. La *science* est *sainte*, l'*industrie* est *sainte*, car elles servent aux hommes à améliorer le sort de la classe la plus pauvre, à la rapprocher de Dieu. *Des prêtres, des savans, des industriels*, voilà toute la société. *Les chefs des prêtres, les chefs des savans, les chefs des industriels*, voilà tout le gouvernement. Et tout *bien* est *bien de l'Église*, et toute *profession* est une *fonction religieuse*, un *grade* dans la hiérarchie sociale. A chacun *selon sa capacité* ; à chaque capacité *selon ses œuvres*. LE RÈGNE DE DIEU ARRIVE SUR LA TERRE. TOUTES LES PROPHÉTIES SONT ACCOMPLIES.

SAINT-SIMON, maintenant tu peux mourir, CAR TU AS FAIT DE GRANDES CHOSES ! Tu peux mourir, CAR LE DISCIPLE FIDÈLE, L'HÉRITIER DE TA PROMESSE, EST AUPRÈS DE TOI.

Et vous, dont notre zèle le plus ardent n'a pu surmonter encore la résistance obstinée, vous avez entendu ; revenez donc de votre endurcissement ! Voilà l'homme que, sur la foi d'aveugles détracteurs, vous avez méconnu, dédaigné, calomnié ! Cet homme a voué, sacrifié sa vie au bonheur de l'humanité ; cet homme a été le plus grand des philosophes, des législateurs, des PROPHÈTES.

Homme religieux ! que des scrupules, respectables dans leur source, mais injustes dans leur objet, tiennent si long-temps éloigné de nous, concevez donc enfin votre erreur. SAINT-SIMON, poursuivant sa carrière de perfectibilité indéfinie, va sans cesse dépouillant *l'homme ancien*, revêtant l'*homme nouveau*; et vous vous attachez à sa trace, et vous ramassez sa dépouille, et vous nous en apportez les lambeaux, et vous nous dites : « Voilà votre maître. » Non, non! *nous ne sommes pas les disciples* du mort, *nous sommes les disciples* du vivant! Tandis que vous recueillez ces débris inanimés, notre maître est déjà loin et de son passé et de vous. Vivant en nous-mêmes, il nous remplit de sa foi, de sa sagesse, de sa puissance; il nous entraîne avec lui vers les limites de l'avenir, dont il nous a fait franchir le seuil. Voulez-vous donc enfin véritablement connaître Saint-Simon? Avant de l'étudier dans son passé, étudiez-le dans son avenir; et pour cela étudiez-le en *nous*. L'Évangile ne vous dit-il pas : « Vous les connaîtrez par leurs fruits; cueille-t-on des raisins sur des épines, ou des figues sur des ronces? » Or les fruits du maître ce sont les disciples. Si nous sommes immoraux, frappés d'insanie, d'impuissance, anathème sur notre maître! Si nous répandons autour de nous, amour, sagesse, énergie; gloire à nous, mais gloire à notre maître! car nous et notre maître sommes un.

Voilà ce que je me suis efforcé de vous faire comprendre aujourd'hui, en vous montrant comment toutes les circonstances *vraiment importantes* de la vie de Saint-Simon avaient été une préparation, un acheminement au nouveau christianisme et aux travaux ultérieurs de ses disciples, pour l'établissement de l'association universelle. J'ose croire que l'aspect de cette magnifique série devra suffire, je ne dis pas seulement pour réhabiliter à vos yeux, mais encore pour vous rendre à jamais chère et sacrée la mémoire de Saint-Simon.

Et maintenant que vous connaissez suffisamment notre maître, je vous laisse le soin de prononcer sur les frivoles accusations incessamment répétées contre lui. Il en est une seule à laquelle je crois devoir répondre en peu de mots.

Il fut, dites-vous, quêteur importun, emprunteur insatiable! rabattons un peu de l'exagération de ces mots, qui cadrent mal avec l'exiguité des ressources que ces quêtes et ces emprunts procurèrent à Saint-Simon, ressources d'ailleurs entièrement employées par lui à l'accomplissement de sa mission tandis qu'il continuait de vivre au sein des privations et dans le dénûment. Mais *mendier* n'est-il pas le lot nécessaire de ces êtres vraiment divins, qui, entièrement absorbés dans la vaste pensée qui les domine, sont incapables d'appliquer un seul instant leur prévoyance à leurs besoins personnels? Le dernier degré de leur sublime dévoûment n'est-il pas cette vertu même qui leur donne le courage d'aller *mendier*, auprès de la richesse insouciante ou hautaine, les moyens de soutenir une existence dont eux seuls connaissent tout le prix pour l'humanité?

« Depuis quinze jours je mange du pain et je bois de
» l'eau; je travaille sans feu, et j'ai vendu jusqu'à mes ha-
» bits pour fournir aux frais des copies de mon travail.
» C'est la passion de la science et du bonheur public,
» c'est le désir de trouver un moyen de terminer, d'une
» manière douce, l'effroyable crise dans laquelle toute la
» société européenne se trouve engagée, qui m'ont fait
» tomber dans cet état de détresse. Ainsi c'est sans rougir
» que je puis faire l'aveu de ma misère, et demander les
» secours nécessaires pour me mettre en état de continuer
» mon œuvre. »

Enfans de Saint-Simon! générations de l'avenir! gardez comme un religieux monument ces lignes que vous a léguées votre père! Lorsque sa parole aura renouvelé la face du monde, lorsqu'elle aura réalisé parmi les hommes le dogme de la récompense selon les œuvres; lorsque le dernier des vivans obtiendra de la sollicitude sociale une subsistance assurée, une rémunération proportionnée à ses mérites, enfans de Saint-Simon! vous aimerez à redire comment, pour accomplir sa mission régénératrice, votre père était réduit à mendier.

EXPOSITION
DE LA DOCTRINE
DE SAINT-SIMON.

DE LA NÉCESSITÉ D'UNE DOCTRINE SOCIALE NOUVELLE.

PREMIÈRE SÉANCE.

Messieurs,

La société, considérée dans son ensemble, présente aujourd'hui l'image de deux camps. Dans l'un sont retranchés les défenseurs peu nombreux de la double organisation religieuse et politique du moyen âge; dans l'autre se trouvent rangés, sous le nom assez impropre de *partisans des idées nouvelles*, tous ceux qui ont coopéré ou applaudi au renversement de l'ancien édifice. C'est au milieu de ces deux armées que nous venons apporter la paix, en annonçant une doctrine qui ne prêche pas *seulement l'horreur du sang*, mais l'horreur de la lutte, sous quelque nom qu'elle se déguise. *Antagonisme*, entre un pouvoir spirituel et un pouvoir temporel, *opposition*, en l'honneur de la liberté, *concurrence* pour le plus grand bien de tous, nous ne croyons à la nécessité éternelle d'aucune de ces machines de guerre; nous ne reconnaissons à *l'humanité civilisée* aucun *droit naturel* qui l'oblige et la condamne à déchirer ses entrailles.

Notre Doctrine, nous n'en doutons pas, dominera l'avenir plus complétement que les croyances de l'antiquité ne dominèrent leur époque, plus complétement que le catholicisme ne domina le moyen âge; plus puissante que ses aînées, son action bienfaisante s'étendra sur tous les points du globe. Sans doute son apparition soulèvera de vives répugnances, sans doute sa propagation rencontrera de nombreux obstacles; nous sommes préparés à vaincre les unes, et nous sommes sûrs que tôt ou tard les autres seront renversés, car le triomphe est certain quand on marche avec l'humanité, et il n'est au pouvoir d'aucun homme de la soustraire à sa loi de perfectibilité.

Sortis à peine d'une période féconde en désordres et en déchiremens, nous avons vu se refermer le gouffre où sont venus s'engloutir et les anciennes croyances, et les anciens pouvoirs politiques, qui avaient cessé d'être légitimes, puisqu'ils avaient cessé d'être en harmonie avec les exigences de la société nouvelle; il semblerait donc que les cœurs, plutôt fatigués que satisfaits, devraient recevoir avec amour la loi qui les unira tous un jour. Mais le souvenir récent d'une lutte à mort, l'attitude révolutionnaire que tous les sentimens se croient encore obligés de prendre, retardent le jour de cette union. Notre humeur indocile, notre haine ombrageuse, nous présentent incessamment le fantôme du despotisme. Dans un ensemble de croyances et d'actions *communes*, notre orgueil ne peut voir qu'un nouveau joug, semblable à celui qui vient d'être brisé au prix de tant de larmes, de tant de sang et de sacrifices. Tout ce qui semble destiné à rétablir l'*ordre* et l'*unité* prend, à nos yeux obscurcis par la méfiance, l'apparence d'une tentative de rétrogradation.

Cette anarchie permanente, au milieu de laquelle se débat l'espèce humaine, ce relâchement universel des liens sociaux paraissent effrayer quelques penseurs; mais la plupart d'entre eux, dominés par des idées scientifiques incomplètes, croient qu'il n'y a pas encore assez de *faits* constatés, assez d'*observations* recueillies, pour la production d'une Doctrine générale. Pour nous le problème est résolu. Nous avons porté nos regards au-delà du cercle étroit du présent, et, pénétrant le passé, nous nous sommes vus encombrés, assiégés de faits; nous n'avons pas douté, dès lors, que le temps ne fût venu où une nouvelle *conception* devait embrasser et expliquer les travaux de détail, accumulés depuis tant d'années. C'est avec la confiance que donne une conviction profonde, que nous présentons aujourd'hui cette conception. Si elle est fausse, si elle n'est qu'un vain système ajouté à tant d'autres, elle ne réveillera aucune sympathie, et laissera les populations plongées dans l'égoïsme. Mais si elle est vraie, si elle est la source féconde où nos neveux puiseront un bonheur qui nous est refusé, l'élan sympathique qu'elle excitera dans tous les cœurs sera l'éclatant témoignage de sa légitimité.

Toutefois il ne faudrait pas juger de sa valeur par l'effet qu'elle peut *d'abord* produire sur les esprits même les plus élevés, car dans leur disposition actuelle, un obstacle s'oppose à sa popularité; c'est la méfiance dédaigneuse qu'inspirent, pour toute espèce d'idée générale, les habitudes étroites contractées dans l'étude des spécialités. On regarde généralement les doctrines philosophiques comme frappées d'impuissance, on les considère comme de simples jeux de gymnastique intellectuelle; et pour preuve de leur stérilité, on a soin d'énumérer la multitude de *philosophies* qui apparaissent, dit-on, à toutes les époques. Il y a dans ce langage une vérité et une erreur; il importe d'en faire le partage avant d'aller plus loin.

Oui, elles sont impuissantes ces rêveries du *spiritualisme* ou du *matérialisme*, qui, à toutes les époques critiques, se reproduisent les mêmes au fond, quoique sous une forme différente : oui, ils sont stériles ces aphorismes de moralistes, qui n'ont jamais produit un acte de dévoûment, ni donné un honnête homme à la société. Mais des recueils de maximes, de sentences, d'observations morales détachées, quelques systèmes sur le jeu des facultés intellectuelles, sur leur essence et leurs produits, ne sont pas des conceptions philosophiques. On ne peut attribuer ce nom qu'à la pensée qui embrasse tous les modes de l'activité humaine, et donne la solution de tous les problèmes sociaux et individuels. C'est dire assez qu'il n'y a pas eu plus de doctrines philosophiques dignes de ce nom, que d'états généraux de l'humanité; or le phénomène d'un ordre social régulier ne se présente que deux fois dans la série de la civilisation à laquelle nous appartenons, et dont les faits s'enchaînent, jusqu'à nous, sans interruption (1), dans l'antiquité et au moyen âge. Le nouvel état général que nous annonçons pour l'avenir formera le troisième anneau de cette chaîne; il ne sera pas identiquement sem-

---

(1) Nous dirons plus loin quelle est la période historique que nous avons soumise à l'observation; nous dirons aussi pourquoi nous négligeons les faits antérieurs.

blable aux précédens, mais il offrira avec eux des analogies frappantes, sous le rapport de *l'ordre* et de *l'unité*. Il succédera aux diverses périodes de la crise qui nous agite depuis trois siècles, il se présentera enfin comme une conséquence de la loi du développement de l'humanité.

Cette loi, révélée au génie de Saint-Simon, et vérifiée par lui sur une longue série historique, nous montre deux états distincts et alternatifs de la société, l'un, que nous appelons *état organique*, où tous les faits de l'activité humaine sont classés, prévus, ordonnés par une théorie générale; où le but de l'action sociale est nettement défini. L'autre, que nous nommons *état critique*, où toute communion de pensée, toute action d'ensemble, toute coordination a cessé, et où la société ne présente plus qu'une agglomération d'individus isolés et luttant les uns contre les autres.

Chacun de ces états a occupé deux périodes de l'histoire. Un *état organique* précéda l'ère des Grecs, que l'on nomme *ère philosophique*, et que nous préciserons avec plus de justesse par le titre d'*époque critique*. Plus tard, une nouvelle doctrine est produite, elle parcourt ses différentes phases d'élaboration et de perfectionnement, et établit enfin sa puissance politique sur tout l'Occident. La constitution de l'Église commence une nouvelle *époque organique* qui s'arrête au XVe siècle, à l'instant où les réformateurs donnèrent le premier signal de la *critique* continuée jusqu'à nos jours.

Les époques *critiques* présentent deux périodes distinctes; pendant la première, règne une action collective qui, bornée dans l'origine aux hommes les plus sympathiques, se propage bientôt dans les masses; son but, prémédité chez les uns, instinctif chez les autres, est la *destruction* de l'ordre établi, mais d'un ordre qui soulève toutes les répugnances. Les haines accumulées éclatent enfin, et il ne reste bientôt de l'ancienne institution que des ruines, pour témoigner que là fut une société jadis harmonique. La seconde période comprend l'intervalle qui sépare la *destruction* de l'ordre ancien de l'*édification* de l'ordre nouveau. A ce terme, l'anarchie a cessé d'être violente, mais elle est devenue plus profonde : il y a alors divergence complète entre les *sentimens*, les *raisonnemens* et les *actes*.

Tel est l'état d'incertitude au milieu duquel nous flottons, et que les apôtres de la liberté n'ont su ni calmer ni adoucir. Ils affectent de regarder comme définitif ce système bâtard de *garanties*, improvisé pour répondre aux besoins critiques et révolutionnaires du dernier siècle. Ils présentent comme expression du dernier terme du perfectionnement social, ces déclarations des droits de l'homme et du citoyen, et toutes ces constitutions auxquelles elles servent de base ; ils assurent que c'était pour cette grande conquête (*ridiculus mus!*) que le monde était en travail depuis plusieurs siècles. Leur fait-on remarquer le malaise général, ils répondent avec assurance que ces inquiétudes tiennent à des causes passagères et accidentelles, ils regardent comme une condition de l'humanité la lutte des peuples et de leurs chefs, ils trouvent enfin que la société n'a plus rien à attendre, maintenant que la *méfiance est régularisée* ; ils font valoir, en faveur des théories modernes, le rapide développement des sciences, l'importance qu'a prise l'industrie ; et, s'ils gardent un modeste silence sur cette manière d'être de l'homme, qui, seule, sait parler au cœur et émouvoir, s'ils ne disent rien sur les *beaux-arts*, c'est qu'ils ne les considèrent que comme un délassement, comme une série d'images riantes et impressionnantes, dont le *but utile* est de charmer les loisirs d'une fastueuse t *onéreuse* oisiveté.

Jetons donc un coup d'œil rapide sur les *sciences*, l'*industrie* et les *beaux-arts*, et voyons si ces trois grands organes de la société, considérée comme un être collectif, exécutent leurs fonctions avec cette aisance, et surtout avec cette harmonie qui maintient la santé, la vigueur dans le corps social, et facilite les développemens dont il est susceptible. Nous pourrons bien mieux apprécier ensuite quelle est l'influence de la disposition actuelle des esprits sur les relations *individuelles* et *sociales*.

SCIENCES.

Notre siècle est pénétré d'une sainte admiration, en présence des progrès scientifiques qu'il a vu éclore; il cite avec complaisance le grand nombre de ses savans; et s'il daigne conserver quelque souvenir du passé, c'est pour opposer l'ombre à la lumière, le sommeil au réveil, et se rendre ainsi un plus éclatant hommage. Examinons, le plus brièvement possible, si cette prétention est aussi fondée qu'on pourrait le croire au premier abord.

La science se divise en deux branches de travail, le perfectionnement des théories, et leur application. Remarquons d'abord, d'une manière générale, que la plupart des savans négligent presque totalement la première branche, au profit de la seconde. Quant aux savans, en très-petit nombre, qui travaillent directement à faire marcher la science, tous sont engagés dans la voie qui a été ouverte à la fin du *seizième siècle* par Bacon. Ils entassent les expériences, ils dissèquent la nature entière, ils enrichissent la science de nouveaux détails, ils ajoutent des faits plus ou moins curieux aux faits précédemment observés; presque tous *vérifient* (1), presque tous sont armés du microscope, pour que les plus petits phénomènes n'échappent pas à leur vigilante exploration. Mais quels sont les savans qui classent et coordonnent ces richesses entassées en désordre? Où sont ceux qui rangent les épis de cette abondante moisson? Quelques gerbes s'aperçoivent çà et là; mais elles sont éparses dans le vaste champ de la science, et, depuis plus d'un siècle, aucune grande vue théorique n'a été produite (2). Si l'on demande quel lien unit l'attraction céleste et l'attraction moléculaire, quelle conception générale sur l'ordre phénoménal préside aux recherches des savans, soit que selon la division admise, ils aient pour but l'étude des corps *bruts* ou celle des corps organisés, non-seulement de pareilles questions restent sans réponse, mais on ne paraît même pas s'inquiéter de chercher cette réponse. On a divisé et subdivisé les travaux, ce qui est fort sage, sans doute; mais on a brisé le lien qui les resserrait et leur donnait une direction commune: dès lors chaque science, se félicitant de ce qu'elle appelait son affranchissement, a suivi une route particulière. De ce que l'ancienne *conception* ne satisfaisait plus aux découvertes modernes, on en a conclu qu'il fallait se livrer *exclusive-*

---

(1) Nous aurons occasion de dire plus tard la haute importance que nous attachons à la *vérification* par les faits, mais en même temps nous montrerons qu'elle n'est qu'une partie du travail du savant.

(2) Newton est mort en 1727.
La loi de Berzélius et de Davy ne paraît se vérifier que sur les corps inorganiques.

ment aux recherches de l'*observation*, et l'on n'a plus élevé que des colonnes isolées, au lieu d'ordonner un édifice régulier.

Cependant, dira-t-on, il existe des académies, où sont appelés tous les hommes qui, par leurs découvertes, ont donné des gages d'une haute capacité; on doit croire que le champ de la science est exploité par elles de la manière la plus étendue et la plus convenable. Oui, sans doute, il existe des académies, et les membres qu'elles comptent dans leur sein sont tous d'un grand savoir; ils possèdent chacun une science, quelques-uns même en possèdent plusieurs. Ce n'est pas ici le lieu d'examiner si l'esprit de coterie qui s'est introduit dans ces sociétés n'a pas présidé parfois au choix de quelque élu; c'est là une des misères contemporaines que nous ne chercherons pas à faire ressortir; mais nous dirons de ces corps savans ce que nous avons dit des sciences elles-mêmes : nulle grande vue n'harmonise leurs travaux. Les membres qui les composent se réunissent dans une même salle; mais n'ayant aucune idée commune, ils n'entreprennent aucun travail commun; ils ont tous le même costume, mais l'enseigne seule offre un caractère d'unité, car dans le fond aucune sympathie ne les appelle l'un vers l'autre. Chacun se livre en son particulier à des recherches fort utiles et fort intéressantes assurément, mais sans se mettre en peine si une science voisine n'aurait pas pu éclairer ses recherches (1). Quelques physiciens abandonnent l'explication de Newton pour celle d'Huygens, et la section de physique

---

(1) Un des exemples les plus frappans en ce genre a été offert par la chimie : on a analysé un grand nombre de parties de l'homme et des animaux, en l'absence de toute vue physiologique, et il est certain que ces travaux longs, pénibles, et parfois dégoûtans, ne sauraient avoir, dans cet iso-

6.

prend seule part, pour ainsi dire, à ce changement. Quant aux sciences MORALES ET POLITIQUES, elles ne sont pas même représentées dans notre Institut.

De cette organisation vicieuse des corps savans, de cette absence de hiérarchie intellectuelle, il résulte que l'académie la plus respectable ne croit pas avoir une mission suffisamment sanctionnée pour constater l'état des acquisitions faites, et celui des acquisitions à faire; pour poser les problèmes qu'il est important de résoudre; pour apprécier les résultats obtenus et les efforts qu'ils ont exigés; pour *diriger*, en un mot, les travaux avec rapidité et régularité, dans un but de perfectionnement. Elle peut bien proposer quelques prix mesquins pour obtenir la solution de telle ou telle question; mais si le public ne répond pas à cet appel, ce qui arrive quelquefois, le problème est ajourné indéfiniment, et le pas, sans doute nécessaire, puisque le programme le disait, le pas reste à faire (1).

Telles sont les diverses causes auxquelles il faut attribuer la stérilité de nos académies. La pensée de leur fondation fut bien plus d'offrir une récompense, un lieu de retraite aux hommes qui auraient parcouru avec distinction la carrière de la science, que de créer des associations laborieuses,

---

lement, que des résultats imparfaits. Nous citons cet exemple entre beaucoup d'autres.

(1) L'Académie des Sciences est enfin arrivée au point où devait la conduire sa vicieuse organisation : les découvertes scientifiques se produisant depuis long-temps en dehors d'elle, elle n'ose plus *guider* les savans, les *diriger* dans les voies où de nouveaux progrès doivent être obtenus; elle a réellement donné sa démission, du moment où elle n'a pas craint de dévoiler son impuissance en proposant des prix aux *meilleurs Mémoires scientifiques*, sans indiquer aux concurrens un objet *déterminé*, une *question* à résoudre.

destinées à organiser et à centraliser les efforts. Aussi, dépourvues de principe actif, sans autorité pour distribuer le travail, et pour en juger les produits, n'obtiennent-elles que des résultats à peu près insignifians, alors même qu'elles sont composées des plus hautes capacités. Que peut-on en attendre quand elles sont formées presque exclusivement de savans livrés à des travaux de détail, et particulièrement à la pratique?

Ce qui se passe sous nos yeux est la conséquence du défaut d'ordre que nous venons de signaler. En l'absence d'un inventaire officiel des découvertes constatées, les savans isolés sont exposés chaque jour à répéter des expériences déjà faites par d'autres, et dont la connaissance, en leur épargnant des essais, souvent aussi pénibles qu'inutiles, leur faciliterait les moyens de marcher en avant. Ajoutons aussi que leur sécurité n'est pas complète : la pensée d'un concurrent les poursuit; un autre, peut-être, glane dans le même champ, et *va prendre date* (comme on dit); il faut se cacher, se hâter, faire avec précipitation et dans l'isolement un travail qui demandait de la lenteur et réclamait les secours de l'association. On voit, en un mot, sous tous les aspects, se manifester les inconvéniens qui résultent d'une organisation qui abandonne le perfectionnement des théories scientifiques à des tentatives individuelles. L'académie ne COMMANDE pas le progrès, elle se contente de l'ENREGISTRER.

Nous avons dit que la plupart des savans se livraient à la *pratique*. Là où l'existence des savans n'est point assurée par une prévision sociale, on conçoit l'abandon des travaux de pure *théorie*; car pour s'y livrer, il faut que le hasard de la naissance donne à la fois la fortune et une haute capacité, double condition bien rarement remplie. Ce n'est pas que le gouvernement ne récompense parfois les savans; mais, incompétent autant qu'il est possible de l'être, il cherche à les *utiliser* dans des écoles, dans des facultés, dans des arsenaux, etc., et toujours en leur ravissant, par la *pratique*, un temps précieux pour la *théorie*. Reste donc la noble et grande ressource des *sinécures*; mais qui voudrait, à ce prix, acheter l'avantage de travailler en paix? Quel esprit élevé consentirait à être pourvu par une fonction qu'il ne remplit pas, quand il sent en lui des titres véritables à faire valoir? Pourquoi le mot insultant de *faveur* interviendrait-il là où celui de *justice* doit tout exprimer? D'ailleurs, en échange d'une *faveur*, un pouvoir étranger à la science demande au savant, réduit au rôle de solliciteur, une servitude politique et morale complète, et il lui faut opter entre son amour pour la science, c'est-à-dire pour le progrès de l'intelligence *humaine*, et son amour pour *lui-même*.

Mais, dira-t-on, il faut croire que la société trouve d'amples compensations aux inconvéniens que vous signalez; les savans, obligés, pour vivre, de se livrer à l'application, font sans doute des prodiges dans cette direction. Cette pensée se présente naturellement : mais si on vient à la vérifier par les faits, on trouve des fonctions en général mal remplies, et nulle part on ne rencontre de prodiges. Le dégoût et l'ennui se mêlent à des travaux que l'on n'aime pas; la vie s'écoule en regrets, et de hautes capacités passent sur la terre et s'éteignent, après n'avoir rendu à la société qu'une faible partie des services qu'elles auraient pu rendre. Supposez qu'un habile ingénieur soit appelé à cuber, compter et faire répandre des tas de pierres sur une grande route; il est probable que cette tâche sera plus mal remplie par lui que par un homme subalterne, et la tâche beaucoup plus importante qu'il eût été appelé à remplir ne le sera pas. Puisque nous parlons de l'application, n'est-il pas évident que la première, la plus grande application de la science devrait être faite à l'*enseignement*? Or, il y a discordance complète entre le corps savant et le corps enseignant; on pourrait dire, en toute rigueur, qu'ils ne parlent pas la même langue. Aucune mesure générale n'est prise pour que les progrès, à mesure qu'ils sont obtenus, passent immédiatement dans l'*éducation*; il n'existe point enfin d'échelle large et assurée pour descendre de la *théorie* à la *pratique*.

Ainsi, sans vouloir déprécier des hommes qui, par leurs veilles, ont bien mérité de la société, mais qui restent loin des Descartes, des Pascal, des Newton, des Leibnitz; sans chercher à dénigrer leurs travaux, qui supposent souvent une capacité peu commune, nous sommes forcés de reconnaître qu'aucune grande pensée philosophique ne domine et ne coordonne les conceptions scientifiques actuelles. Nous ne pouvons découvrir, dans tout cet ensemble, qu'une riche collection de faits particuliers; c'est un musée de belles médailles, dans l'attente de la main qui doit les classer. Le désordre des esprits a envahi les sciences elles-mêmes, et l'on peut dire qu'elles offrent l'affligeant spectacle d'une anarchie complète. Prononçons, en terminant, que c'est dans l'absence d'une unité de vue sociale qu'il faut rechercher la cause du mal, et dans la découverte de cette unité qu'on trouvera le remède.

INDUSTRIE.

On a peut-être plus exalté encore les merveilles de l'*industrie* que celles de la science: tâchons d'apprécier les efforts tentés dans cette direction.

Ici, comme dans les sciences, nous ne chercherons à nier aucun des progrès qui ont été faits. Il est évident que les sciences, récemment dirigées vers l'application, ont dû éclairer plusieurs branches de la technologie; il n'est pas moins évident que, profitant de tous les efforts de nos prédécesseurs, nous avons dû les dépasser. La question n'est donc pas de savoir si l'*industrie* a fait des conquêtes, auxquelles personne n'applaudit plus que nous; mais ce qui nous importe, c'est de rechercher si sa marche dans la voie des améliorations ne pourrait pas être beaucoup plus rapide qu'elle ne l'est. Nous sommes conduits ainsi à observer l'*industrie* sous ses trois grands aspects : 1° la partie technologique; 2° l'organisation du travail, c'est-à-dire la répartition des efforts de la *production*, eu égard aux besoins de la *consommation*; 3° la relation des *travailleurs* avec les *propriétaires des instrumens de travail*.

Dans l'état avancé où se trouvent la *science* et l'*industrie*, la dernière se présente comme devant être, sous le rapport technologique, une déduction de la première, une application directe de ses données à la production matérielle, et non pas une simple collection de procédés routiniers, plus ou moins confirmés par l'expérience. Rien cependant n'est organisé pour la faire sortir des voies étroites où nous la voyons encore engagée, pour mettre les *pratiques* industrielles à la hauteur des *théories* scientifiques. Ici encore tout est livré aux chances incertaines des lumières *individuelles*. Des épreuves souvent longues, souvent préjudiciables, sont à peu près les uniques moyens employés par les industriels pour l'appréciation de leurs procédés; épreuve que chacun d'eux est obligé de renouveler, car, grâce à la concurrence, chacun d'eux est intéressé à couvrir de mystère, pour s'en conserver le monopole, les découvertes auxquelles il parvient. Lorsqu'un rapprochement s'opère entre la *théorie* et la *pratique*, c'est fortuitement, isolément, et toujours d'une manière incomplète.

Sans doute, malgré ces entraves, des perfectionnemens se sont fait jour; mais pourrait-on compter ce qu'ils ont coûté? Que d'efforts perdus, que de capitaux enfouis, et quelle douleur de penser que les fondateurs des plus beaux établissemens en ont rarement recueilli les fruits! Dans l'industrie comme dans la science, nous ne trouvons que des efforts isolés; le seul sentiment qui domine toutes les pensées, c'est l'*égoïsme*. L'industriel se soucie peu des intérêts de la société. Sa famille, ses instrumens de travail, et la fortune personnelle qu'il s'efforce d'atteindre, voilà son *humanité*, son *univers* et son *Dieu*. Dans ceux qui suivent la même carrière, il ne voit que des ennemis; il les attend, il les épie, et c'est à les ruiner qu'il fait consister son bonheur et sa gloire. En quelle mains, enfin, sont placés la plupart des ateliers et instrumens d'industrie? Sont-ils livrés aux hommes qui pourraient en tirer le meilleur parti possible, dans l'intérêt de la société? Assurément non. Ils sont, en général, maniés par des gérans inhabiles, et l'on ne remarque pas, jusqu'ici, que leur *intérêt personnel* ait conduit ces gérans à apprendre ce qu'ils devraient savoir.

Des inconvéniens non moins graves se manifestent dans l'*organisation du travail*. L'industrie, avons-nous dit, possède une *théorie*, et l'on pourrait croire que, par elle, on voit comment la *production* et la *consommation* peuvent et doivent être harmonisées à tous les instans. Or cette théorie elle-même est la principale source du désordre; les économistes semblent s'être posé le problème suivant :

« Etant donnés des chefs plus ignorans que les gouver-

» nés ; supposant en outre que, loin de favoriser l'essor de
» l'industrie, ces chefs voulussent l'entraver, et que leurs
» délégués fussent les ennemis-nés des producteurs, quelle
» est l'organisation industrielle qui convient à la société ? »

Laissez faire, laissez passer ! telle a été la solution nécessaire; tel a été le seul principe général qu'ils aient proclamé. On sait assez sous quelle influence cette maxime fut produite; elle porte sa date avec elle. Les économistes ont cru résoudre ainsi, d'un trait de plume, toutes les questions qui se rattachent à la *production* et à la *distribution* des richesses; ils ont confié à l'*intérêt personnel* la réalisation du grand précepte, sans songer que chaque individu, quelle que soit la pénétration de sa vue, ne saurait, dans le milieu qu'il habite, et du fond des vallées, juger l'ensemble que l'on ne peut découvrir qu'au sommet le plus élevé. Nous sommes les témoins des désastres qui ont été déjà la suite de ce *principe de circonstance*, et s'il fallait citer des exemples éclatans, ils viendraient en foule témoigner de l'impuissance d'une théorie destinée à féconder l'industrie. Aujourd'hui, s'il règne quelques priviléges exclusifs, quelques monopoles, la plupart n'ont d'existence que dans les dispositions législatives. De fait la liberté est grande, et la maxime des économistes est appliquée généralement en France et en Angleterre. Eh bien ! quel est le tableau que nous avons sous les yeux ? chaque industriel, privé de guide, sans autre boussole que ses observations *personnelles*, toujours incomplètes, quelque étendues que soient ses relations, cherche à s'instruire des besoins de la consommation. Le bruit vient-il à circuler qu'une branche de production présente de belles chances : tous les efforts, tous les capitaux se dirigent vers elle, chacun se précipite en aveugle; on ne prend pas le temps de s'inquiéter de la mesure convenable, des limites nécessaires. Les économistes applaudissent à la vue de cette route encombrée, parce qu'au grand nombre des joueurs ils reconnaissent que le principe de la *concurrence* va être largement appliqué. Hélas! que résulte-t-il de cette lutte à mort? Quelques heureux triomphent...; mais c'est au prix de la ruine complète d'innombrables victimes.

La conséquence nécessaire de cette production outrée, dans certaines directions, de ces efforts incohérens, c'est que l'équilibre entre la production et la consommation est à chaque instant troublé. De là ces catastrophes sans nombre, ces crises commerciales qui viennent épouvanter les spéculateurs et arrêter l'exécution des meilleurs projets. On voit se ruiner des hommes probes et laborieux, et la morale est blessée de pareils exemples; car ils poussent à conclure qu'apparemment, pour réussir, il faut quelque chose de plus que la probité et le travail; on devient *fin*, *adroit*, *rusé*; on ose même se glorifier d'être tout cela: ce pas une fois franchi, on est perdu.

Ajoutons maintenant que le principe fondamental, LAISSEZ FAIRE, LAISSEZ PASSER, *suppose l'intérêt personnel* toujours en harmonie avec *l'intérêt général*, supposition que des faits sans nombre viennent démentir. Pour choisir entre mille, n'est-il pas évident que si la société voit son intérêt dans l'établissement des machines à vapeur, l'ouvrier qui vit du travail de ses bras ne peut pas joindre sa voix à celle de la société? La réponse à cette objection est connue; on cite l'imprimerie, par exemple, et l'on établit qu'elle occupe plus d'hommes aujourd'hui qu'il n'y avait de copistes avant son invention, puis l'on tire la conséquence, et l'on dit: *Donc tout finit par se niveler.* Admirable conclusion! Et, jusqu'à l'achèvement complet de ce nivellement, que ferons-nous de ces milliers d'hommes affamés? Nos raisonnemens les consoleront-ils ? prendront-ils leur misère en patience, parce que les calculs statistiques prouveront que, dans un certain nombre d'années, ils auront du pain ?

Assurément la mécanique n'a rien à voir ici, elle doit enfanter tout ce que son génie lui inspire; mais la prévoyance sociale doit faire en sorte que les conquêtes de l'*industrie* ne soient pas comme celles de la *guerre*; les chants funèbres ne doivent plus se mêler aux chants d'allégresse.

Le troisième rapport sous lequel on peut envisager l'industrie, est la relation entre les travailleurs et les possesseurs des instrumens de travail ou des capitaux. Mais cette question se rattache à la constitution même de la propriété; elle sera pour nous l'objet d'un examen approfondi, car elle est un des aspects généraux de la réforme sociale qu'amènera la nouvelle doctrine, et nous ne pourrions, sans anticipation, jeter un coup d'œil sur le caractère que nous présentent, à cet égard, les sociétés actuelles. Nous ferons seulement remarquer que les *terres*, *ateliers*, *capitaux*, etc., ne peuvent être employés avec le plus grand avantage possible à la *production*, qu'à une condition, c'est d'être confiés aux mains les plus habiles à en tirer parti, ou, en d'autres termes, aux *capacités industrielles*. Or, aujourd'hui, la *capacité* toute seule est un faible titre *au crédit*; pour acquérir il faut posséder déjà. Le *hasard de la naissance* distribue en aveugle les *instrumens de travail* quels qu'ils soient, et si l'héritier, le propriétaire oisif les confient aux mains d'un travailleur habile, il est bien entendu que le plus pur produit, le premier gain est pour le propriétaire incapable ou paresseux (1).

---

(1) En traitant la question de la propriété, nous montrerons comment le

Que conclure de tout ce qui précède, si ce n'est que les résultats que nous admirons seraient dépassés de beaucoup, et cela, sans les malheurs dont nous sommes chaque jour les témoins, si l'exploitation du globe était régularisée, et si, par conséquent, une vue générale présidait à cette exploitation? C'est donc encore ici l'unité et l'ensemble qui nous manquent. Les chefs de la société ont crié: *Sauve qui peut!* et chaque membre de ce grand tout s'est séparé en disant: *Chacun pour soi; Dieu pour* PERSONNE!

BEAUX-ARTS.

Après avoir montré l'absence d'un but commun dans les sciences et dans l'industrie, il ne nous reste plus qu'à jeter un coup d'œil sur les beaux-arts, pour avoir embrassé tous les modes de l'activité de l'homme.

Lorsqu'on se reporte aux siècles de PÉRICLÈS, d'AUGUSTE, de LÉON X, de LOUIS XIV, et qu'on vient à jeter les yeux sur le XIXme siècle, on ne peut que sourire, et personne ne songe à établir un parallèle; sur ce point du moins tout le monde s'accorde. Il est vrai que les journaux nous consolent de cette disgrâce, en nous assurant que nous sommes éminemment *positifs*; mais cette explication est un faible motif de consolation pour ceux qui savent le vrai sens de cet adjectif magique dont on abuse si étrangement.

Nous aussi nous reconnaissons l'état de dépérissement et de langueur des beaux-arts; mais nous l'attribuons à des

---

propriétaire oisif exploite le *directeur de travaux*, et comment celui-ci exploite à son tour l'*ouvrier*.

causes fondamentales; et il est d'autant plus intéressant de remonter à ces causes, que plus tard nous aurons à faire voir quel est le véritable rôle des *beaux-arts*, et quel est pour nous l'*étendue* de ce mot (1).

Les beaux-arts sont l'expression du *sentiment*, c'est-à-dire de l'une des trois manières d'être de l'humanité, qui, sans eux, manquerait de langage; sans eux, il y aurait lacune dans la vie individuelle, lacune dans la vie sociale. C'est par eux que l'homme est déterminé aux actes sociaux, qu'il est entraîné à voir son intérêt privé dans l'intérêt général; ils sont la source du dévoûment, des affections vives et tendres. L'aveu que l'on fait aujourd'hui avec une sorte de complaisance, de leur infériorité, est un aveu déchirant de la sécheresse des sentimens généraux et même des sentimens individuels. A quel rôle sont-ils réduits, lorsqu'on regarde leur expression comme frappée d'impuissance, lorsqu'on les avilit jusqu'à n'être plus qu'une *récréation?*

Il y a deux parties dans les beaux-arts : la *poésie* ou l'*animation*, et la *forme* ou le *technique*. C'est la première, sans doute, qui détermine l'autre; cependant on a vu la *poésie* disparaître, et la perfection technique lui survivre. Aujourd'hui on s'occupe presque exclusivement de la *forme*; la nature des affections dont elle doit être l'interprète est à peine considérée. Nous apprécions un ouvrage d'art indépendamment de son action sur nos sympathies, c'est-à-dire que nous ne l'envisageons que sous un seul aspect. De là l'indifférence dans laquelle les beaux-arts nous trouvent et nous laissent. Ajoutons, en passant, qu'aujourd'hui les véritables

---

(1) Voir l'écrit intitulé : Aux Artistes, sur le passé et l'avenir des beaux-arts. (*Doctrine de Saint-Simon*); Paris, 1830, au bureau du *Globe*, rue Monsigny, n° 6.

artistes, les hommes vivement inspirés, ne réfléchissent que des sentimens anti-sociaux; car les seules formes poétiques où l'on retrouve de l'animation sont la *satire* et l'*élégie*. Celle-ci est, il est vrai, aujourd'hui le langage des âmes tendres, des organisations privilégiées ; mais toutes deux s'attaquent également aux sentimens sociaux, soit par l'expression passionnée du désespoir, soit par celle du mépris dont le rire infernal s'attache à souiller tout ce qu'il y a de pur et de sacré. Mais sans nous arrêter plus long-temps sur ce sujet qui ouvre une carrière si facile à la critique du présent, pénétrons dans les relations sociales, générales et individuelles, nous y trouverons la cause de la décadence des beaux-arts, nous vérifierons en même temps le désordre que fait pressentir le tableau que nous venons de tracer de l'activité scientifique et industrielle.

Nous avons dit plus haut ce qu'il fallait entendre par les mots *époques organiques*, *époques critiques*; nous avons dit que le *paganisme* jusqu'à Socrate, et le *christianisme* jusqu'à Luther, avaient formé deux états *organiques* ; esquissons rapidement quelques-uns de leurs caractères.

La base fondamentale des sociétés de l'*antiquité* fut l'esclavage. La guerre était pour ces peuples l'unique moyen de s'approvisionner d'esclaves, et par conséquent des choses propres à satisfaire les besoins matériels de la vie ; chez eux, les plus forts étaient les plus riches ; leur industrie se bornait à savoir dépouiller. Malheur au faible qui ne pouvait supporter le poids de l'armure ! La pensée dominante de ces peuples, leur but de tous les jours, c'était la *guerre*; toutes leurs passions, tous leurs sentimens répondaient au cri de guerre, et leurs émotions les plus fortes prenaient leur source dans l'amour de la patrie, dans la haine de l'étranger. La mère elle-même rendait grâces aux dieux lorsqu'on lui rapportait le bouclier de son fils. Parcourez la Grèce, parcourez l'Italie, vous n'entendez que le bruit des armes, et Rome a cessé d'être Rome quand le temple de Janus a été fermé.

Faut-il donc nous étonner encore de la puissance des beaux-arts à cette époque? Une même passion anime tous les cœurs, un même but les dirige, une même pensée les pousse au dévoûment; or le dévoûment et l'inspiration poétique sont inséparables.

Plus tard, lorsque le christianisme, préparé par l'école de Socrate, eut détruit l'esclavage; lorsqu'au prix de mille douleurs les préceptes de l'Évangile, appliqués à la politique sous le nom de *catholicisme*, eurent donné à la société une organisation nouvelle, en harmonie avec ses besoins, la foi devint une *patrie spirituelle*, commune à tous les enfans du Christ; et malgré les haines et l'égoïsme des nations, la nouvelle *patrie* vit renaître un nouvel amour; alors aussi on vit reparaître de grands dévoûmens et de grandes inspirations. Huit croisades successives, dans le court intervalle de deux siècles, n'affaiblissent pas la ferveur des peuples; et les siècles de Léon X et de Louis XIV viennent couronner le grand œuvre du catholicisme et de la féodalité qui ne devaient plus avoir que quelques instans d'existence, ou plutôt d'agonie; car après quinze siècles, l'organisation du moyen âge était menacée de toutes parts.

Le clergé, incapable de continuer la mission divine qu'il avait commencée, avait abandonné les faibles qu'il devait protéger, et s'était subordonné aux successeurs de César; d'un autre côté, la noblesse qui s'était consacrée aussi, sous le nom de chevalerie, à la défense du faible, était venue prendre ses invalides dans les antichambres brillantes du grand roi; et les laïques, s'emparant peu à peu de la science et de la richesse, renversèrent, avec ces armes puissantes, la coalition impie qui croyait à l'éternité de l'*exploitation de l'homme par l'homme*.

Ce n'est pas le lieu de décrire la longue lutte qui a *préparé* l'affranchissement complet de l'homme par l'abolition du servage; nous savons tous quelle a été l'issue de cette lutte engagée dès la fin du xv⁵ siècle. Nous vivons au milieu des débris de la société du moyen âge, débris vivans, qui expriment encore quelques regrets autour de nous. Nous n'avons eu d'autre but, en rappelant ces faits, que d'établir le caractère distinctif de notre époque, et de constater que nous assistons à l'une de celles que nous avons désignées sous le nom de *critiques*.

Le cachet des époques *critiques*, comme celui des grandes déroutes, c'est l'*égoïsme*. Toutes les croyances sont abolies, tous les sentimens communs sont éteints, le feu sacré n'a plus de vestales. Le poète n'est plus le chantre divin, placé en tête de la société pour servir d'interprète à l'homme, pour lui donner des lois, pour réprimer ses penchans rétrogrades, pour lui révéler les joies de l'avenir, et soutenir, exciter sa marche progressive : non, le poète ne trouve plus que des chants sinistres. Tantôt il s'arme du fouet de la satire, sa verve s'exhale en paroles amères, il se déchaîne contre l'humanité tout entière, il pousse l'homme à la défiance, à la haine de ses semblables; tantôt, d'une voix affaiblie, il lui chante en vers élégiaques les charmes de la solitude, il s'abandonne au vague des rêveries, il lui peint le bonheur dans l'*isolement*; et cependant, si l'homme, séduit par ces tristes accens, fuyait ses semblables, loin d'eux il ne trouverait que le désespoir. Mais ce langage n'a plus même le pouvoir d'entraîner; sur la fin d'une époque *critique*, on n'émeut plus l'homme en parlant à son cœur, il faut lui faire voir sa *fortune* en danger; aussi observez les chefs actuels de la critique; lorsqu'ils ont voulu populariser leur système, ont-ils appelé nos poètes, nos peintres, nos musiciens? Qu'en auraient-ils fait? ils ne pouvaient toucher en nous que les cordes qui répondissent à des désirs individuels. Ils ont donc évoqué le fantôme de la *féodalité*, il nous l'ont présenté tout armé, venant, d'une main reconquérir la *dîme*, et de l'autre arracher leurs propriétés *aux acquéreurs de biens nationaux* (1). Plus récemment, lorsqu'une attaque redoutable a été dirigée contre la liberté de la presse, contre le *palladium de nos libertés* (comme on dit, en langage de tribune), a-t-on eu recours, pour la défendre, à des considérations générales, morales? fort peu. Qui ne sait combien est restreint le nombre des hommes disposés à prendre parti pour ce qu'on appelle l'*intérêt général!* On s'est prudemment adressé à quelque chose de plus *positif;* on a rédigé des pétitions dans l'intérêt des libraires, imprimeurs, papetiers, brocheurs, colleurs, etc.

Ah! disons-le: les beaux-arts n'ont plus de voix quand la société n'a plus d'amour; la poésie n'est pas l'interprète de l'*égoïsme*. Pour que le véritable artiste se révèle, il lui faut un chœur qui redise ses chants et reçoive son âme lorsqu'elle s'épanche.

Mais s'il n'existe pas d'affections sociales, les affections

---

(1) Nous sommes loin de prétendre que les tentatives rétrogrades, signalées par les directeurs actuels de l'opinion publique, aient été de simples fruits de leur imagination craintive, et qu'il ait été inutile d'opposer cet obstacle aux partisans aveugles du passé; nous voulons simplement constater ce fait, savoir: qu'aux époques critiques, on ne sait, on ne peut agiter les masses que par la crainte, jamais par l'espoir; par la haine, jamais par l'amour; par l'intérêt, jamais par le devoir; par l'égoïsme enfin, jamais par le dévoûment.

individuelles sont-elles, en revanche, très-développées ? Bien que la génération actuelle se réfugie avec orgueil dans cette sphère lorsqu'on l'accuse d'égoïsme, il s'en faut de beaucoup, pourtant, qu'elle y soit à l'abri de ce reproche. Comment se forme aujourd'hui ce lien si doux par lequel un sexe s'unit à l'autre, pour mettre en commun et les joies et les peines de la vie ? Nous avons tous appris ce que c'est qu'un *bon mariage*, par opposition à ce qu'on appelle un *sot mariage*. Pauvres jeunes filles! on vous met à l'encan comme des esclaves; aux jours de fête on vous pare pour vous *faire valoir*; et, souvent, dans son impudeur, votre père met vos attraits dans la balance, pour donner un peu moins d'argent à l'indigne époux qui vous marchande. Sans doute, et nous le disons avec joie, il est des hommes qui répudient cet odieux trafic, mais ils sont en petit nombre, et le monde s'en rit.

On pourrait croire que les affections paternelles et filiales, celles qui naissent, pour ainsi dire, le jour où nous recevons la vie, ne sont pas de nature à subir d'aussi grandes altérations; et cependant toutes les sympathies s'enchaînent, la cause qui affaiblit les unes réagit également sur les autres; pour acquérir son entier développement, le sentiment a besoin de recevoir toutes ses applications. N'avons-nous pas vu la philosophie mettre froidement en doute les devoirs réciproques des parens et des enfans? et les *successions* n'ont-elles jamais *adouci* des *regrets*, n'ont-elles jamais tari des larmes ?

Tous ces maux, toutes ces misères, nous les constatons avec douleur, mais sans amertume. Nous disons qu'ils rongent la société, et qu'ils l'anéantiraient s'ils lui étaient inhérens. En nommant l'ÉGOÏSME, nous avons mis le doigt sur la plaie la plus profonde des sociétés modernes; il règne en maître chez les nations comme chez les individus. Au moyen âge, grâce au lien religieux, on vit plus d'une fois, malgré les haines nationales, les peuples de l'Europe se lever de concert pour marcher vers un but commun. Les souverains de nos jours ont essayé de rétablir entre eux une association, mais leurs efforts n'ont eu pour résultat qu'une espèce de parodie du passé, décorée du titre de Sainte-Alliance. Ce pacte européen, basé sur des intérêts étroits, et conçu uniquement dans la crainte du mouvement révolutionnaire, privé du souffle de vie qui animait l'ancienne confédération, ne pouvait avoir qu'une existence éphémère ; il ne réalisait rien de plus que ce qui avait été tenté vainement, à diverses époques, pour assurer le maintien de l'*équilibre* européen, problème insoluble, tant que les peuples de l'Europe ne se sentiront pas unis par un but commun ; jusque là, pleins de défiance les uns envers les autres, livrés à leur individualité, hostiles contre tout pouvoir qui ne s'associe pas à leur destinée (qu'ils ignorent, mais qu'ils cherchent), les membres de cette grande famille européenne ne se sentiront pas, comme au temps de la fraternité spirituelle des chrétiens, liés par un même devoir, par une même loi morale.

Nous avons gémi sur les malheurs récens de l'Italie et de l'Espagne ; nous avons vu ces peuples essayer de s'affranchir et d'adopter la forme d'un gouvernement que nous prétendons aimer : qu'avons-nous fait pour eux ? des vœux *impuissans*. Les Grecs massacrés par milliers ont imploré notre pitié ; nous sommes-nous *croisés* (1) ? Non, il a fallu

---

(1) Qu'aurions-nous à répondre aux *barbares* du moyen âge, s'ils nous demandaient compte de notre tiédeur en cette circonstance ? qu'aurions-nous à leur répondre, s'ils nous demandaient compte de *la foi du serment ?*

nous donner des *fêtes* et des *concerts* pour nous arracher une stérile *aumône* prélevée sur notre *superflu!*

Dira-t-on que ce sont les gouvernemens qui ont réprimé l'élan des nations européennes, et que, sans les entraves apportées par eux, nous aurions volé au secours de nos frères et vengé leur défaite? Mais l'Amérique, ce pays modèle, qui n'a pas le prétexte banal de la contrainte exercée par son gouvernement, qu'a-t-elle fait? Il faut le dire à sa honte, elle a passé un *marché* avec les Turcs pour les APPROVISIONNER ! Quelques parties de l'Amérique du Sud ont voulu secouer le joug espagnol qui pèse encore sur elles; les États-Unis, tout remplis des souvenirs amers de la métropole; les États-Unis, où retentit encore le bruit des chaînes naguère brisées, ont-ils facilité en rien l'émancipation de leurs compatriotes? Non. Ont-ils, enfin, offert à la république d'Haïti le secours de leurs finances pour payer sa rançon? Non, toujours non. Ce peuple libre, qui a secoué, dit-on, tous les préjugés de la vieille Europe; ce peuple, en avant de tous les peuples dans les voies de la civilisation, a *protesté* contre l'existence d'un peuple *affranchi*, d'une nation de nègres (1) !

Ah! sans doute, le tableau que nous venons de tracer de l'époque actuelle serait déchirant s'il pouvait être l'image de l'état définitif de l'humanité. Heureusement un meilleur avenir lui est réservé, et le présent, malgré ses vices, est gros de cet avenir vers lequel sont tournés toutes nos espérances, toutes nos pensées, tous nos efforts.

Pour détruire un ordre social *qui n'était plus possible*, on a proclamé la liberté, et nulle idée ne pouvait être plus

---

(1) Un septième de la population américaine cultive cette *terre de la liberté* dans l'esclavage.

puissante contre des hiérarchies *justement déchues* (1) dans l'estime des peuples; mais lorsqu'on a voulu appliquer cette idée, soit en Europe, soit en Amérique, à la *construction* d'un NOUVEL ORDRE SOCIAL, on a produit l'état que nous venons d'esquisser. On a semblé croire que la solution du problème consistait à mettre le signe *moins* devant tous les termes de la formule du moyen âge, et cette étrange solution n'a pu engendrer que l'ANARCHIE; les publicistes de notre époque sont restés les échos des philosophes du XVIII° siècle, sans s'apercevoir qu'ils avaient une mission INVERSE à remplir. Ils ont continué l'attaque avec la même chaleur que si l'ennemi avait été encore en présence, et ils s'épuisent à combattre un fantôme.

Le temps est-il venu pour la production d'une Doctrine sociale nouvelle? Tout l'annonce; et la profondeur du mal, et les efforts même infructueux de quelques philantropes, et les cris de détresse des intelligences élevées. Depuis plusieurs années M. GUIZOT, et surtout M. COUSIN, annoncent quelque chose d'autre que ce *dix-huitième siècle*, proclamé long-temps comme le dernier terme des progrès de l'esprit humain. SAINT-SIMON a eu occasion d'adresser ses remercîmens au premier, dans un *post-scriptum* que nous rapporterons ici (2). Quant au second, on l'a vu, il y a quelques

---

(1) Nous avons souligné ces mots, pour répondre indirectement aux personnes qui paraissent croire que nous voulons ramener le passé, parce que nous savons lui rendre justice.

(2) « Il y a, Messieurs, disait SAINT-SIMON, des hommes qui rendent de
» grands services aux inventeurs, ainsi qu'au public; ce sont les *vulgarisa-*
» *teurs:* les inventeurs ainsi que le public ne sauraient trop les encourager.
» VOLTAIRE fait connaître les idées critiques de BAYLE; M. GUIZOT vient de
» populariser les observations que j'avais publiées dans *l'Organisateur*, re-
» lativement à la division de notre nation en deux peuples, relativement

années, apporter comme conclusion définitive de la philosophie, la *conception* du GOUVERNEMENT REPRÉSENTATIF, c'est-à-dire l'état politique que le premier quart du XIXe siècle a réalisé. Pour nous, qui n'adoptons ni le *moyen âge* ni le *constitutionnalisme*, nous franchissons la limite du présent; et le régime actuel, même modifié, même perfectionné, ne nous apparaît que comme *provisoire*, car c'est dans sa base même que se trouve le vice dont il est atteint. Toutefois nous ne sommes point ingrats envers les défenseurs de ce système; ils opposent, nous le savons, un obstacle salutaire aux tentatives de rétrogradation des anciens intérêts généraux; ils servent ainsi de contre-poids à une fraction de la société, qui pourrait introduire le désordre dans la population européenne, dont le premier besoin est la paix. Mais nous n'attendons rien de leurs efforts pour l'organisation des peuples; car, semblable en tout à la guerre, la critique n'a de puissance que pour détruire, et aujourd'hui la critique a rempli sa mission. Le temps approche où les nations abandonneront les bannières d'un libéralisme irréfléchi et désordonné, pour entrer avec amour dans un état de paix et de bonheur, pour abdiquer la méfiance, et reconnaître qu'il peut exister sur la terre un *pouvoir légitime*.

En portant sur les relations sociales un œil attentif, nous

» aussi à l'alliance de la royauté avec les Gaulois, et relativement à la faute
» commise par Louis XIV, d'avoir abandonné les Gaulois pour s'allier de
» nouveau avec les Francs.
   » Je prie M. Guizot de recevoir mes sincères remercîmens : je l'invite à
» lire cette lettre avec attention, il est très-désirable pour le public, ainsi
» que pour moi, qu'il s'approprie son contenu aussi complétement que mes
» premières idées sur la marche de la royauté en France. » (HENRI SAINT-SIMON, *Système industriel*, p. 153, 1821.)

avons reconnu que tous les liens qui avaient uni les hommes dans le passé étaient rompus, et nous n'avons exprimé aucun regret; nous n'avons pas même pleuré en voyant s'éteindre l'amour de la patrie, parce qu'il n'est à nos yeux que l'égoïsme des nations, et que ce sentiment si pur, qui a inspiré tant de nobles dévoûmens, tant de généreux sacrifices, doit disparaître devant un sentiment plus pur, plus grand, plus fécond, l'*amour de la famille universelle des hommes.* Aurons-nous encore à repousser les idées de *joug*, de *despotisme*, que le mot de pouvoir réveille ordinairement dans les esprits inquiets? Ah! Messieurs, bénissez avec nous le *joug* que l'on *impose* par la *conviction*, et qui *satisfait* tous les *sentimens* déposés dans le cœur de l'homme; bénissez un *pouvoir* dont la pensée unique est de *pousser* les peuples dans la voie du *progrès* et de *féconder toutes les sources de la prospérité publique.* La doctrine que nous annonçons doit s'emparer de l'homme *tout entier*, et donner aux trois grandes facultés humaines un but commun, une direction harmonique. Par elle les sciences marcheront avec ensemble, avec unité, vers leur plus rapide développement; l'industrie, régularisée dans l'intérêt de tous, ne présentera plus l'affreux spectacle d'une arène; et les beaux-arts, animés encore une fois par une vive sympathie, nous révéleront les sentimens d'enthousiasme d'une vie *commune*, dont la douce influence se fera sentir sur les joies les plus secrètes de la vie *privée.*

DEUXIÈME SÉANCE.

LOI DU DÉVELOPPEMENT DE L'HUMANITÉ—VÉRIFICATION DE
CETTE LOI PAR L'HISTOIRE.

Nous avons tracé un tableau pénible, Messieurs; nous n'avons dû songer qu'à être vrais. Il nous en a coûté de vous mettre face à face avec la société, telle que le *criticisme* l'a faite, et de découvrir ses plaies, pour vous faire sentir la nécessité et l'opportunité d'une nouvelle doctrine générale. Nous vous avons épargné toutes les douleurs que l'on éprouve en pénétrant dans l'intimité de ces familles sans foi, sans croyances, qui, repliées sur elles-mêmes, ne se rattachent plus à la société que par le lien de l'impôt. Nous n'avons rien dit de cette époque sanglante où l'équipage révolté brisa le gouvernail avant d'en avoir construit un meilleur. Nous aurions pu vous montrer l'autel profané par la scandaleuse *concurrence des cultes*, ou renversé par l'athéisme, et les débris du sceptre dispersés entre mille mains, comme on voit, après une victoire, les soldats se partager les dépouilles du vaincu. Mais nous avons pensé que vos esprits, une fois désenchantés de cette merveille de la liberté, au nom de laquelle tout est permis, sauraient apprécier, comme les nôtres, tout ce qui ressort de cette funeste métaphysique; et après vous avoir annoncé une doctrine qui donne la solution du grand problème social, nous allons nous hâter de vous l'exposer, pour ramener votre pensée sur des idées consolantes, pour vous soulager de ce malaise et de cette anxiété qui agitent tous les bons esprits, au moment où la société va revêtir une vie et des formes nouvelles.

Nous avons dit, dès le début, que la conception de Saint-Simon était *vérifiable* par l'histoire; n'attendez de nous ni la discussion des faits partiels, ni l'éclaircissement des détails consignés dans d'obscures chroniques. Nous ne porterons vos regards que sur les lois générales qui dominent tous ces faits; lois simples et constantes comme celles qui régissent l'organisation de l'homme. Plus le chaos des événemens et leurs perturbations sans nombre les ont masquées pour vous jusqu'à ce jour, plus vous serez pénétrés d'admiration pour l'homme qui nous les dévoilait à son lit de mort.

Saint-Simon eut pour mission de découvrir ces lois, et il les légua au monde comme un sublime héritage. Notre mission, à nous qui sommes ses disciples, est de continuer sa révélation, de développer ses hautes conceptions, et de les propager.

Le chef de notre école, Messieurs, n'a pas échappé à la persécution qui semble être, pour tous les novateurs, une sorte de triste privilége. Représentez-vous quel dut être l'affreux martyre de ce génie ardent et sublime, possédant la loi de l'humanité, l'annonçant, et n'excitant que la risée. Il montra une route nouvelle aux savans, et les savans l'accablèrent de leurs dédains : par lui, on peut le dire, l'univers tout entier fut pour la seconde fois donné aux hommes; et il mourut dans l'abandon et le dénûment. Poursuivi par les huées de la foule académique, abreuvé de fiel, il fut frappé des verges du XIXe siècle, la *misère* et le *sarcasme*. Représentez-vous l'indignation de ce génie méconnu, se débattant sous le faix des mépris dont il était couvert; s'épuisant à prendre toutes les formes sans réussir jamais à frapper les esprits; s'adressant à toutes les intelligences, et toujours renvoyé devant le tribunal aveugle de l'opinion publique; repoussé par ceux qu'il avait nourris, renié par ceux qu'il avait adoptés, et tournant ses derniers regards vers l'avenir, pour rencontrer un sourire et obtenir une bénédiction.

Telle est en abrégé, Messieurs, la vie de SAINT-SIMON; tel fut le partage de celui qui avait droit aux couronnes que l'humanité reconnaissante décerne à ses bienfaiteurs, et qui n'obtint que la couronne douloureuse du martyre. C'est pendant le cours de cette vie, toute remplie d'humiliations et de sacrifices, que, planant au-dessus de son siècle qui le répudiait, et se frayant une route nouvelle à travers les cœurs glacés et les intelligences étroites qui l'entouraient, cet homme PASSIONNÉ pour l'humanité parvint à prophétiser l'avenir, et à vérifier ses prophéties par des vues toutes nouvelles sur le passé.

L'humanité, a-t-il dit, est un être *collectif* qui se développe; cet être a grandi de génération en génération, comme un seul homme grandit dans la succession des âges. Cet être a grandi, en obéissant à une loi qui est sa loi physiologique; et cette loi a été celle d'un développement progressif.

Le fait le plus général dans la marche des sociétés, celui qui renferme implicitement tous les autres, est le progrès de la conception MORALE par laquelle l'homme se sent une *destination sociale*. L'institution politique est la *réalisation*, la mise en *pratique* de cette conception, son *application* à l'établissement, au maintien et au progrès des relations sociales.

Une première classification des faits du passé devient alors nécessaire, c'est celle que nous avons déjà indiquée dans la séance précédente, par les noms d'époques *organiques* et époques *critiques*; les premières présentant le spectacle de l'*union* entre les membres d'*associations* de plus en plus étendues, c'est-à-dire déterminant la *combinaison* de leurs efforts vers un but commun; les autres, au contraire, pleines de désordre, brisant d'anciennes relations *sociales*, et tendant enfin de toutes parts vers l'égoïsme. Ajoutons toutefois que celles-ci furent toujours utiles, nécessaires, indispensables, puisqu'en détruisant des formes vieillies, qui nuisaient, après y avoir long-temps contribué, au développement de l'humanité, elles facilitèrent la conception et la réalisation de formes meilleures.

Viennent ensuite trois grandes séries secondaires, qui répondent aux trois modes de l'activité humaine, le SENTIMENT, l'*intelligence* et l'*activité matérielle*. La première comprend tous les faits du développement des *sympathies* humaines, représentées par les hommes qui, vivement inspirés par elles, ont su les communiquer aux masses; la seconde se compose des termes du progrès constant des *sciences*, qui indiquent ainsi le développement de l'*esprit* humain; la troisième enfin, que nous désignons par ces mots: l'*activité matérielle*, est représentée dans le passé par la double action de la *guerre* et de l'*industrie*, dans l'avenir par l'INDUSTRIE SEULE, puisque l'*exploitation de l'homme par l'homme* sera remplacée par l'action *harmonique* des hommes *sur la nature*,

SAINT-SIMON nous montre, à l'origine, la haine développée au plus haut degré de famille à famille, de cité à cité, de nation à nation. Toutes ces antipathies, toutes ces violences s'exercent, il est vrai, surtout en dehors du cercle d'association, quelque petit qu'il soit; mais dans l'intérieur de la patrie, de la cité, de la caste ou de la famille, les habitudes brutales que la haine de l'*étranger* a fait contracter se reproduisent. Dans la famille, l'homme a droit de vie et de mort sur tout ce qui l'entoure; au temple, c'est par un sacrifice sanglant qu'il se rend les dieux favorables; il ne quitte sa demeure que revêtu de ses armes, car il ne peut faire un pas sans rencontrer un ennemi; peu à peu cependant, des sentimens moins sauvages se font jour : l'homme n'immole plus son prisonnier; il le fait travailler pour lui, il le réduit en *esclavage*; plus tard, cette loi si dure du vainqueur s'adoucit par degrés insensibles, et un progrès immense est accompli le jour où le *servage* est établi sur les débris de l'antiquité et sous la puissante égide d'une religion qui prêche la *fraternité* humaine. Aujourd'hui, Messieurs, nous consultons l'histoire, pour savoir ce que c'était qu'un maître, et pour mesurer la distance qui séparait le seigneur du serf attaché à la glèbe; l'homme a horreur du sang, qui long-temps fit ses délices; l'appareil des supplices barbares a disparu, même pour châtier le coupable; les haines nationales s'effacent de jour en jour, et les peuples, prêts à former une alliance complète et définitive, nous offrent le beau spectacle de l'humanité gravitant vers l'ASSOCIATION UNIVERSELLE.

D'une autre part, la *force guerrière*, d'abord déifiée, est détrônée par le travail pacifique. SAINT-SIMON nous montre le Grec et le Romain abandonnant les arts industriels aux viles mains de l'*esclave*, et rougissant de ce qui est pour nous un titre d'honneur. L'*esclave* rend alors à son maître la *totalité* de son travail; mais l'homme obéit à sa loi, il l'accomplit lentement, mais infailliblement, et bientôt le tribut de l'*esclave* diminue : il ne rend plus, sous le nom de *serf*, qu'*une partie* du produit de ses sueurs; cette partie va même sans cesse décroissant jusqu'à n'être plus qu'une faible fraction, que nos pères ont connue sous le nom de corvées, redevances, *dîmes*. Jetez les yeux sur l'Europe, l'amour des travaux pacifiques a succédé à l'ardeur des combats. Vous ne voyez plus de ces populations dévorées du besoin de la *guerre*; on arrache péniblement l'homme à la charrue pour lui faire prendre les armes; on ne ceint plus l'épée pour satisfaire un instinct guerrier, et Napoléon, ce génie que Rome oublia de produire, et qui vint, après deux mille ans, étonner l'Europe incrédule au Dieu des armées, Napoléon range ses soldats en bataille, en leur disant qu'ils vont conquérir *la paix et la liberté du commerce* (1).

Pour compléter ce tableau, considérons l'intelligence, d'abord refoulée par la brutalité, occupant successivement une place plus élevée. Nous sommes loin des temps où l'on allait chercher un grammairien sur le marché aux esclaves, et le moyen âge nous présente déjà, dans le clergé catholique, une association où le *mérite personnel* est le seul titre d'élévation. Les sciences, limitées d'abord à l'observation des phénomènes les plus grossiers, s'étendent, se divisent dans les diverses directions, et d'une autre part se coordonnent, se systématisent, se rapprochent de l'unité.

Il ne peut pas entrer dans nos vues de suivre pas à pas le

---

(1) Voltaire, qui eut le sentiment de tous les progrès, sans pouvoir se dégager de ses *préjugés*, on pourrait dire de son *fanatisme* contre le moyen âge, disait :

« Les princes avaient jusque là (1498) fait la guerre pour aller ravir des » terres; on la fit alors pour établir des comptoirs. » (*Essai sur les mœurs*, t. III, p. 344.)

développement des trois manifestations humaines, c'est à chacun de vous, Messieurs, à rassembler ces souvenirs, à grouper autour de ces généralités tous les faits de détail qu'il possède. Il nous suffisait de vous montrer les sentimens affectueux succédant à la haine, les travaux pacifiques de l'industrie s'étendant sans cesse aux dépens des travaux de la guerre, et les sciences dissipant peu à peu les ténèbres de l'ignorance, pour vous mettre à même de suivre le développement de l'humanité à travers les époques organiques. Nous venons d'indiquer les termes généraux des séries croissantes et décroissantes, dont la marche simultanée *démontre* la loi découverte par Saint-Simon. Vous pouvez, dans ces termes généraux, intercaler les faits particuliers qui y correspondent, et, formant ainsi des séries subordonnées aux précédentes, descendre jusqu'au détail des faits humains déposés dans l'histoire, et apprécier leur tendance.

Telle est la loi de perfectibilité de l'espèce humaine (1), telle est la méthode au moyen de laquelle on peut la vérifier.

Vous devez sentir maintenant ce qui distingue la conception de notre maître de toutes les conceptions sur la perfectibilité; vous voyez comment et pourquoi le mot de

---

(1) Grâce aux travaux de quelques hommes supérieurs du XVIIIe siècle la croyance à la perfectibilité *indéfinie* de l'espèce humaine est aujourd'hui généralement répandue, et l'on ne tardera pas, nous en sommes certains, lorsque le premier sourire de dédain sera effacé, à traiter Saint-Simon du nom de plagiaire : ce sera une preuve qu'il n'aura pas encore été compris, mais qu'il sera bien près de l'être.

L'idée de *perfectibilité*, entrevue par Vico, Lessing, Turgot, Kant, Herder, Condorcet, est restée stérile dans leurs mains, parce qu'aucun de ces philosophes n'a su *caractériser* le progrès ; aucun d'eux n'a indiqué *en quoi* il con-

perfectibilité eut dans sa bouche, pour la première fois, un sens exact, positif; vous entrevoyez enfin comment, en considérant, d'après ses indications, le développement des faits dans chacune des séries que fournit l'histoire, on peut, dès aujourd'hui, prévoir l'avenir. La loi de perfectibilité est si absolue, elle est une condition si intime de l'existence de notre espèce, que toutes les fois qu'un peuple placé en tête de l'humanité est devenu stationnaire, les germes du progrès, qui se trouvaient comprimés dans son sein, ont été aussitôt transportés ailleurs, sur un sol où ils pouvaient se développer; et l'on a vu constamment, dans ce cas, le peuple, rebelle à la loi humaine, s'abîmer et s'anéantir, comme écrasé sous le poids d'un anathème. Ainsi s'expliquent ces décadences, ces chutes d'empires dont le monde a été ébranlé, et qui ont porté l'épouvante dans les cœurs irréligieux, en leur faisant croire qu'un aveugle destin se jouait de l'humanité. Non, Messieurs, la tradition du progrès ne s'est jamais perdue, la perfectibilité ne s'est jamais démentie; on a vu seulement la civilisation émigrer, comme ces oiseaux voyageurs qui vont chercher, dans des contrées lointaines, un climat et une atmosphère favorables, que ne doit bientôt plus leur offrir la contrée qu'ils habitent. Au-

---

sistait, *comment* il s'était opéré, par *quelles institutions* il s'était produit et devait se continuer; aucun d'eux, en présence des faits nombreux de l'histoire, n'a su les classer en faits *progressifs* et faits *rétrogrades*, les coordonner en séries *homogènes* dont tous les termes fussent enchaînés suivant une loi de *croissance* ou de *décroissance* : tous ignoraient enfin que les seuls élémens qui intéressaient l'avenir, et qui se soient fait jour à travers le passé, étaient les *Beaux-Arts*, les *Sciences* et l'*Industrie*, et que l'étude de cette triple manifestation de l'activité humaine devait constituer la science sociale, parce qu'elle servait à *vérifier* le développement *moral*, *intellectuel* et *physique* du genre humain, c'est-à-dire son progrès sans cesse croissant vers l'unité d'*affection*, de *doctrine* et d'*activité*.

jourd'hui tout porte à admettre que par la cessation des guerres, par l'établissement d'un régime qui mettra un terme aux crises violentes, aucune rétrogradation, même partielle, n'aura lieu désormais. Il y aura continuité et rapidité dans les progrès, pour l'espèce humaine tout entière, car les peuples s'enseigneront et se soutiendront les uns les autres.

Mais, dira-t-on peut-être, qu'importe l'explication donnée au progrès, pourvu que le progrès existe? Cette explication est de la plus haute importance; car s'il était impossible de saisir un lien, un enchaînement dans la succession des faits du passé, l'étude de l'histoire deviendrait sans valeur; et c'est ici le lieu de faire remarquer l'immense distance qui sépare la vue historique de Saint-Simon de toutes celles qui ont été produites jusqu'à lui.

Depuis long-temps les philosophes ont fait du genre humain l'objet de leurs investigations; ils ont étudié son histoire à ses âges divers, et médité sur les révolutions qu'il a subies. Mais au lieu de l'envisager comme un corps organisé, croissant progressivement d'après des lois invariables, ils ne l'ont considéré que dans les *individus* qui le composent; ils ont cru qu'à chaque époque de son existence il était arrivé à son entier développement. Aussi ont-ils admis, sans hésiter, que les mêmes faits pouvaient toujours se reproduire identiquement, à toutes les époques. De ce point de vue, l'histoire ne leur est apparue que comme une vaste collection de faits et d'observations; et s'ils ont étudié les causes des révolutions humaines, ce n'a été que dans le but d'en tirer des préceptes de conduite en pareille occasion : voilà ce qu'on appelle très-gravement les leçons de l'histoire. Au point de vue du développement successif, il est évident que de pareilles leçons ne peuvent être qu'illusoires (1), attendu que les mêmes circonstances ne sauraient pas plus se reproduire aux différens termes de la croissance de l'être collectif, que les mêmes conditions physiologiques aux différens âges de l'individu, et que des faits sociaux, en apparence semblables, mais se passant à des époques différentes, ne sauraient avoir ni la même valeur ni la même signification. Aussi l'histoire, telle qu'on l'a présentée jusqu'à ce jour, au lieu de servir d'appui à un système complet et homogène, n'a été qu'un arsenal en désordre, où chacun a pu puiser des armes à sa guise, pour défendre des opinions contradictoires. Les historiens ont fait de l'homme un être *abstrait* et *de raison*, ils n'ont vu que *l'homme individuel*, se manifestant en divers lieux et à diverses époques, et ils ne l'ont observé, dans ces situations différentes, qu'afin de varier les aspects, et d'en faire jaillir des comparaisons; mais aucun n'a étudié la vie de l'espèce humaine. Les uns nous parlent de l'*enfance* des sociétés, de leur *jeunesse*, de leur *virilité*, pour arriver à nous dire que nous en sommes à la *caducité*, et ils engagent l'Europe vieille et usée à tourner ses regards vers la jeune Amérique. D'autres prononcent les mots de progrès, de perfectibilité; mais cette terminologie, dans leur esprit, ne présente point l'idée d'une suite, d'un *enchaînement*. Combien de fois nous a-t-on dit que les nations s'élèvent à un certain apogée de gloire, pour être ensuite replongées

---

(1) « On prétend, disait SAINT-SIMON, que l'histoire est le bréviaire des » rois : à la manière dont les rois gouvernent, on voit bien que leur bréviaire » ne vaut rien. » (*Mémoire présenté à* NAPOLÉON en 1813, p. 16.)

dans la barbarie! A ce sujet on cite l'Inde et l'Égypte, Athènes et Rome, et ces exemples ont force de démonstration. Des progrès ont été faits, des révolutions salutaires se sont opérées, on en convient; mais les plus grands événemens ne sont dus, suivant nos historiens, qu'à des causes *contingentes*; c'est le plus souvent le *hasard*, c'est l'apparition *imprévue* d'un homme de génie, la découverte fortuite d'un fait scientifique, qui les déterminent. On ne voit pas dans ces faits la conséquence de l'état de société qui les rendait nécessaires; on ne voit pas que chaque évolution est le résultat indispensable d'une évolution antérieure, chaque nouveau pas, un produit, pour ainsi dire logique, des termes déjà parcourus. On reconnaît l'utilité des travaux exécutés par les générations précédentes, mais seulement comme offrant des matériaux pour les travaux à venir, ou comme multipliant les chances favorables à des progrès futurs : aussi voyez les lumineuses explications qui sortent de ce chaos.

Si le *christianisme* est monté sur le trône avec Constantin, c'est que ce prince voulut animer les soldats qu'il conduisait à Rome pour détrôner Maxence; ou bien encore, pour ceux que n'arrête aucun obstacle, pas même celui des dates, c'est que les prêtres païens refusèrent d'absoudre Constantin des meurtres de Crispus et de Fausta, et que les chrétiens, plus indulgens, ne craignirent pas de laver le sang du fils et de l'épouse.

Les communes sont-elles affranchies au commencement du XIIe siècle : c'est que Louis-le-Gros voulut mettre un terme aux révoltes des seigneurs excités par son mortel ennemi.

La *réforme* vient-elle enlever à l'Église romaine une possession de quinze siècles : ce grand événement n'est dû qu'à la jalousie de deux ordres monastiques qui, dans un coin de la Saxe, se disputaient la ferme des indulgences, et peut-être aussi à l'ambition personnelle du moine Luther, ou au caprice de quelque prince (1).

La révolution française.... Elle fut amenée par les profusions de la cour, par la légèreté du ministre Calonne, qui dérangea les finances; les plus profonds annalistes remontent jusqu'au partage de la Pologne.

En vérité, Messieurs, il faudrait énumérer toute l'histoire pour énumérer toutes les puériles hypothèses qu'elle a inspirées aux critiques du XVIIe siècle; le langage, l'écriture, l'abolition de l'esclavage, la prédication de l'évangile, ne sont, sans doute aussi, que d'heureux coups de dés; car il semblerait, à entendre les historiens, que l'humanité joue à une grande loterie, où elle peut se ruiner ou s'enrichir; et, qu'on ne nous accuse pas d'ironie, c'est bien ainsi qu'ils asseoient leurs jugemens, lorsqu'ils attribuent plus ou moins au hasard les plus grands événemens de l'histoire. Ce système favori a donné lieu à un proverbe populaire : *aux grands effets petites causes.*

Il y a loin de ces misérables explications des phénomènes humains, à ce spectacle vraiment grand, vraiment imposant de l'humanité accomplissant lentement la loi à la-

---

(1) « *La bizarre destinée qui se joue de ce monde*, dit Voltaire, » voulut que le roi d'Angleterre Henri VIII entrât dans la dispute. »
(*Essai sur les mœurs*, t. III, p. 219 et 226.)

On voit que même pour les philosophes qui croient à la perfectibilité, c'est encore le *destin* aveugle qui amène les plus grands événemens.

quelle elle est soumise, et à cette suite de l'histoire présentant une longue série de corollaires enchaînés les uns aux autres, et permettant, par la juste appréciation des événemens accomplis, de déterminer ceux qui vont suivre.

L'histoire, étudiée d'après la méthode que nous venons d'exposer, devient toute autre chose qu'un recueil d'expériences ou de faits dramatiques propres à récréer l'imagination : elle présente un tableau successif des états physiologiques de l'espèce humaine, considérée dans son existence collective, elle constitue une science qui prend le caractère de rigueur des sciences exactes.

Cependant on a élevé quelques doutes sur la rigueur des démonstrations tirées de la série historique adoptée par notre école : on a demandé si cette série était assez longue, et s'il n'y avait pas imprudence à négliger toutes les traditions de l'Orient. A cette objection, nous répondons que l'histoire de la série de civilisation, dont la société européenne est aujourd'hui le dernier terme, embrasse environ trois mille ans, et que le développement de l'humanité pendant cette période, si vaste et si féconde, n'a pas seulement l'avantage de présenter une longue suite de termes, mais encore qu'aucune autre époque historique n'est mieux connue, et qu'elle est celle dont le dernier terme constitue l'état de civilisation le plus avancé. Les Orientalistes sont loin d'avoir rempli les lacunes de l'histoire de l'Asie, et, comme à chaque pas, dans cette histoire, il y a solution de continuité, il est impossible d'y suivre un développement régulier ; il en est de ces fragmens historiques, comme des lambeaux de terrain sur lesquels le géologue peut faire des hypothèses plus ou moins ingénieuses, mais où il ne porte jamais le cachet de certitude scientifique qu'il im prime aux contrées où les terrains se recouvrent successivement et sans interruption; il y a plus, on peut affirmer à l'avance, que si l'*interpolation* de cette série (celle de la civilisation orientale) est complétée, elle n'offrira dans son ensemble que l'un des termes qui nous sont connus (1): remarquons en outre que la Grèce avait transporté chez elle tous les progrès épars chez les autres peuples, et qu'elle se présente comme le résumé de toutes les civilisations qui avaient grandi jusqu'à elle. On se souvient que plus de six cents ans avant l'ère chrétienne, Thalès, arrivant de l'Égypte, étonna les Grecs par la prédiction d'une éclipse de soleil; on sait encore que les philosophes qui brillaient au Lycée avaient étendu leur savoir par de longs voyages dans les pays les plus éclairés de l'Orient.

Peut-être, Messieurs, après nous avoir entendu appuyer avec tant d'instance sur l'utilité de l'histoire, comme *vérification* des conceptions de Saint-Simon sur le développement de l'humanité, nous reprocherez-vous de ne pas tenir assez compte du *présent*. Ce reproche ne serait pas fondé: si nous avons donné une valeur aussi grande aux *observations* faites sur l'humanité, c'était uniquement pour nous placer sur le terrain où les hommes éclairés de notre époque se croient si bien assis, celui de la *science*; nous avons voulu leur montrer que si nous adoptions des vues nouvelles sur l'*avenir* social, c'est-à-dire des *prédictions* de phénomènes humains qui leur sont inconnus, nous suivions, pour justifier ces *prévisions*, la même méthode que l'on

---

(1) Nous ne craignons pas même de dire que les Européens seuls sont capables d'apprendre aux Indiens leur propre histoire, et de voir dans leurs traditions, dans leurs monumens, des idées et des faits qui ne sauraient être découverts et compris par les Indiens eux-mêmes.

observe dans toutes les sciences; nous avons voulu leur prouver que notre *prévoyance* avait la même origine, les mêmes bases que celle qui apparaît dans les *découvertes* scientifiques; ou autrement, que le *génie* de Saint-Simon était de la même nature que celui de Kepler, de Galilée, et ne différait du leur que par l'étendue, que par l'importance des lois qu'il nous a *révélées*.

Sans doute le *présent* n'est qu'un point dans l'*espace*, un moment dans le *temps*; il est le *lien* insaisissable du passé et de l'avenir; mais nous savons qu'il renferme le *résumé* de l'un, le *germe* de l'autre; nous savons qu'il est le *milieu* dans lequel nous vivons, sollicités par la double force, et des *souvenirs* qui nous poussent, et des *espérances* qui nous attirent; et que c'est en lui et par lui que nous marchons sans cesse vers un meilleur avenir.

Saint-Simon a *senti* vivement le vide de ce *milieu* qui l'entourait, et le froid glacial auquel l'avait fait descendre l'égoïsme qui le pénètre de toutes parts; mais il n'a pas désespéré de l'humanité, parce qu'il *sentait en lui* assez de vie, assez d'amour pour ranimer le monde : il n'oubliait pas le *présent* puisqu'il savait y lire, avec la conviction du génie, que sa parole semée dans un sol qui semblait la rejeter ne tarderait pas à germer; et nous, Messieurs, perdons-nous de vue le présent, lorsque nous nous adressons à vous, lorsque nous venons vous apprendre ce qu'il y a de plus important à aimer, à *connaître*, à *pratiquer*, aujourd'hui : la doctrine de notre maitre?

Oui, Messieurs, si nous avons insisté sur le caractère *scientifique* de la Doctrine, si nous avons cherché à calmer des inquiétudes, bien naturelles à une époque dont le caractère distinctif est le doute, nous serons heureux lorsque vous n'attacherez à la *science*, aux *raisonnemens*, aux dé-

monstrations (1), à l'*observation des faits*, et par conséquent aux *traditions* que l'importance qu'elles méritent, et que nous leur attribuons nous-mêmes. Pour nous, pleins de foi dans l'avenir que SAINT-SIMON nous annonce, nous ne répudions pas sans doute la *méthode* purement *rationnelle*, au moyen de laquelle nous pouvons *démontrer* aux plus incrédules que cet avenir est une *conséquence* nécessaire des progrès accomplis jusqu'à nos jours; mais ces efforts de *logique* ne sont pas ceux que nous ambitionnons le plus de voir produire par les âmes *généreuses*, qu'il nous tarde de sentir près de nous, cherchant avec nous, à réveiller les *sympathies* de l'humanité, à confondre tous les cœurs dans un même *amour*.

Avant de terminer, nous éprouvons le besoin de répondre à une objection que le *sentiment* pourrait élever contre nos idées. S'il y a, dans l'enchaînement des faits, une telle rigueur, que ceux de l'avenir soient une conséquence nécessaire de ceux du passé, le genre humain serait-il donc assujetti à une loi de fatalité? Oui; si un homme pouvait faire abstraction complète de ses désirs et de ses espérances, et du passé déduire froidement l'avenir, par la seule

---

(1) Cette prétention que l'on affiche à la rigueur des *démonstrations*, à l'horreur pour les *fictions*, peut paraître bizarre, à une époque où la plupart des dogmes politiques sont des fictions. Ainsi, dans les théories constitutionnelles les plus élevées, un roi a le *droit* de nommer ses ministres; mais les chambres peuvent les renvoyer en refusant le budget. Quand un roi fait bien, c'est lui qui a agi; quand il fait mal, ce n'est pas lui; il *peut* déclarer la guerre, mais on a le *droit* de lui refuser les ressources qui lui sont nécessaires pour la faire; tous les hommes sont *égaux* devant la loi, mais les lois, sans prendre d'autre base que la fortune répartie par le hasard de la naissance, consacrent des *inégalités* (pairie, électeurs, éligibles, jurés, garde nationale). Toutes ces contradictions, tous ces *mystères* ont l'approbation d'un public qui se croit très-*positif*.

voie rationnelle, cet homme devrait se regarder comme soumis à la fatalité; mais un pareil homme n'existe pas dans la nature. Tous éprouvent plus ou moins de *sympathie* pour la société, tous portent un regard *intéressé* vers l'avenir, et là commence pour eux le point de vue providentiel.

Sous l'empire d'un fatalisme brutal tel que le concevait *l'antiquité*, l'homme, être passif à l'égard des événemens, était entraîné malgré lui, sans rien prévoir, sans rien comprendre; poussé par une force aveugle, inappréciable, vers une destinée qui n'éveillait dans son âme que la crainte et la répulsion, il demandait sans espérer, il semait d'une main incertaine et sans oser rien attendre de ses efforts. La loi que nous annonçons, cette loi toute de promesses et d'espérances, mériterait-elle le même nom? Ah! Messieurs, vous ne le pensez pas. L'homme *prévoit* sympathiquement sa destinée; et lorsque par la science il a *vérifié* les prévisions de ses sympathies, lorsqu'il s'est assuré de la légitimité de ses désirs, il s'avance avec calme et confiance vers l'avenir qui lui est connu. Sans doute sa prévoyance ne peut aller jusqu'au détail et jusqu'à la fixation des dates; mais il sent que par ses efforts, il peut hâter son bonheur. Sûr de sa destination, il dirige vers elle ses vœux, sa spontanéité; il sait, avant d'agir, quel sera le résultat général de son action, et il y applique toute la puissance de ses facultés. Voilà comment il devient un agent libre et intelligent de sa destinée, qu'il peut, sinon changer (ce que d'ailleurs il ne voudrait pas), du moins hâter par ses travaux. Le fatalisme ne saurait inspirer d'autre vertu qu'une morne résignation, puisque l'homme ignore et redoute le destin inévitable qui l'attend; au point de vue providentiel, au contraire, se manifeste une activité pleine de confiance et d'amour : car plus l'homme a la conscience de sa destinée, plus il travaille, de concert avec Dieu lui-même, la réaliser.

Dépouillez donc toute crainte, Messieurs, et ne luttez pas contre le flot qui vous entraîne avec nous vers un heureux avenir; mettez fin à l'incertitude qui flétrit vos cœurs et vous frappe d'impuissance; embrassez avec amour l'autel de la réconciliation, car les temps sont accomplis, et l'heure va bientôt sonner, où, suivant la transfiguration Saint-Simonienne de la parole chrétienne, TOUS *seront appelés*, et TOUS *seront élus*.

TROISIÈME SEANCE.

CONCEPTION. — MÉTHODE. — CLASSIFICATION HISTORIQUE.

Messieurs,

En présence d'une génération qui prétend, avant de *croire*, analyser, disséquer, pour ainsi dire, les élémens de ses *croyances*, ou mieux encore *démontrer* ses *axiomes*, nous devons tenir compte de cette disposition des esprits ; il nous faut d'abord briser les armes que l'on serait tenté d'opposer à l'introduction de la doctrine de notre maître, et prouver la supériorité de cette doctrine, sur le terrain même de ses adversaires, pour acquérir le droit de les amener sur le sien. Nous devons montrer à un siècle qui se dit, pardessus tout, *raisonneur*, que nos *croyances* sur l'avenir de l'humanité, révélées par une vive *sympathie*, par un ardent *désir* de contribuer à son bonheur, sont justifiées par l'*observation* la plus rigoureuse des *faits* ; nous devons prouver même que cette qualification de *raisonneur*, que se donne notre siècle, exprime bien plutôt une prétention qu'une véritable puissance. En effet, le monde présente aujourd'hui trois classes de penseurs : les savans, plus ou moins spéciaux, les publicistes et les philosophes. Il est inutile de nous occuper ici des premiers (*les savans spéciaux*), leur incompétence, à l'égard des sujets qui nous occupent, est évidente, et nous nous hâtons d'autant plus de les mettre en dehors de la question, que nous espérons, par là, faire apprécier à sa juste valeur l'absurde accusation, si souvent intentée contre notre maître, d'attribuer la direction de la société aux chimistes, aux physiciens, aux astronomes, comme on lui reprochait, dans d'autres circonstances, de vouloir confier les destinées sociales aux peintres et aux musiciens, et même aux mécaniciens, aux maçons et aux laboureurs. Quant aux *publicistes*, que font-ils ? Ils s'épuisent à combattre au jour le jour, sans prévoyance, un pouvoir éphémère, qui présente, comme son plus beau titre à l'estime publique, le spectacle d'une lutte entre les diverses parties de l'institution politique. D'un autre côté, es *philosophes* sont occupés à justifier cet état de lutte en démontrant, à l'aide de quelques faits historiques isolés, ou de quelques vieilles idées métaphysiques, qu'il est une conséquence nécessaire et définitive des progrès de la civilisation et du libre développement des facultés de l'homme. Tous ces penseurs restent sans influence sur la direction de la société; la vie *pratique* de leurs contemporains leur échappe entièrement, et demeure en dehors du mouvement *intellectuel* dont ils se sont constitués les chefs. Personne enfin, malgré les noms dont on les honore, n'est disposé à reconnaître, dans les théories contradictoires de nos publicistes, une *science sociale*, LA POLITIQUE ; dans les abstractions de nos philosophes, une *science de l'homme*, LA MORALE.

D'ailleurs, en attachant au titre de *raisonneur* toute l'importance qu'il mérite, où trouverait-on, parmi les esprits en possession de la faveur populaire, des hommes qui, par l'étendue de leurs connaissances, par la puissance de leur logique, pussent se comparer aux Leibnitz, aux Descartes, aux Mallebranche, et, ne craignons pas de le dire, malgré les dédains du XVIIIe siècle, aux saint Augustin, aux saint Thomas?

Mais si notre époque se montre inférieure à plusieurs de celles qui l'ont précédée, quant à la grandeur des conceptions, quant à leur influence sur la vie pratique, elle se distingue du moins par son affectation à n'ajouter foi qu'*aux faits*, à n'admettre d'autres moyens, pour la solution de tous les problèmes, que *l'observation des faits*. Le procédé employé pour réunir les élémens de toute découverte, de toute invention, de toute idée nouvelle, est ce qu'on appelle la méthode *positive*, adjectif merveilleux, devant lequel la foule s'incline respectueusement sans le comprendre, et que ne comprennent pas beaucoup mieux ceux qui ne cessent de le répéter. Ajoutons que nulle part cette méthode n'est mise en usage, ni dans toute sa rigueur, ni avec la conscience de sa véritable nature.

La méthode positive consiste, nous dit-on, à dresser un inventaire des faits que l'on observe, sans se laisser préoccuper par aucun sentiment de désir ou d'appréhension. Si cet inventaire est exact, il doit offrir au regard de l'observateur la *loi* de succession de tous les faits, c'est-à-dire l'expression du *rapport* qui existe entre eux, et qui les *lie*.

Quelques préliminaires nous sont indispensables avant d'examiner tout ce que présente de faux et d'incomplet cette définition de la méthode positive.

L'exercice de l'intelligence humaine se divise en deux

modes distincts, la *conception* et la *vérification*, l'*invention* et la *méthode :* par le premier, elle découvre, elle devine, elle crée ; par le second, elle *justifie* ses prévisions, ses inspirations, ses révélations. Que d'autres que nous s'efforcent d'analyser, de décomposer, de définir le procédé de la *conception*, de l'*invention*, nous ne l'entreprendrons pas ; car ce serait essayer de définir le *génie :* or, le génie, pour nous, est *indéfinissable* ; c'est un phénomène *un* de sa nature, au-delà duquel nous ne saurions remonter ; c'est le *principe* de toute connaissance humaine ; c'est, dans le domaine de l'esprit, ce que le mouvement est dans l'ordre de la *matière*, ce que la vie est pour tout être aimant.

Pour bien apprécier la nature de ces deux procédés de l'intelligence humaine, la *conception* et la *vérification*, il est nécessaire de se rendre compte de la situation où l'homme se trouve, selon qu'il emploie l'un ou l'autre.

En *réalité*, l'homme n'est jamais isolé dans le milieu qui l'entoure ; toutefois, par un effort d'*abstraction*, tantôt c'est le monde, tantôt c'est son individualité propre qui l'absorbent presque exclusivement : d'une part, et en suivant, aussi loin qu'il lui est donné de le faire, ces abstractions, le monde lui apparaît comme une pure création de son esprit ; de l'autre, au contraire, il s'anéantit lui-même devant ce phénomène immense qui l'environne ; en d'autres termes, tantôt sa puissance créatrice, son *activité*, sa spontanéité s'exaltent, et il impose aux faits qu'il contemple les formes de son être ; tantôt, au contraire, simple observateur, passif, infécond, il réfléchit *en lui* les faits qui se produisent *hors de lui :* dans le premier cas, il veut, il commande, il parle ; dans l'autre, il se laisse entraîner, il obéit, il écoute ; dans l'un il invente, dans l'autre il vérifie, alternativement il est poète et raisonneur, il est *savant* (1).

C'est en passant de la vue *active* à la vue *passive*, du rôle de créateur à celui d'observateur, de l'imagination au raisonnement, que l'homme arrive à la plénitude de sa puissance *scientifique*.

La *méthode*, sanction de la pensée primitive, imprime aux créations du génie le cachet qui distingue si nettement l'œuvre du *savant* de celle du *poète*.

Qu'est-ce que la méthode? les mêmes principes philosophiques que nous venons d'appliquer à l'examen des procédés de la faculté de connaître, dans l'homme, vont nous rendre compte du moyen employé par lui pour *justifier* ses prévisions, ses découvertes, c'est-à-dire de la méthode; car, nous le répétons, tel est surtout son but : toutefois, avant de faire cette application, reprenons la définition que nous avons citée plus haut de la méthode positive. Elle consiste, dit-on, à faire un inventaire des faits, sans se laisser préoccuper par aucun sentiment de désir ou d'appréhension. Mais dans quel *ordre* classer ces faits? Quel sera le premier ou le dernier? Et, avant toutes choses,

---

(1) Rappelons encore que l'analyse philosophique, ou mieux encore métaphysique, à laquelle nous nous livrons ici, et par laquelle nous décomposons l'unité de l'existence *intellectuelle* de l'homme en deux parties distinctes, n'a d'autre valeur que celle que peuvent avoir des *abstractions* : nous aurions pu dire, en employant le langage newtonien, les choses se passent *comme si* l'homme était alternativement actif et passif, acteur et spectateur, inventeur et vérificateur, quoique en réalité, à chaque *moment* de son existence, de quelque durée que soit ce moment, il soit en même temps actif et passif. La division que nous établissons n'exprime donc que des *prédominances*, constantes chez certains individus comparés à d'autres, mais alternatives dans chaque homme.

pourquoi *vouloir*, pourquoi *désirer* les mettre en ordre? Le savant *croit* donc qu'un certain ordre existe entre ces faits, il le croit même *fermement* ; car il s'efforce de le découvrir : ce n'est pas tout, il ne suffit pas de croire qu'il existe *un* ordre, il faut trouver, il faut découvrir quel est cet ordre; dans le nombre infini d'hypothèses (1) qui se présentent, quelle sera celle qu'il choisira pour la vérifier, c'est-à-dire pour voir si tous les faits que cette hypothèse lui semble devoir embrasser sont effectivement compris par elle? faut-il, avant de s'arrêter à une de ces hypothèses, qu'il ait observé *tous les faits?* Combien faut-il qu'il en ait observé pour oser prononcer ? et d'ailleurs, pour les observer même, ne faut-il pas qu'il *découvre* un rapport entre un fait déjà observé et celui qu'il observe? Or, pour affirmer qu'un rapport de telle ou telle nature existe entre deux faits, il faut nécessairement *supposer* que l'on connaît intimement toutes les conditions dans lesquelles ces faits se produisent (ce qui dépasse la puissance humaine); car une de ces conditions venant à changer, le rapport serait différent. Ainsi la science humaine n'aurait rien de *certain*, disons plus, elle n'aurait rien de *probable*, puisque le nombre des conditions d'existence qui sont connues par l'homme n'est jamais qu'un infiniment petit par rapport à celles qu'il ignore.

---

(1) Nous employons à dessein ce mot *infini*, parce que telle est, en effet, la position dans laquelle se trouverait l'homme, si son organisation même ne lui faisait pas une nécessité de *préférer* telle hypothèse à telle autre, c'est-à-dire si, avant d'observer des faits, avant d'agir, il n'avait pas conçu le *désir* d'observer *certains* faits, de produire *certains* actes, en d'autres termes, s'il n'avait pas de *volonté*, principe, cause, mobile de toute son activité intellectuelle et physique.

Ici, sans doute, on nous accusera d'injustice, on nous opposera les superbes travaux des savans de nos jours sur le calcul des *probabilités*; mais ce sont précisément ces travaux qui prouveront toute la vérité de ce que nous venons de dire. A quelles conditions le mot *probabilité* veut-il dire quelque chose? Ou, autrement, quelles sont les *hypothèses* qu'il faut admettre, les *croyances* qu'il faut préalablement avoir, pour que l'ouvrage de M. Delaplace lui-même ne soit pas un vain assemblage de mots? Là nous raisonnons *comme si* toutes les boules renfermées dans une urne étaient parfaitement semblables, *comme si* l'urne était faite de telle manière que toutes ces boules égales eussent une chance semblable de sortie: or, si ces hypothèses étaient la réalité, tout calcul serait impossible, car aucune boule ne sortirait. Ici nous prévoyons le retour du lever du soleil, *comme si* toutes les circonstances qui ont permis qu'il se levât depuis un long espace de temps (et qu'est-ce que ce long espace de temps, en présence de l'éternité? un point) devaient se continuer sensiblement les mêmes. Enfin partout règne cette croyance, sans laquelle, il est vrai, aucune science humaine n'est possible ou utile, savoir, qu'il y a constance, régularité, ordre dans la succession des phénomènes. Comme nous venons de le dire, le nombre des hypothèses que l'on peut concevoir sur un phénomène attendu, le lever du soleil, par exemple, est infini; l'humanité adopte celle qui est justifiée par l'observation du passé, et elle dit que celle-là est *la plus probable*, parce qu'elle *croit à l'ordre*; car en faisant abstraction de cette *croyance*, la quantité *finie* d'observations faites n'aurait aucune valeur, en présence du nombre *infini* de phénomènes *possibles*.

Revenons à la *méthode*. Toutes les écoles philosophiques

ont reconnu deux modes distincts du *raisonnement* humain, au moyen desquels une série de faits étant donnée, l'observateur la parcourt, tantôt en remontant des faits particuliers aux faits généraux, et tantôt en descendant des faits généraux aux faits particuliers. On se rappelle la figure sous laquelle Bacon exprime cette idée, l'échelle double; Saint-Simon l'a reproduite sous une foule de formes. Ce qu'il nous importe de constater ici, c'est que ces deux modes de l'esprit, qui constituent, à proprement parler, la *logique*, ont une importance semblable, et que discuter de la supériorité de l'analyse sur la synthèse, c'est, comme le dit Saint-Simon, rechercher s'il vaut mieux baisser ou élever le piston d'une pompe pour la mettre en jeu.

Lorsqu'une *conception* nouvelle semble pouvoir lier des faits, il y a donc deux moyens de vérifier cette conception; savoir : parcourir la série des faits, en descendant du fait *désigné*, par la conception même, *comme étant le plus général*, au fait le plus particulier, en observant si tous les faits intermédiaires peuvent se ranger régulièrement, dans cette série, par ordre de particularisation de plus en plus grande; ou bien, remonter du fait *désigné par la conception* comme étant le plus particulier, au fait le plus général, en classant les faits intermédiaires, par ordre de généralisation.

Ces deux aspects, sous lesquels nous venons d'envisager la *méthode*, ont l'un et l'autre un principe et un résultat distincts : l'un est l'opération par laquelle, la loi de production des phénomènes étant donnée, le savant prononce que tel phénomène *aura lieu*; par l'autre, au contraire, il affirme que tel phénomène qui *a eu lieu* était une dépendance de la loi conçue : le premier s'applique donc spécialement à *prévoir*(1); le second à *raconter*; mais tous deux sont la *justification*, dans l'avenir et dans le passé, par ce qui *sera* et par ce qui *a été*, de l'INSPIRATION produite en l'homme par ce qui EST, c'est-à-dire de la manière dont l'être SENT la vie universelle, manifestée *en lui* et *hors de lui*.

Voilà toute la méthode, voilà toute la logique; mais la logique et la méthode supposent des conceptions et n'en donnent pas, comme les poétiques supposent des poèmes et n'en inspirent pas; tout ce que nous avons dit ici n'a pas pour but de donner des indications nouvelles sur les *procédés* de l'esprit humain, mais uniquement de faire sentir la confusion établie si souvent, jusqu'ici, entre l'invention et la méthode, et l'inconvénient qui résulte de la préférence accordée par tous les métaphysiciens à l'un ou à l'autre mode de *raisonnement*, comme étant celui qui conduit à la *découverte*; les uns préférant la *synthèse*, les autres l'*analyse*; les premiers contemplant, comme le dit SAINT-SIMON, les principes généraux, les faits généraux,

---

(1) Nous répétons ici ce que nous avons dit plus haut, à l'occasion de la division établie entre la CONCEPTION et le *raisonnement*, la POÉSIE et la *science* : la synthèse et l'analyse ne sont jamais complétement isolées l'une de l'autre, mais l'une ou l'autre se manifeste *plus particulièrement* à nous, selon que la science dont nous nous occupons revêt le caractère spéculatif ou descriptif; sans doute, une loi étant donnée, on peut *prophétiser*, d'après elle, aussi bien des faits qui *ont dû avoir lieu*, que des faits qui *auront lieu*; mais le mot même dont nous nous servons ici, *prophétiser*, est évidemment pris (lorsqu'il s'agit du passé) par extension de sa valeur véritable; c'est-à-dire, par conséquent, que l'homme, quand il jette les yeux sur le passé, le considère *particulièrement* comme étant *connu*, quoi qu'il soit, au point de vue de l'unité, aussi *inconnu* que l'avenir.

les intérêts généraux; les autres observant minutieusement les principes secondaires, les faits particuliers, les intérêts privés.

Résumons ce qui précède. — L'homme conçoit et vérifie, c'est dire qu'il est savant ; car il *sait*, lorsqu'après avoir imaginé, il justifie sa création, son hypothèse; il sait, quand il *lie* sa *prévoyance* à ses *souvenirs*, par un enchaînement non interrompu de causes et d'effets; il *sait* enfin, il veut savoir, parce que, amoureux de l'*ordre*, il trouve dans le passé, auquel il *croit*, un gage de l'avenir qu'il *désire*.

L'opinion commune est que l'esprit humain, observant une masse de faits, passe successivement de l'un à l'autre, et parvient ainsi, sans interruption, des faits particuliers au fait général, à la loi qui les lie; c'est-à-dire que la conception, la découverte de cette loi, serait la conséquence, le résultat logique du dernier fait observé. Il n'y a pas d'exemple d'une pareille marche dans l'histoire des découvertes humaines. Assurément la présence des faits qui nous entourent est la circonstance (extérieure à l'homme) qui *inspire* une pensée de coordination; mais entre cette pensée et le fait occasionel qui y a donné lieu, il n'y a pas de contact immédiat, il y a une lacune qui ne saurait être comblée par aucune *méthode*, et que le *génie* seul peut franchir. Il est indubitable que toutes les conceptions successives sont enchaînées l'une à l'autre, que la dernière ne peut se manifester qu'après toutes les précédentes, mais ce n'en est pas pour cela une *déduction*; son auteur ne s'est pas dit préalablement, telles vues générales ont été produites, *donc* il y a lieu d'en concevoir une nouvelle *de telle espèce*. Il fallait, sans contredit, que l'humanité eût fait tous les progrès qui ont précédé le siècle de Socrate, pour qu'il s'élevât à la conception de l'unité de cause qui devait contribuer à changer la face des sciences, celle du monde tout entier; il fallait aussi que la carrière ouverte par la conception de Socrate eût été entièrement parcourue, pour que Saint-Simon apparût à son tour; mais lorsque leur temps est arrivé, ces deux hommes extraordinaires ont saisi leur pensée créatrice par l'inspiration du *génie*, et non pas au moyen d'une *méthode*.

Cependant après avoir donné à la méthode le véritable rang auquel elle peut prétendre, qu'on ne croie pas que nous soyons injustes envers elle. Sans doute la science s'est trop long-temps confondue avec la poésie; l'*imagination* a trop souvent méconnu l'appui qu'elle devait trouver dans le *raisonnement*; est-ce un motif pour qu'aujourd'hui la *science* repousse, méconnaisse, déchire le sein d'où elle émane, et qui la nourrit? Qu'on nous permette une sévérité vraiment sainte, lorsque nous voyons des assembleurs de faits, instrumens glacés d'observation, manœuvres du *génie*, apporter avec défiance, avec envie, les matériaux de l'édifice dont le plan a été tracé par la main d'un maître créateur. Non, nous ne méconnaissons pas l'importance du raisonnement et de la *méthode* qui en dirige, qui en perfectionne le procédé; nous-mêmes, ne disons-nous pas que l'étude de l'humanité ne formera réellement une science digne de ce nom, qu'au moment où l'histoire, ce vaste champ d'*observations*, éclairée par la *lumière* que le *génie* de Saint-Simon a répandue sur elle, se présentera aux yeux du plus sévère *logicien* comme une série non interrompue de progrès, depuis l'association la plus étroite et la plus sauvage jusqu'à la société la plus AIMANTE, la plus *savante*, la plus *riche* qu'il soit donné à l'homme de *concevoir*, de *désirer*?

Mais qu'on ne s'y trompe pas, la faveur dont jouit aujourd'hui la *méthode positive*, faveur que l'on peut nommer populaire, ne provient point, ou du moins dépend à peine des services qu'elle a rendus *à la science*. Son crédit vient de plus haut, on a vu en elle autre chose qu'une arme d'académie; c'est surtout comme machine de guerre, comme levier de destruction contre une *loi* religieuse, contre un *ordre* social dont le poids fatiguait l'Europe depuis deux siècles, qu'elle est aimée et préconisée.

Et en effet, quelle arme plus puissante pouvait être employée contre une doctrine qui présentait le monde comme empreint de spontanéité, de vie, d'amour, qui appelait sans cesse l'esprit de l'homme dans un monde nouveau, que *l'esprit seul* devait *concevoir!* Quelle arme plus puissante contre les croyances chrétiennes, en un mot, qu'une méthode qui couvrait d'un suaire de mort l'univers et l'homme lui-même, qui les présentait l'un à l'autre comme des assemblages fortuits de molécules soumises à un ordre purement mécanique, comme des cadavres privés de ce feu sacré qui jusque là les avait *unis* l'un à l'autre, les avait fait marcher *de concert* vers une commune destinée? Voilà les véritables titres de la méthode scientifique actuelle à la faveur dont elle jouit, disons-le aussi, à la reconnaissance des hommes, car le bonheur de l'humanité exigeait que l'œuvre de destruction à laquelle elle a été si puissamment employée fût accomplie.

Nous l'avons déjà dit, personne plus que nous ne sent aujourd'hui l'utilité d'une division entre la POÉSIE et la *science*, l'IMAGINATION et le *raisonnement*; personne aussi mieux que nous ne sait comment leur confusion primitive a été une condition du progrès, c'est-à-dire comment, à l'origine des sociétés, les chefs de l'humanité *devaient être* à la fois poètes, savans, et même guerriers, prophètes, législateurs et rois (1); mais c'est précisément parce que nous savons tout cela, que nous pourrons mettre en pratique, réaliser cette division avec plus de rigueur encore que les savans qui semblent en revendiquer la propriété exclusive, et qui tous sont loin d'y être entièrement soumis.

Il nous tarde, Messieurs, de faire sur l'histoire de l'humanité une large application des principes que nous venons d'établir.

En jetant les yeux sur le passé, et avant d'observer *en détail* les faits que nous transmet la tradition, ne faut-il pas nous demander quel fil conducteur nous conduira dans cet immense labyrinthe? Tous ces faits, jusqu'à nous, ont déjà été observés, classés, nommés; les monumens des diverses civilisations qui se sont succédées ont été décrits ou sont encore debout; les livres qu'elles ont produits sont sous nos yeux, traduits, commentés, expliqués; enfin les grands hommes qui ont remué les masses, les lois auxquelles ces masses ont obéi, les croyances qui remplissaient leurs âmes, tout est là, tout est vivant encore pour celui

---

(1) Nous verrons plus tard comment la division des pouvoirs en *spirituel* et *temporel*, au moyen âge, facilita le développement progressif de l'humanité: remarquons seulement, pour l'objet qui nous occupe ici, que le pouvoir *spirituel*, ou clergé chrétien, présentait encore la confusion dont nous avons parlé, et que là, les mêmes hommes s'occupèrent de poésie et de science. Toutefois la division du clergé en deux parties, le clergé séculier et le clergé régulier, l'un plus particulièrement chargé de la prédication et du service de Dieu, *en présence des fidèles*, l'autre renfermé dans les cloîtres, et travaillant, hors du mouvement toujours *passionné des masses*, à l'élaboration du dogme, à la constitution de la *science de* Dieu, témoignait de la tendance de l'humanité, non pas à rendre étrangères la RELIGION et la *science*, la POÉSIE et la *raison*, mais à donner à chacune d'elles le rôle qui lui est propre, à en confier la culture à des mains différentes.

qui *aime* l'humanité, qui *connaît* ses destinées et s'applique à les réaliser.

A quoi nous servent tous ces faits, si nous ne savons pas y lire, en caractères distincts, une *volonté*, un *désir*, un *but* cherchée, jamais atteint, mais dont l'humanité s'est rapprochée sans cesse, et vers lequel nous devons nous-mêmes l'aider à se diriger? A quoi nous servent-ils, si nous ne savons pas les *lier* entre eux par une *conception* générale, qui, les embrassant tous, nous indique la place que chacun d'eux doit occuper dans la série du développement de l'espèce humaine? Et quel puissant génie nous révèlera cette *conception?*

Un homme passionné pour l'humanité, aimant l'*ordre* et vivant au milieu d'une société en *désordre*, brûlant du désir de voir ses semblables *associés*, frères, au moment même où tous, autour de lui, sont en lutte, en guerre, se déchirent; un homme éminemment sympathique, *poète* avant d'être *savant*, vient donner à la *science* humaine une nouvelle base, de nouveaux axiomes; SAINT-SIMON dit : « L'ordre, la paix, l'amour, sont pour l'avenir; le passé » a toujours aimé, étudié, pratiqué la guerre, la haine, » l'antagonisme; et cependant l'espèce humaine marchait » sans cesse vers ses pacifiques destinées, passant succes- » sivement d'un ordre imparfait à un ordre meilleur, d'une » association faible, étroite, à une association plus forte, » plus étendue, et chaque pas qu'elle faisait était d'abord » une *crise* pour elle, car il lui fallait nier son passé, bri- » ser violemment des liens qui avaient été salutaires à son » enfance, mais qui devenaient des obstacles à son déve- » loppement. » A ces paroles de notre maître, l'histoire prend un caractère tout nouveau ; l'observateur, le savant *vérifie*, par un nouvel examen du passé, cette sublime *in-*

spiration du génie; il cherche comment à la hutte du sauvage a succédé la cité, à la cité la patrie, à la patrie l'humanité; il observe, dans cette longue suite de siècles qui nous précèdent, quelles sont les époques où les hommes appartenant d'abord à une famille, ensuite à une cité, plus tard enfin à une même patrie, semblent liés avec amour aux destinées de leur race, de leurs concitoyens, de leurs compatriotes; quelles sont celles au contraire où les liens d'affection sont rompus, où l'ordre qu'on avait aimé devient oppressif et incompatible avec les nouveaux désirs qui agitent les cœurs. Dans les premières, tous les efforts semblent converger vers un même but; dans les autres, chacun s'isole : dans les unes, tous les élémens du corps social se rapprochent, se combinent, s'*organisent*; dans les secondes, la dissolution et la mort paraissent chaque jour plus prochaines, jusqu'à ce qu'un germe d'amour vienne rappeler à la vie, unir plus fortement que jamais les membres de ce corps fatigué par une *crise* terrible.

Ainsi une première et large classification du passé nous est donnée; nous pouvons le décomposer en époques *organiques*, dans lesquelles se développe un ordre social, incomplet puisqu'il n'est pas universel, provisoire puisqu'il n'est pas encore pacifique, et en époques *critiques*, dans lesquelles l'ordre ancien est *critiqué*, attaqué, détruit, et qui s'étendent jusqu'au moment où un nouveau principe d'ordre est révélé au monde.

Jetons les yeux sur la série de civilisation à laquelle nous nous rattachons directement, et qui nous est le mieux connue. Élevés au milieu des lettres grecques et romaines, fils de chrétiens, témoins du déclin du catholicisme, et de la tiédeur même de la réforme, deux périodes critiques nettement prononcées nous apparaissent dans la durée de vingt-trois siècles : 1° celle qui sépara le polythéisme du christianisme, c'est-à-dire qui s'étendit depuis l'apparition des premiers philosophes de la Grèce jusqu'à la prédication de l'Évangile; 2° celle qui sépare la doctrine catholique de celle de l'avenir, et qui comprend les trois siècles écoulés depuis Luther jusqu'à nos jours. Les époques organiques correspondantes sont : 1° celle où le polythéisme grec et romain fut dans la plus grande vigueur, et qui se termine aux siècles de Périclès et d'Auguste; 2° celle où le catholicisme et la féodalité furent constitués avec le plus de force et d'éclat, et qui vint finir, sous le rapport religieux, à Léon X, sous le point de vue politique, à Louis XIV.

Quelle est la destination de l'homme par rapport à son semblable, quelle est sa destination par rapport à l'univers? Tels sont les termes généraux du double problème que l'humanité s'est toujours posé. Toutes les époques organiques ont été des solutions, au moins provisoires, de ces problèmes; mais bientôt les progrès opérés à l'aide de ces solutions, c'est-à-dire à l'abri des institutions sociales qui avaient été réalisées d'après elles, les rendaient elles-mêmes insuffisantes, et en appelaient de nouvelles; les époques critiques, momens de débats, de *protestation*, d'attente, de transition, venaient alors remplir l'intervalle par le doute, par l'indifférence à l'égard de ces grands problèmes, par l'*égoïsme*, conséquence obligée de ce doute, de cette indifférence.— Toutes les fois que ces grands problèmes *sociaux* ont été résolus, il y a eu époque *organique*; toutes les fois qu'ils sont demeurés sans solution, il y a eu époque *critique*.

Aux époques organiques, le but de l'activité *sociale* est nettement défini; tous les efforts, avons-nous déjà dit, sont consacrés à l'accomplissement de ce but, vers lequel les hommes sont continuellement dirigés, dans le cours entier de leur vie, par l'éducation et la législation (1). Les relations générales étant fixées, les relations individuelles, modelées sur elles, le sont également; l'objet que la société se propose d'atteindre est révélé à tous les cœurs, à toutes les intelligences; il devient facile d'apprécier les capacités les plus propres à favoriser sa tendance, et les véritables supériorités se trouvent naturellement alors en possession du pouvoir; il y a *légitimité, souveraineté, autorité,* dans l'acception réelle de ces mots, l'harmonie règne dans les rapports sociaux.

L'homme alors voit l'ensemble des phénomènes régi par une providence, par une volonté bienfaisante; le principe même des sociétés humaines, la *loi* à laquelle elles obéissent se présente à lui comme l'expression de cette volonté, et cette croyance commune se manifeste par un culte qui *attache* le fort au faible, et le faible au fort. On peut dire, en ce sens, que le caractère des époques organiques est essentiellement *religieux*.

L'*unité* qui existe dans la sphère des relations sociales se réfléchit dans un ordre de faits que nous devons mentionner particulièrement ici, à cause de l'importance que l'on y attache aujourd'hui : nous voulons parler des *sciences*. Les spécialités diverses dont elles se composent ne se présentent, aux époques organiques, que comme une série de sous-divisions de la conception générale du *dogme* fondamental. Il y a réellement alors *encyclopédie* des sciences,

---

(1) Nous renvoyons aux leçons dans lesquelles ces deux sujets (l'éducation et la législation) sont traités du point de vue de la doctrine de Saint-Simon; disons cependant, dès à présent, que ces deux mots représentent, pour nous, autre chose que nos codes et l'enseignement de nos colléges.

en conservant à ce mot, encyclopédie, sa véritable signification, c'est-à-dire, *enchaînement* des connaissances humaines (1).

Les époques critiques offrent un spectacle diamétralement opposé. On aperçoit, il est vrai, à leur début, un concert d'activité, déterminé par le besoin généralement éprouvé de détruire; mais la divergence ne tarde pas à éclater et à devenir complète; de toutes parts l'anarchie se manifeste, et bientôt chacun n'est plus occupé qu'à s'approprier quelques débris de l'édifice qui s'écroule et se disperse, jusqu'à ce qu'il soit réduit en poussière. Alors le but de l'activité sociale est complétement ignoré, l'incertitude des relations générales passe dans les relations privées; les véritables capacités ne sont plus et ne peuvent plus être appréciées; la légitimité du pouvoir est contestée à ceux qui l'exercent; les gouvernans et les gouvernés sont en guerre : une guerre semblable s'établit entre les intérêts *particuliers*, qui ont acquis chaque jour une prédominance plus marquée sur l'intérêt *général*; l'égoïsme enfin succède au *dévoûment*, comme l'*athéisme* à la *dévotion*.

L'homme a cessé de comprendre, et sa relation avec ses semblables, et celle qui unit sa destinée à la destinée universelle; il passe de la foi au doute, du doute à l'incrédulité, ou plutôt à la négation de la foi ancienne, car cette négation même est une foi nouvelle; il *croit* à la fatalité, comme il avait cru à la Providence; il aime, il chante le *désordre*, comme il avait adoré et célébré l'*harmonie*.

A ces époques, on voit se produire une foule de systèmes

---

(1) Nous verrons, toutefois, plus tard, comment certaines sciences n'ont pas été comprises directement dans l'*encyclopédie* catholique, c'est-à-dire dans le *dogme* chrétien, les sciences physiques, par exemple.

qui excitent plus ou moins la sympathie de quelques fractions de la société, et qui la divisent de plus en plus, tandis que, presque à son insu, l'ancienne doctrine et les vieilles institutions qui la représentent encore continuent à lui servir de *lien*, ou du moins opposent une barrière à l'excès du désordre.

Les divers systèmes des connaissances humaines ne composent plus une unité, ce que l'homme *sait* ne forme plus un *dogme*, la collection des sciences ne mérite plus le nom d'encyclopédie, car le recueil qui les contient, quelque volumineux qu'il soit, n'est plus qu'une *aggrégation* sans *enchaînement*.

A de telles époques, où tous les liens sociaux sont brisés, les masses ne ressentent qu'imparfaitement l'immense lacune qui se révèle dans l'activité MORALE; cette lacune est comblée, pour elles, par un surcroît d'activité *spirituelle* ou *matérielle*, SANS BUT SYMPATHIQUE, sans inspiration d'amour. Mais les âmes supérieures contemplent l'abîme avec effroi; tantôt le néant moral met dans leur bouche la satire amère et sanglante, tantôt il leur inspire des chants de tristesse et de désespoir. C'est à de telles époques que l'on voit apparaître les Juvénal, les Perse, les Goethe et les Byron.

En résumé, les caractères distinctifs des époques organiques sont l'unité, l'harmonie dans toutes les branches de l'activité humaine; tandis que ce qui distingue les époques critiques, c'est l'anarchie, la confusion, le désordre dans toutes les directions. Dans les premières, l'ensemble des *idées* générales a eu, jusqu'ici, le nom de *religion*; dans les secondes, elles se sont produites sous celui de *philosophie*, expression qui, dans ce sens, n'a qu'une valeur de destruction à l'égard des anciennes croyances Observons toutefois que les idées destinées à servir plus tard à la réorganisation adoptent également, à leur naissance, le titre d *philosophie.* Aux époques organiques, enfin, la manifestatio la plus élevée des *sentimens* porte le nom de *culte*, dans l'ac ception la plus directe du mot; aux époques critiques ell prend celui de *beaux-arts*, expression qui renferme la même pensée de critique, à l'égard de celle de *culte*, que le terme de philosophie, par rapport à celui de religion. Nous avons déterminé les caractères généraux des époques organiques et critiques: dans toutes les époques d'une même nature, organique ou critique, quels que soient le lieu et le temps, les hommes sont toujours occupés, dans la durée des premières, à *édifier*, pendant la durée des secondes, à *détruire.* Les différences que l'on peut remarquer entre deux époques organiques, ou entre deux époques critiques, tiennent seulement à la nature de l'objet qu'il s'agit d'édifier ou de détruire. L'intensité de la croyance, l'étendue de l'association, donnent à chacune d'elles une nuance particulière, mais l'appréciation des détails qui distinguent telle époque de telle autre de même nature est de peu d'importance, et facile à faire pour chacun, une fois qu'on a saisi les caractères communs à toutes les époques critiques, et ceux qui appartiennent à toutes les époques organiques.

A chaque instant, dans le cours de cette exposition, la division que nous venons de faire dans l'histoire sera reproduite et justifiée par une nouvelle appréciation des faits que nous livrent les traditions humaines; cette grande conception sera pour nous une véritable boussole dans notre retour vers le passé, comme elle nous servira, mais *sous une autre forme,* pour nous diriger vers l'avenir.

Nous disons *sous une autre forme,* parce qu'aujourd'hui l'humanité s'achemine vers un état *définitif*, qui sera dispensé de ces longues et douloureuses alternatives, et où le progrès pourra s'opérer sans interruption, sans crises, d'une manière continue, régulière, et à tous les instans; nous marchons vers un monde où la religion et la philosophie, le culte et les beaux-arts, le dogme et la science, ne seront plus divisés ; où le devoir et l'intérêt, la théorie et la pratique, loin d'être en guerre, conduiront à un même but, l'élévation *morale* de l'homme; enfin où la science et l'industrie nous feront chaque jour mieux *connaître* et mieux *cultiver* le monde : alors la raison et la force, unies comme deux sœurs, feront remonter vers la source où elles puisent la vie, vers l'AMOUR, une commune action de grâces, un hymne de reconnaissance, et recevront de lui l'INSPIRATION, le souffle CRÉATEUR sans lequel elles resteraient dans le néant.

Messieurs, l'ère critique, commencée il y a trois siècles, a complétement achevé sa tâche; la destruction de l'ancien ordre de choses a été aussi radicale qu'elle pouvait l'être, en l'absence de la révélation de l'ordre nouveau qui doit s'établir. Les doctrines nées au XVIᵉ siècle et celles qu'elles venaient combattre se font à peu près équilibre; ce qui reste de celles-ci dans les masses suffit pour maintenir l'ordre au sein de la société; ce qui s'est établi des autres suffit pour opposer une barrière invincible à la rétrogradation. Les hommes qui *veulent* le bonheur de l'humanité, ceux qui se sentent puissamment animés du *désir* de préparer son organisation *définitive*, c'est-à-dire de réaliser ses *pacifiques* destinées, peuvent donc laisser en présence deux sociétés déjà vieillies, deux intérêts qui appartiennent au passé; et, quittant une arène où les efforts se consument en vains débats, consacrer tout ce qu'ils ont d'AMOUR, d'*intelligence* et de *force*, à la réalisation de cet avenir que SAINT-SIMON nous a révélé.

QUATRIÈME SÉANCE.

ANTAGONISME. — ASSOCIATION UNIVERSELLE.

DÉCROISSANCE DE L'UN; PROGRÈS SUCCESSIFS DE L'AUTRE.

Messieurs,

Nous vous avons montré, dans notre dernière réunion, quels furent les caractères généraux des époques *organiques* et des époques *critiques* dans le passé; vous avez dû entrevoir que cette alternative d'époques d'ordre et de désordre avait été la condition du progrès social; il nous reste à faire sentir comment, en effet, cette succession continuelle de grandeur et de décadence apparentes, communément appelée les vicissitudes de l'humanité, n'est autre chose que la série régulière des efforts faits par elle pour atteindre un but définitif.

Ce but, c'est l'*association universelle*, c'est-à-dire l'association de tous les hommes, sur la surface entière du globe, et dans tous les ordres de leurs relations; mais, dira-t-on peut-être, l'association n'est qu'un moyen, il s'agit de déterminer quel doit être le but de celle vers laquelle l'humanité s'achemine. Pour quiconque voudrait réfléchir à la rigueur des termes, il est évident que la fin et le moyen sont à la fois exprimés, au moins d'une manière générale, dans ceux que nous employons ici, et que l'*association universelle* ne peut s'entendre que de la combinaison des forces humaines dans la direction *pacifique*.

Toutefois, le terme d'association n'étant appliqué de nos jours qu'à des combinaisons étroites, qui n'embrassent qu'un seul genre d'intérêt, il nous paraît indispensable, pour faire apprécier l'étendue de cette expression dans l'ordre d'idées où nous la transportons, et même avec l'épithète que nous y joignons, de distinguer, parmi les phénomènes historiques, ceux qui placent l'humanité en dehors de l'état d'association, de ceux dont le développement a sans cesse tendu à l'en rapprocher.

Lorsqu'on se transporte à un point de vue assez élevé pour embrasser à la fois le passé et l'avenir de l'humanité (termes inséparables, car ils se présentent revêtus d'une égale certitude, et l'un ne saurait être jugé sans la conception de l'autre), de ce point de vue, on reconnaît que, dans sa durée totale, la société comprend deux états généraux distincts : l'un provisoire, qui appartient au passé, l'autre définitif, qui est réservé à l'avenir : l'état d'*antagonisme* et l'état d'*association*. Dans le premier, les diverses aggrégations partielles, coexistantes, se regardent entre elles comme se faisant réciproquement obstacle, et n'éprouvent l'une pour l'autre que de la défiance ou de la haine; chacune d'elles n'aspire qu'à détruire ses rivales ou à les soumettre à sa domination. Dans l'état d'association, au contraire, la classification de la famille humaine se présente comme une division de travail, comme une systématisation d'efforts pour atteindre un but commun; chaque aggrégation particulière voit alors sa prospérité, son accroissement dans ceux de toutes les autres aggrégations.

Nous ne prétendons pas dire, assurément, que la marche de l'humanité soit soumise à l'action de deux lois générales, l'*antagonisme* et l'*association* : le développement successif de l'espèce humaine ne reconnaît qu'une seule loi, et, cette loi, c'est le progrès non interrompu de l'association. Mais, par cela seul qu'il y a eu progrès, sous ce dernier rapport, il est évident que, pendant la durée de ce progrès, il a dû se présenter des faits *plus* ou *moins* en dehors de l'association. C'est cet état de choses que nous appelons antagonisme; état de choses qui, n'exprimant à la rigueur qu'une négation, doit néanmoins être étudié à part, si l'on veut apprécier clairement les différences qui existent entre le premier et le dernier terme du développement social.

Plus on remonte dans le passé, plus on trouve étroite la sphère de l'association, plus on trouve aussi que l'association elle-même est incomplète dans cette sphère. Le cercle le plus restreint, celui que l'on conçoit comme ayant dû se former le premier, est la *famille*. L'histoire nous montre des sociétés qui n'ont point eu d'autre lien; il existe aujourd'hui sur le globe des peuplades (1) chez lesquelles l'association ne paraît pas s'étendre au-delà de cette limite : enfin, autour de nous, dans l'Europe même, quelques nations (2) que des circonstances particulières ont isolées, jusqu'à un certain point, du mouvement de la civilisation, laissent apercevoir, dans leurs relations sociales, des traces encore profondes de cet état primitif.

Le premier progrès qui s'opère dans le développement de

---

(1) Nouvelle-Hollande.

(2) Clans écossais, Corse.

l'association est la réunion de plusieurs familles en une cité; le second, celle de plusieurs cités en un corps de nation; le troisième, celle de plusieurs nations en une fédération, ayant pour lien une croyance commune. L'humanité, avons-nous déjà dit, en est restée à ce dernier progrès, réalisé par l'association catholique; et, bien que ce progrès soit immense, si l'on compare l'état social qu'il a créé à tous ceux qui l'ont précédé, on doit reconnaître pourtant que l'association, parvenue à ce terme, est bien loin encore, sous le double rapport de la profondeur et de l'étendue, de celui qu'elle doit atteindre, puisqu'en effet le christianisme, dont le principe et la force expansive sont depuis long-temps épuisés, n'a embrassé dans son amour, sanctifié par sa loi, qu'un des modes de l'existence de l'homme, et n'est parvenu à établir son règne, aujourd'hui défaillant, que sur une portion de l'humanité.

En jetant un coup d'œil sur l'histoire, il est facile de vérifier les différentes phases du progrès de l'association. Nous n'assistons pas, il est vrai, à la réunion de plusieurs familles en une cité; mais nous voyons, plus tard, des cités se réunir en corps de nation : le phénomène d'une semblable fusion nous apparaît en Grèce, en Italie, en Espagne, dans les Gaules, dans la Germanie. Bien plus près de nous, et d'une manière bien plus distincte, nous voyons des nations s'associer, jusqu'à un certain degré, sous l'autorité d'une même croyance, et former la grande alliance catholique, dissoute par les travaux critiques des trois derniers siècles.

La série d'états sociaux que nous venons d'indiquer, *famille, cité, nation, église*, offre au regard de l'observateur le tableau d'une lutte perpétuelle. Cette lutte règne successivement dans toute son intensité, d'abord de famille à famille, puis de cité à cité, de nation à nation, de croyance à croyance. — Mais ce n'est pas seulement entre les diverses associations dont nous venons de parler qu'elle se témoigne, on la retrouve au sein même de chacune d'elles considérée isolément. Nous avons vu les guerres que se sont faites entre eux les peuples composant l'association catholique, bien que ces peuples eussent manifesté si souvent, et notamment par leurs efforts combinés pour comprimer l'essor de l'islamisme, et arrêter ses conquêtes, quelle était la puissance du lien qui les unissait ; l'histoire nous montre des rivalités de même nature entre les cités ou provinces faisant partie d'une même nation, et, dans l'intérieur de la cité, entre les différentes classes d'hommes qui la composent (1). Enfin la lutte se retrouve, au sein même de la famille, entre les sexes et entre les âges, entre les frères et les sœurs, entre les *aînés* et les *puînés*. Les germes de divisions propres à chaque association se perpétuent, après leur fusion dans une association plus grande, mais c'est avec une intensité toujours décroissante, à mesure que le cercle s'étend.

L'institution politique du moyen âge nous présente le phénomène de l'antagonisme, d'une manière frappante encore, dans les rapports des deux grands pouvoirs qui se partagent alors la société, le pouvoir temporel et le pouvoir spirituel, qui ne sont point le résultat d'une division

---

(1) Dans ces derniers cas, sans doute, la lutte n'a pas le même aspect dans tous les partis qui s'y trouvent engagés : chez l'esclave, chez le plébéien elle a le caractère progressif, car elle a pour objet l'affranchissement du travail pacifique ; chez le patricien, chez le maître, au contraire, sa tendance est stationnaire ou rétrograde, car elle a pour objet le maintien des intérêts de la conquête, la prolongation du règne de la violence.

harmonique du travail entre des capacités de nature différente, mais le produit d'une transaction tacite entre deux forces qui se font équilibre, qui se regardent comme ennemies, et cherchent sans cesse à s'envahir mutuellement (1).

Enfin, pour épuiser tous les aspects de l'antagonisme, nous pouvons le suivre jusque dans le sein même du sacerdoce catholique, c'est-à-dire, au milieu de la société la plus imposante, la plus homogène, et, si l'on considère le but définitif de l'humanité, la plus légitime qui eût encore existé : les clergés nationaux et le clergé central sont souvent en opposition ; des querelles s'élèvent entre les clergés régulier et séculier, et se reproduisent entre les diverses congrégations monastiques. Ces luttes, dans le sein même de la société pacifique, tenaient sans doute à la présence de l'élément hétérogène avec lequel le clergé se trouvait en rapport ; c'est ce que nous aurons à examiner plus tard : il nous suffit, en ce moment, de les constater comme un fait.

Après avoir exposé ce qu'a été l'antagonisme, aux différens degrés de l'association humaine, il faut se hâter d'ajouter que jamais il n'a été assez puissant, au début d'une organisation sociale, pour l'empêcher de se maintenir et de s'étendre dans les limites nécessaires pour que l'hu-

---

(1) Il y a lieu de reproduire ici l'observation que nous faisions tout à l'heure ; la lutte n'a pas, des deux côtés, le même caractère : dans le pouvoir temporel elle est généralement impie, c'est-à-dire rétrograde, puisqu'elle tend à assurer le triomphe du sabre ; dans le pouvoir spirituel, on peut la considérer comme sainte, c'est-à-dire progressive, puisqu'elle a généralement pour but de subalterniser le pouvoir *militaire* au pouvoir pacifique, les droits de la conquête et de la naissance aux droits de la capacité.

manité pût passer à une organisation plus avancée; mais que jamais non plus une organisation politique n'a eu assez d'énergie pour empêcher les élémens d'antagonisme qu'elle renfermait dans son sein, de s'y développer, et d'acquérir assez de force pour la renverser, et la détruire, le jour où de nouveaux besoins se faisant sentir aux hommes, les appelaient à jouir d'une organisation meilleure : on peut dire cependant que l'antagonisme, en préparant les voies d'une association plus large, en hâtant le jour de l'association universelle, se dévorait peu à peu lui-même, et tendait définitivement à disparaître.

Concluons de tout ce qui précède, qu'il n'y eut, à proprement parler, d'associations véritables dans le passé, que par opposition à d'autres associations rivales, en sorte que tout le passé peut être envisagé, par rapport à l'avenir, comme un vaste état de guerre systématisé.

En nous exprimant ainsi, nous sommes loin sans doute de vouloir faire le procès aux générations qui nous ont précédés; les états par lesquels ces générations ont passé étaient les termes nécessaires de l'évolution progressive de l'humanité; nous devons donc considérer les faits généraux qui les caractérisent, comme les *moyens* que l'homme a dû employer pour parvenir à sa destination.

Il est évident, d'ailleurs, que le principe *d'association* a toujours eu plus de force que celui *d'antagonisme*; qu'il a de plus en plus prévalu, et que les impulsions mêmes de ce dernier principe n'ont servi qu'à assurer complétement son triomphe. C'est ainsi que la manifestation la plus vive de l'antagonisme, la guerre, en déterminant des aggrégations de peuplades auparavant isolées, a rendu possible, plus tard, leur associasion.

Nous avons vu que, dans la marche de l'humanité, le

cercle de l'association va sans cesse en s'élargissant, et qu'en même temps le principe intérieur d'ordre, d'harmonie, d'union, y jette de plus profondes racines; c'est-à-dire que les élémens de lutte contenus dans le sein de chaque association s'affaiblissent à mesure que plusieurs associations se réunissent en une seule.

Quelques développemens suffiront pour mettre ce fait important en évidence. Considérons d'abord l'état d'antagonisme dans son principe, et ses résultats généraux.

L'empire de la force physique et l'exploitation de l'homme par l'homme sont deux faits contemporains et correspondans entre eux; le dernier est la conséquence de l'autre; l'empire de la force physique et l'exploitation de l'homme par l'homme sont la cause et l'effet de l'état d'antagonisme.

L'antagonisme, ayant pour cause l'empire de la force physique, et pour résultat l'exploitation de l'homme par l'homme, voilà le fait le plus saillant de tout le passé; c'est aussi celui qui excite le plus vivement la sympathie que nous éprouvons pour le développement de l'humanité, puisque, sous ce point de vue, ce développement peut être exprimé par la croissance constante du règne de l'amour, de l'harmonie, de la paix.

Cette proposition, que le règne de la *force* se montre plus absolu à mesure qu'on remonte dans le passé, pourra soulever une objection tirée de l'existence des castes sacerdotales de l'antiquité, qui jusqu'à ce jour ont été généralement regardées comme ayant réalisé la domination de l'*intelligence*. Nous répondrons que cette objection disparaît, si l'on considère la nature même de l'organisation sociale à laquelle ces castes ont présidé, l'ordre des relations qu'elles ont eu pour mission de maintenir et de consacrer par l'autorité de l'intelligence, et l'espèce de *force* que cette *intelligence* a prise pour point d'appui et pour moyen principal d'action. On voit alors, en effet, que chez les peuples anciens, sous le gouvernement des prêtres, comme sous celui des patriciens, c'est toujours l'empire de la force physique que l'on trouve consacré, et que dans l'Inde et dans l'Égypte, de même que dans la Grèce, et à Rome, les distinctions établies entre les classes ou les castes, sont également l'expression politique des différens degrés de l'exploitation de l'homme par l'homme.

Ces divers états de société sont séparés sans doute par des nuances importantes; mais le fait le plus général qu'ils présentent est le même.

Les questions suivantes peuvent encore s'élever : pourquoi, dans un même état général de l'humanité, voit-on la puissance sociale tantôt aux mains de castes sacerdotales, tantôt aux mains de castes guerrières? A quel fait remonte directement l'établissement du règne de la force? eut-il lieu à la suite d'une conquête, ou fut-il, dans le sein de chaque société, le produit spontané, la conséquence immédiate de l'organisation, de la nature même de l'homme?

Ces questions, quelque curieuses qu'elles soient, n'entrent pas, pour le moment, dans le cadre de notre exposition.

Il nous suffit d'avoir constaté que l'exploitation de l'homme par son semblable, quelle qu'en soit d'ailleurs l'origine, est le phénomène le plus caractéristique du passé. Voyons maintenant quelle fut cette exploitation à son origine, et comment s'est opérée sa décroissance progressive.

Il est inutile de nous appesantir sur des temps de férocité, où l'empire de la force ne se manifeste que par la destruction, où le sauvage égorge son ennemi, et souvent même en fait sa pâture. Transportons-nous d'abord à l'époque où le vaincu devient la propriété du vainqueur, et où celui-ci en fait un instrument de travail ou de plaisir, en un mot, transportons-nous à l'institution de l'*esclavage*. A dater de cette époque, les faits s'enchaînent régulièrement, sans interruption; et l'on peut dire que c'est seulement alors que commence, à proprement parler, l'exploitation de l'homme par l'homme.

Le passage de l'état d'anthropophagie, d'extermination, au premier degré de civilisation, signalé par l'établissement de l'esclavage, est un progrès immense, peut-être le plus difficile; mais il nous est impossible d'en saisir les intermédiaires. Prenons donc pour point de départ le moment où ce progrès est opéré, et où l'enchaînement des faits ne nous échappe plus.

A l'origine, l'exploitation embrasse en son entier la vie matérielle, intellectuelle et morale de l'homme qui la subit. L'esclave est placé en dehors de l'humanité; il appartient à son maître, comme la terre que celui-ci possède, comme son bétail, son mobilier; il est *sa chose* au même titre. L'esclave n'a aucun droit reconnu, pas même celui de vivre; le maître peut disposer de ses jours, il peut le mutiler à son gré, pour l'approprier aux fonctions auxquelles il le destine. L'esclave n'est pas seulement condamné à la misère, aux souffrances physiques, il l'est encore à l'abrutissement intellectuel et moral; il n'a point de nom, point de famille, point de propriété, point de liens d'affection, point de relations sociales, point d'existence religieuse; enfin, *il ne peut jamais prétendre à acquérir aucun des biens qui lui sont refusés, ni même à s'en rapprocher.*

Telle est la servitude, à son origine. Dans la suite, la condition de l'esclave devient moins rigoureuse: le législateur intervient dans ses rapports avec son maître, et peu à peu il cesse d'être une matière purement passive : on lui accorde alors une légère part du profit de ses propres travaux, et quelques garanties sont données à son existence. Ce n'est que fort tard qu'il peut prétendre, par l'affranchissement, événement toujours rare et exceptionnel, à faire un pas vers la société civile et religieuse, à introduire lentement sa race dans l'humanité, sans qu'elle cesse pourtant d'être proscrite et exploitée, tant que l'on peut reconnaître son origine.

Au sein des républiques antiques, on trouve une classe d'hommes qui tient le millieu entre celle des maîtres et celle des esclaves : ce sont les plébéiens.

La source du plébéianisme est inconnue : mais soit qu'il représente la conquête d'un premier grade dans l'association, par l'évolution lente des esclaves, ou bien qu'il soit le résultat d'une transaction primitive entre des vainqueurs et des vaincus, toujours est-il que le plébéien est exploité par le patricien, comme l'esclave par le maître ; non pas avec la même rigueur, ni sous des formes aussi brutales, mais cependant à un très-haut degré, et sous les mêmes rapports. On ne reconnaît au plébéien, ni existence religieuse, ni existence politique ou même civile, puisqu'il ne peut avoir, par lui-même, ni propriété, ni famille ; au patricien seul sont réservés ces priviléges. Le plébéien peut les acquérir, il est vrai ; mais seulement par une délégation, une sanctification du patricien, et sous l'invocation de son nom. Telle est la raison profonde du patronage antique. Toutefois l'infériorité originelle du client ne lui permet pas d'atteindre, même par l'adoption du patron, à la plénitude de l'existence religieuse et sociale : le sacerdoce, et la connaissance des mystères réservés à cette fonction, lui sont interdits ; une bouche patricienne est seule jugée digne d'interpréter la volonté divine.

Le plébéien, placé à son début dans une condition plus favorable que l'esclave, parvint plus tôt que lui à l'affranchissement. Son émancipation, hâtée par le dévoûment des Gracques, fut consommée sous l'empire, autant qu'elle pouvait l'être au sein de la société romaine. Il fallait que cette société fût transformée, pour que l'émancipation devînt complète. C'est ce qui arriva lorsque le christianisme, proclamant à la fois l'unité de Dieu et la fraternité humaine, vint changer complétement les relations religieuses et politiques, les rapports de l'homme avec Dieu et des hommes entre eux.

Ce fut en Occident que la nouvelle conception religieuse commença à se réaliser politiquement. Au début de sa domination, il existe bien encore deux classes d'hommes; l'une d'elles est bien encore soumise à l'autre; mais la condition de cette classe est sensiblement améliorée. Le serf n'est plus, comme l'esclave, la propriété directe du maître, il n'est attaché qu'à la glèbe, et ne peut en être séparé; il recueille une portion de son travail, il a une famille; son existence est protégée par la loi civile, et bien plus encore par la loi religieuse. La vie morale de l'esclave n'avait rien de commun avec celle de son maître : le seigneur et le serf ont le même Dieu, la même croyance, et reçoivent le même enseignement religieux; les mêmes secours spirituels leur sont donnés par les ministres des autels; l'âme du serf n'est pas moins précieuse aux yeux de l'Église que celle du baron; elle l'est davantage, car, selon l'Évangile, le pauvre est l'élu de Dieu. Enfin, la famille du serf est sanctifiée comme la famille même de son seigneur.

Cette situation, incomparablement supérieure à celle de

l'esclave, n'est cependant encore que provisoire : le serf, plus tard, est détaché de la glèbe; il obtient ce qu'on pourrait appeler le droit de locomotion; il peut donc choisir son maître. Sans doute, après ce que, rigoureusement parlant, on peut considérer comme son affranchissement, l'ancien serf reste, sous quelques rapports, marqué du sceau de la servitude : long-temps encore il est soumis à des services personnels, à des corvées, à des redevances, prix de sa liberté, mais ces charges s'allègent pour lui de jour en jour.

Enfin la classe entière des travailleurs, dans l'ordre matériel, classe qui n'est que le prolongement de celles des esclaves et des serfs, fait un progrès décisif, en acquérant la capacité politique, par l'établissement des communes.

La décroissance de l'exploitation de l'homme par l'homme donne lieu à plusieurs observations. Dans l'institution des castes sacerdotales, l'intelligence se montre toujours appuyée sur la force guerrière, principal moyen de sa puissance : dans l'institution chrétienne, non-seulement l'intelligence sépare sa cause de celle de la force, mais elle prononce anathème contre elle, et l'oblige à revêtir, dans son action, un caractère tout-à-fait nouveau : ainsi les nations qui, jusque là, se faisaient ouvertement la guerre en vue de la destruction, puis du pillage et de la conquête, semblent rougir d'elles-mêmes en présence de la société pacifique, constituée dans l'Église. On croit devoir alors chercher des prétextes pour faire la guerre : lorsqu'on l'entreprend, c'est, dit-on, pour la défense du territoire, pour venger un outrage; on n'ose plus l'avouer comme le *but* de l'activité sociale, mais seulement comme un *moyen* d'avoir la paix. Alors aussi une révolution s'opère dans les sentimens généraux : plus les associations avaient été restreintes, et plus la haine y avait eu d'empire, ce qui était la suite inévitable des griefs réitérés que se donnaient mutuellement entre elles ces associations, et, dans chacune d'elles, les diverses classes d'hommes qui les composaient. A mesure au contraire que les associations s'étendent, la *haine* cesse d'être la forme exclusive des sentimens sociaux. Le christianisme, enfin, en proclamant la fraternité universelle, substitue virtuellement au moins à la haine l'amour, à la crainte l'espoir, transformation à laquelle nous devons tous les progrès accomplis depuis cette époque, et qui touche elle-même au moment qui doit la rendre complète et définitive.

Sous l'influence du christianisme, l'activité matérielle de l'homme, détournée graduellement de l'exploitation de son semblable, s'est portée de plus en plus, sans y être pourtant directement sollicitée par la doctrine chrétienne, vers l'exploitation du globe. En considérant le progrès sous cet aspect, on voit que la décroissance de l'exploitation de l'homme par l'homme révèle un fait non moins général, savoir, le développement de toutes les facultés humaines dans la direction pacifique.

Le clergé catholique présente la première ébauche d'une société fondée sur la combinaison des forces pacifiques, et du sein de laquelle le principe de l'exploitation de l'homme par l'homme, sous quelque point de vue qu'on puisse l'envisager, est complétement exclus. Cette association ne pouvait être que fort incomplète, attendu les circonstances extérieures qui l'environnaient; mais dans un siècle habitué à la barbarie, elle témoigne hautement son horreur pour le sang, et répète ces maximes : Rendons à César ce qui appartient à César! Mon royaume n'est pas de ce monde! c'est-à-dire : laissons la terre, elle est encore soumise au glaive. — Au milieu d'une société classée primitivement par le sabre, où règne une aristocratie basée sur la naissance, cette association toute pacifique, foulant aux pieds les priviléges de noblesse, de naissance, proclame l'égalité des hommes devant DIEU, la distribution des peines et des récompenses *célestes* selon les œuvres, et elle réalise, dans sa hiérarchie *terrestre*, un nouveau mode de distribution des fonctions et des grades, non pas selon la *naissance*, mais selon la *capacité*, selon le *mérite personnel* ; l'histoire des papes en offre d'éclatans témoignages : presque tous, dans le temps de la plénitude de l'institution catholique, furent choisis parmi des hommes d'humble origine, que leur capacité seule avait fait distinguer. Bien que la société appelée temporelle refusât d'imiter la société spirituelle, elle était cependant dominée par son ascendant moral et par son enseignement, à tel point qu'au milieu même de ses efforts pour restreindre sa puissance, on vit les chefs des nations courber la tête devant les chefs du clergé, et se glorifier du titre de fils de l'Église.

En résumé, à mesure que le cercle d'association est devenu plus large, l'exploitation de l'homme par l'homme a diminué, l'antagonisme est devenu moins violent, et toutes les facultés humaines se sont développées de plus en plus, dans la direction pacifique.

Cette tendance continue suffit pour indiquer le caractère général de l'état définitif vers lequel s'achemine l'humanité. Toutefois on ne peut se faire une idée nette de l'association universelle qui tend à s'établir, qu'après avoir conçu, d'une manière générale, la nature et les rapports des différentes parties qui devront composer à cette époque l'institution sociale. Ce tableau devra ressortir de la suite de notre exposition.

Mais avant de poursuivre, nous sentons le besoin d'aller au-devant d'une objection que pourrait suggérer le mot de *définitif*, par lequel nous caractérisons l'état d'association universelle vers lequel s'avance l'espèce humaine.

Nous ne voulons pas dire que, parvenue à cette condition, l'humanité n'aura plus de progrès à faire ; au contraire, elle marchera plus rapidement que jamais vers son perfectionnement : mais cette époque sera définitive pour elle, en ce sens, qu'elle aura réalisé la combinaison politique la plus favorable au PROGRÈS même. L'homme aura toujours à AIMER et à *connaître* de plus en plus, et aussi à *s'assimiler* plus complétement le monde extérieur : le champ de la *science* et celui de *l'industrie* se couvriront chaque jour de plus riches moissons, et lui fourniront de nouveaux moyens d'exprimer plus grandement son AMOUR : il étendra sans cesse la sphère de son *intelligence*, celle de sa puissance *physique*, et celle de ses SYMPATHIES, car la carrière de ses progrès est indéfinie. Mais la combinaison sociale qui favorisera le mieux son développement MORAL, INTELLECTUEL et PHYSIQUE, et dans laquelle chaque individu, quelle que soit sa naissance, sera AIMÉ, *honoré*, *rétribué* suivant ses œuvres, c'est à-dire suivant ses efforts pour améliorer l'existence MORALE, *intellectuelle* et *physique* des masses, et par conséquent la sienne propre, cette combinaison sociale dans laquelle tous seront sollicités sans cesse à *s'élever* dans cette triple direction, n'est pas susceptible de perfectionnement. En d'autres termes, l'organisation de l'avenir sera définitive, parce que seulement alors la société sera constituée directement POUR LE PROGRÈS.

CINQUIEME SEANCE.

DIGRESSION SUR LE DÉVELOPPEMENT GÉNÉRAL DE L'ESPÈCE HUMAINE.

Messieurs,

Le monde entier s'avance vers l'UNITÉ de *doctrine* et d'*activité*; telle est notre profession de foi la plus générale; telle est la tendance dont l'examen philosophique du passé nous permet de suivre les traces. Jusqu'au jour où cette grande conception, enfantée avec ses développemens généraux par le génie de notre maître, a pu devenir l'objet direct des travaux de l'esprit humain, tous les progrès antérieurs des sociétés doivent être considérés comme *préparatoires*, tous les essais d'organisation comme des initiations partielles et successives au culte de l'*unité*, au règne de l'*ordre* sur le globe entier, possession territoriale de la grande famille humaine; et cependant ces travaux préparatoires, ces organisations provisoires des familles, des castes, des races, des nations du passé, viendront, étudiées sous un nouveau jour, mettre en évidence le but que nous ambitionnons et les moyens de l'atteindre.

En effet, Messieurs, le besoin d'*unité*, l'amour de l'*ordre*, sont tellement inhérens à l'homme, qu'avant de pouvoir être éprouvés et satisfaits dans leur dernière limite, l'*association universelle*, nous les voyons s'établir, au moins sur des bases provisoires, d'abord dans la famille par le mariage, puis dans des réunions peu nombreuses, enfin dans des nations entières, sur des localités de plus en plus étendues. C'est ainsi que les élémens divers du progrès général ont pu germer et se fortifier chez des peuples, successivement *élus*, en quelque sorte, pour représenter à chaque époque le nouveau grade conquis par l'espèce humaine.

Mais observons ici que ces tentatives de l'esprit humain, et ces organisations politiques, provisoires par cela seul qu'elles n'embrassaient pas la sphère du développement complet de l'humanité, devaient par conséquent renfermer en elles-mêmes une cause de dissolution. Ce germe de mort, constamment cultivé par des travaux qui se faisaient en dehors des doctrines et des institutions régnantes, en opérait peu à peu la destruction : telle est la cause de notre première classification du passé en époques *organiques* et *critiques*.

Dans les unes, de tous les points de la circonférence sociale, on voit se diriger sympathiquement tous les esprits et tous les actes vers un centre d'affection; dans les autres, au contraire, les vieilles croyances, signalées dans leurs vices par des sentimens, par des besoins que l'antique lien social n'avait pu comprendre, attaquées par un *présent* qui ne se lie plus aux *traditions*, et qui ne les rattache à aucun *avenir*, tombent en ruines de toutes parts. Vous le voyez, Messieurs, ces époques méritent encore un autre nom; elles sont, dans la véritable acception des mots, religieuses dans le premier cas, irréligieuses dans l'autre.

Nous venons d'exposer à vos yeux notre vue la plus large sur le passé de l'espèce humaine, envisagée quant au caractère général des doctrines sous l'influence desquelles elle a successivement accompli sa mission, en préparant ses destinées.

Avant de passer à l'énonciation des faits historiques les plus importans, dont l'enchaînement vient démontrer la vérité des aperçus philosophiques qui précèdent, nous appellerons votre attention sur le mode le plus général de l'activité humaine jusqu'à nos jours.

L'exploitation de l'homme par l'homme, voilà l'état des relations humaines dans le passé : l'exploitation de la nature par l'homme *associé* à l'homme, tel est le tableau que présente l'avenir. Sans doute l'exploitation de la nature extérieure remonte à la plus haute antiquité, l'industrie n'est pas une découverte réservée à l'avenir; sans doute aussi l'exploitation de l'homme par l'homme est aujourd'hui bien affaiblie; il ne s'agit plus de briser les chaînes de l'esclave; mais le progrès de l'esprit d'*association*, et la décadence relative de l'*antagonisme*, n'en présentent pas moins l'expression la plus complète du développement de l'humanité. En d'autres termes, la *guerre* et la *paix*, tels sont les caractères distinctifs du *passé* et de l'*avenir* considérés du point de vue où Saint-Simon nous a placés.

La guerre proprement dite est l'objet de l'antagonisme, l'esclavage en est le moyen et le résultat. Mais l'antagonisme lui-même a d'abord civilisé le monde; Kant l'a déjà remarqué avant nous; oui, Messieurs, l'institution de l'esclavage, succédant à la brutalité la plus féroce, aux appétits les plus sauvages, a, dans son origine, favorisé le développement de la société humaine : les vainqueurs songèrent à conserver la vie aux vaincus, lorsque l'industrie naissante vint réclamer l'esclave comme le premier instrument de la production matérielle. L'histoire traditionnelle du genre humain ne nous a pas transmis les détails de cette barbarie primitive; quelques peuplades sauvages de l'Amérique nous en donnent cependant une vivante image. Dans le premier état du genre humain, que voyons-nous, Messieurs? la force physique exploitant la faiblesse; les appétits immédiats excitent seuls alors l'activité de l'homme; les femmes, les enfans, les vieillards, tout ce qui est faible gémit sous le joug de la brutalité; la chasse et la guerre, voilà les nobles habitudes des héros; leurs passions sont celles que ces travaux barbares leur font contracter.

Les hommes sont donc partagés alors en deux classes, les exploitans et les exploités; on peut même dire, comme ARISTOTE et SAINT-SIMON l'ont dit, dans des sens bien différens, que le passé nous montre deux espèces distinctes, celle des maîtres et celle des esclaves. Cette seconde espèce humaine est d'abord regardée par la première comme lui étant étrangère; elle fait partie du mobilier; elle est, en droit et en fait, confondue avec les animaux. L'histoire nous indiquera comment cette classe, *la plus nombreuse*, a constamment, par la nature des travaux *pacifiques* auxquels elle était livrée, amélioré sa position relative dans la société. Elle nous dira encore comment cette amélioration, soumise au principe général des relations sociales du passé, ne s'est opérée que par l'admission successive des hommes les plus avancés de la classe exploitée dans les rangs des privilégiés formant la classe des maîtres. L'espèce humaine brisera enfin toutes ces chaînes dont l'antagonisme l'a chargée; un jour l'homme, affranchi et complétement séparé des animaux, s'organisera pour la paix, après avoir subi, mais ensuite repoussé, l'éducation de la guerre.

Tel est, Messieurs, le second point de vue sous lequel nous envisageons la marche de la société humaine; arrivons maintenant aux grands faits historiques.

L'Europe est la métropole du monde : depuis le christianisme, l'orient a cessé d'éclairer l'occident de ses lumières ; et le christianisme, en rattachant le développement des peuples européens aux progrès réalisés antérieurement par le peuple de Moïse, permet à notre esprit de saisir le résumé des doctrines orientales.

En effet, les traditions de l'histoire nous montrent l'organisation moïsiaque en même temps que les colonisations égyptiennes en Grèce. Toutes les autres histoires sont postérieures à ces événemens, au-delà desquels on ne trouve aucune tradition, aucun document précis. Un ensemble de circonstances, qui échappent aujourd'hui, a permis que le peuple hébreu, sorti d'Égypte à l'époque où les premières colonies s'établirent en Grèce, reçût de Moïse une organisation bien plus forte, bien plus unitaire que celle de ses compagnons d'émigration ou d'exil,

L'unité de DIEU, lien réel de l'unité d'*activité* et de *doctrine*, ne nous apparaît point chez les peuples grecs avant SOCRATE, elle n'y joue même alors, ainsi que nous le montrerons encore tout à l'heure, qu'un rôle *critique*, très-important, il est vrai, dans la série des progrès humains. C'est donc à Moïse que doit principalement remonter la chaîne organique ou religieuse de la race européenne.

Quel a été le caractère de cette première unité sociale ? Quelle était la volonté du DIEU de Moïse ? Resserrée dans les limites d'un petit territoire, ignorée du reste de la terre, l'unité hébraïque n'est point l'unité pacifique et définitive du genre humain. Arrivant à la plénitude de sa constitution politique par l'extermination des peuples qui s'opposaient à sa marche, subissant lui-même les rigueurs sanglantes de la plus sévère discipline, le peuple hébreu, néanmoins, ne fut pas principalement guerrier, tant qu'il vécut sous le puissant empire de la loi moïsiaque. Il n'avait pas pour mission de civiliser le monde par la conquête, mais il devait élaborer et léguer à ses successeurs la conception philosophique de l'unité elle-même. Aussi l'esclavage chez les Hébreux fut-il relativement adouci, sous l'influence de l'UNITÉ religieuse et politique fondée par Moïse.

Cependant l'unité politique du peuple hébreu est d'abord brisée; l'institution d'une royauté militaire amène la dissolution des tribus de JACOB; le peuple est réduit une seconde fois en captivité; tout annonce un grand changement dans l'interprétation des volontés divines; la LOI devient enfin l'objet de la *critique* des réformateurs.

D'un autre côté, le polythéisme grec tombe en dissolution; les mystères en conservent les débris, lorsque SOCRATE résume, par la proclamation de l'UNITÉ, la *critique* de tous les dogmes antiques, et leur rend, en expirant, le coup mortel dont ils l'ont frappé.

Alors l'unité d'activité et de doctrine reparaît, appuyée sur une base que la puissance romaine et les travaux des platoniciens devaient largement étendre. Ici l'élève de SOCRATE, en opposant l'unité de DIEU au polythéisme grec, dégageait sa conception de toute idée de lieu et de temps; admirable préparation pour réaliser bientôt, par le CHRIST, la vocation des gentils. D'un autre côté, Rome, qui représentait encore dignement le génie vieilli de la guerre, rattachait cependant tous les peuples à sa fortune; maîtresse de leurs destinées *temporelles*, elle ouvrait une carrière immense à la doctrine qui devait unir leurs croyances. Enfin les Hébreux débordaient de la Judée, et le peuple de Dieu commençait à sentir qu'il avait des frères hors de la Terre-Sainte.

En ce moment Alexandrie ouvre ses écoles, la philosophie grecque et les dogmes orientaux sont en présence; les destinées *spirituelles* de l'humanité, vivement débattues loin du *pouvoir* du *sabre*, et complétement séparées des droits de César, sont fixées, sans que ses droits, si puissans jusqu'alors, soient même discutés ! En un mot, le christianisme ne *sanctifie* plus la *guerre*, il la respecte encore, mais il promet la *paix* au monde.

Nous venons de toucher le fait politique le plus important qui ait été produit par le christianisme, la division du pouvoir en *temporel* et *spirituel*, la séparation de l'*Église* et de l'*état*, de la société *pacifique* et de la société *guerrière*. Mais avant de vous montrer l'heureuse influence exercée par cette division sur l'avenir de l'humanité, quelques considérations historiques nous paraissent encore nécessaires pour confirmer ce qui précède, et vous faire sentir, en même temps, l'état de ce vieux monde que le christianisme venait régénérer.

Les colonies fondées par Cécrops, Inachus et tant d'autres, avaient sans doute apporté en Grèce la doctrine publique des prêtres d'Égypte, tandis que Moïse avait su s'emparer, pour la perfectionner, de leur doctrine secrète. Moïse, cependant, n'avait pu constituer, nous l'avons déjà dit, une véritable association pacifique. L'esclave jouait encore un rôle bien important dans cette société si compacte et si religieuse : la guerre était encore honorée à

Jérusalem, et les pratiques sanglantes, restes de l'antique barbarie, avaient pu être modifiées, mais non pas détruites.

L'organisation des colonies grecques était sacerdotale et militaire; à Rome, deux fondateurs, l'un militaire et l'autre prêtre, répètent cette double organisation (1) : l'unité de Dieu, lien fondamental de l'unité de doctrine et d'activité, base indispensable de l'harmonie du dogme et du culte, reste inconnue à ces peuples, dont la destinée était néanmoins de faciliter par la conquête l'établissement du christianisme.

A mesure que s'accomplissait l'envahissement de l'Asie-Mineure et des îles adjacentes par les Grecs; après qu'Alexandre, en portant la guerre en Perse et jusqu'aux Indes, eut annulé l'influence politique que l'Asie exerçait sur l'Europe; lorsqu'enfin le peuple-roi eut soumis à ses lois tout le monde connu; à mesure, disons-nous, que s'élargissait ainsi la base *matérielle* de la société civilisée en Europe, deux faits remarquables s'étaient produits : le lien religieux des peuples grec et romain s'était brisé, en même temps que ces peuples se trouvaient rassasiés de gloire militaire : le premier de ces deux faits est clairement développé dans les historiens classiques, qui nous font connaître tous les élémens de cette longue critique des anciennes doctrines grecques et italiques. Malgré la séduction des beaux-arts en Grèce et à Rome, malgré Homère, Hésiode et Virgile, le scepticisme et les doctrines d'Épicure, proclamées à la tribune, répétées au théâtre, ont bientôt détrôné les divinités païennes.

---

(1) Voir la séance précédente, sur l'identité du pouvoir des prêtres et des patriciens dans l'antiquité.

Il semble, à ce spectacle de destruction, qu'il faille désespérer des destinées humaines; mais rappelez-vous le second fait dont nous venons de parler : Rome était rassasiée de gloire.

Voyez, en effet, Messieurs, l'esclavage établi d'abord en Grèce et à Rome, dans toute la rigueur que peut lui donner la victoire : réfléchissez à cette discipline militaire qui, lorsqu'elle était soutenue directement par la religion, ou excitée par l'esprit de conquête, transformait, dans presque toutes les relations, l'autorité en despotisme; rappelez-vous enfin ce terrible droit de vie et de mort que le père conservait sur ses enfans, comme le maître sur ses esclaves.

Eh bien! Messieurs, ici s'opérait encore sourdement une autre critique, mais une critique toute d'espérance; le faible, le pauvre, l'esclave, n'est-ce pas dire aussi les femmes, attendaient un sauveur.

Mais revenons à cette grande séparation établie par le christianisme sous le nom de catholicisme, entre le pouvoir spirituel et le pouvoir temporel; nous ne développerons pas longuement ici les avantages qui en résultèrent pour l'amélioration de l'espèce humaine, nous insisterons seulement sur le caractère général de cette séparation.

Les doctrines de l'Église, complétement étrangères au pouvoir *militaire*, s'étaient élaborées, avons-nous dit, sans s'occuper des droits de César. Persécutée, et cependant pacifique, l'Église respecte les hiérarchies de l'antagonisme, mais elle fonde, dans son sein, la dignité sur le mérite *personnel* et non sur la *naissance*; elle n'intervient pas entre le maître et l'esclave, pour reconnaître, en le sanctifiant, ainsi que le faisaient toutes les religions du passé, l'empire de la conquête, au contraire, elle enseigne au maître que Dieu ne fait point acception des personnes, que la hiérarchie temporelle n'est rien à ses yeux, puisqu'il préfère le pauvre au riche, le faible au puissant de la terre.

L'Église, ou l'association chrétienne, essentiellement pacifique, fondait donc sa puissance sur la confraternité humaine. Le pouvoir temporel, au contraire, c'était le pouvoir militaire de César, auquel l'Église dut laisser nécessairement la discipline et l'administration de la plus grande partie des actes matériels d'une société que le glaive maîtrisait entièrement à l'époque où parut le christianisme.

Cette séparation entre deux puissances que leur but et leur origine rendaient rivales devait inévitablement amener une lutte profitable à l'humanité tout entière, c'est-à-dire funeste au pouvoir du glaive; mais cette lutte, préoccupant sans cesse l'Église, n'a pas peu contribué à l'empêcher de développer la doctrine sublime qu'elle avait reçue : son dogme et son culte, sa morale même devaient s'en ressentir, et par conséquent rester à peu près stationnaires, malgré les progrès constans des sociétés humaines.

Les travaux d'Aristote sur les sciences physiques, oubliés pendant que ceux de Platon étaient venus se fondre avec les doctrines juives, dans l'élaboration du christianisme; ces travaux, qui tendaient directement à renverser les anciennes théories scientifiques, apparurent au XIe siècle, importés principalement en Europe par les traductions et les commentaires des Arabes. L'Église alors, dans la plénitude de son influence sur les rois, glorieux de relever d'elle, l'Église s'empara d'une partie de ces travaux. Pressentant une lutte qui allait bientôt s'engager, elle s'était attachée surtout aux découvertes d'Aristote sur le mécanisme du raisonnement, et la scolastique fut fondée. Mais les autres parties des travaux d'Aristote, quoiqu'elles fussent également adoptées par le clergé, arrivèrent sans doute trop tard pour être directement perfectionnées dans une vue religieuse, c'est-à-dire pour aider au perfectionnement du dogme admis et triomphant depuis plusieurs siècles.

Ici commence, *en dehors de l'Église*, une série de progrès dont les rois eux-mêmes ne dédaignèrent pas plus tard de s'emparer, pour s'opposer à ce qu'ils appelaient les empiétemens du pouvoir spirituel.

D'un autre côté, l'organisation du clergé, parfaite dans son principe, puisqu'elle était pacifique, ne pouvait manquer de contracter bientôt quelques souillures par son contact perpétuel avec une société liée matériellement par le glaive et vivant de l'esclavage. Les abus temporels s'introduisirent au sein de l'Église; dès lors sa chute devint certaine.

Les commencemens de la réforme, l'appui qu'elle trouva dans les philosophes armés des progrès de la science arabe pour attaquer l'Église dans son centre, réveillèrent à peine le clergé de sa léthargie; cependant le catholicisme, oubliant lui-même sa mission pacifique, devient persécuteur sanguinaire à son tour; près d'abandonner l'empire moral du monde, privé de cette parole puissante qui le lui avait conquis, le colosse du moyen âge, par un dernier effort, étonne et éclaire encore l'Europe; au XVIe siècle, il cherche à réchauffer les sympathies humaines par les chefs-d'œuvre des beaux-arts, et la vigoureuse institution des jésuites vient jeter un brillant éclat sur les derniers jours de son agonie. Tant d'efforts admirables sont perdus, et l'explosion de la révolution française, en même temps qu'elle renverse le trône antique de César, porte le dernier coup à la chaire de saint Pierre.

Alors les auteurs de la destruction essaient en vain de reconstruire l'ordre social avec les instrumens de sa ruine; des édifices improvisés par eux s'écroulent à mesure qu'ils les élèvent; enfin une dernière tentative de réorganisation est faite par le CÉSAR moderne : mais c'est encore sur le *sabre* qu'il s'appuie, dix-huit siècles après *la parole de paix*, et le sabre creuse son tombeau sur la limite du monde civilisé.

La société attend l'organisation pacifique qui lui a été promise; SAINT-SIMON, Messieurs, en a posé les bases; il nous a montré le but définitif vers lequel doivent converger toutes les capacités humaines; l'annulation complète de l'antagonisme, L'ASSOCIATION UNIVERSELLE, PAR ET POUR L'AMÉLIORATION TOUJOURS PROGRESSIVE DE LA CONDITION MORALE, PHYSIQUE ET INTELLECTUELLE DU GENRE HUMAIN.

SIXIÈME SÉANCE.

TRANSFORMATION SUCCESSIVE DE L'EXPLOITATION DE L'HOMME PAR L'HOMME, ET DU DROIT DE PROPRIÉTÉ.

MAITRE, ESCLAVE. — PATRICIEN, PLÉBÉIEN. — SEIGNEUR, SERF. — OISIF, TRAVAILLEUR.

Messieurs,

Après avoir montré dans l'*antagonisme*, le fait le plus saillant que présentent toutes les organisations sociales du passé, nous avons suivi, dans ses termes les plus généraux, la décroissance de l'exploitation de l'homme par l'homme, qui, jusqu'à ce jour, en a été l'expression la plus vive. En vous présentant la décroissance constante du mobile des associations du passé, associations plus ou moins militaires, mais toujours militaires, puisqu'elles n'étaient pas *universelles*, nous avons voulu vous faire concevoir une première idée du but vers lequel s'acheminait l'espèce humaine, représentée principalement par les nations les plus éclairées du globe. Nous sommes arrivés à cette conclusion, que l'avenir vers lequel elle s'avance est un état où toutes ses forces seront combinées dans la DIRECTION PACIFIQUE.

Toutefois ce court exposé, qui vous a montré l'humanité se rapprochant sans cesse de l'association universelle, ne saurait faire comprendre nettement l'économie de l'ordre politique, lorsque la société sera parvenue à ce terme, non plus que la possibilité de sa réalisation. Pour arriver à des vues précises sous ce double rapport, il est nécessaire de suivre, dans leurs transformations successives, les institutions sociales les plus importantes, et de déterminer les modifications qu'elles doivent éprouver encore pour revêtir leur forme et leur caractère définitifs.

Nous avons dit que l'humanité devait, dès ce moment, travailler directement à réaliser l'association universelle : en effet, cette combinaison sociale est le premier et le seul état organique qui se présente à elle comme complément de tous les pas qu'elle a faits dans sa marche progressive. Mais nous ne prétendons pas dire par là qu'il n'y ait plus aujourd'hui, pour atteindre un pareil résultat, qu'à réunir et combiner les élémens épars de l'ordre social. Ces élémens, si l'on compare leur état actuel à celui où ils se trouvèrent à des époques antérieures, paraissent sans contredit bien rapprochés des exigences de l'avenir vers lequel nous marchons : on voit même que la plupart d'entre eux se trouvent, par suite d'efforts instinctifs, plus ou moins engagés dans cette direction. Il s'en faut de beaucoup, néanmoins, qu'ils n'aient plus aucune transformation à subir ; et quand nous disons que l'humanité doit travailler dès aujourd'hui à réaliser l'association universelle, nous entendons surtout qu'elle doit s'occuper de transformer l'éducation, la législation, l'organisation de la propriété et toutes les relations sociales, de manière à réaliser le plus promptement possible sa condition future.

L'antagonisme, l'empire de la force physique, l'exploitation de l'homme par l'homme, sont sans doute aujourd'hui considérablement affaiblis ; ils ne se manifestent plus même que sous des formes tellement adoucies et détournées, qu'il paraît difficile d'abord de les apprécier : néanmoins ils subsistent sous ces formes, et leur intensité est encore fort grande. Nous n'entendons pas parler ici des phénomènes de la lutte critique qui a commencé au XVIe siècle, mais seulement des faits développés sous l'empire de la dernière époque organique, et qui se sont prolongés jusqu'à nous, au milieu de cette réaction critique. Nous allons essayer de signaler les principaux.

Depuis long-temps il ne se fait plus de guerres de destruction ou de conquête, semblables à celles qui avaient lieu dans l'antiquité et dans les premiers siècles du moyen âge. La forme et l'objet des guerres ont changé; elles ont perdu leur caractère de barbarie. Ce n'est plus le pillage, ce ne sont plus même des possessions territoriales que convoitent les parties belligérantes; ce sont maintenant, dans le plus grand nombre des cas, des priviléges commerciaux qu'elles se disputent; mais pour avoir changé d'objet, l'antagonisme n'en subsiste pas moins entre les peuples, et c'est encore le sabre qui est l'arbitre suprême de leurs aveugles débats.

Au sein des sociétés modernes, l'empire de la force physique se témoigne encore, d'une manière évidente, dans les formes gouvernementales, dans la législation, et surtout dans les relations établies entre les sexes, relations dans lesquelles la femme reste frappée de l'anathème porté contre elle autrefois par le guerrier, et se présente comme devant être soumise à une tutelle éternelle.

Enfin l'exploitation de l'homme par l'homme, que nous avons montrée dans le passé sous sa forme la plus directe, la plus grossière, l'esclavage, se continue à un très-haut degré dans les relations des propriétaires et des travailleurs, des maîtres et des salariés : il y a loin, sans doute, de la condition respective où ces classes sont placées aujourd'hui,

à celle où se trouvaient dans le passé les maîtres et les
esclaves, les patriciens et les plébéiens, les seigneurs et
les serfs. Il semble même, au premier aperçu, que l'on
ne saurait faire entre elles aucun rapprochement; cependant on doit reconnaître que les unes ne sont que la prolongation des autres. Le rapport du maître avec le salarié
est la dernière transformation qu'a subie l'esclavage. Si
l'exploitation de l'homme par l'homme n'a plus ce caractère brutal qu'elle revêtait dans l'antiquité; si elle ne s'offre
plus à nos yeux, aujourd'hui, que sous des formes adoucies, elle n'en est pas moins réelle. L'ouvrier n'est pas,
comme l'esclave, une propriété directe de son maître; sa
condition, toujours temporaire, est fixée par une transaction passée entre eux : mais cette transaction est-elle libre
de la part de l'ouvrier? Elle ne l'est pas, puisqu'il est
obligé de l'accepter sous peine de la vie, réduit, comme
il l'est, à n'attendre sa nourriture de chaque jour que de
son travail de la veille.

Le dogme moral qui a déclaré qu'aucun homme ne
devait être frappé d'incapacité par sa *naissance*, a depuis
long-temps pénétré dans les esprits, et les constitutions politiques de nos jours l'ont expressément sanctionné. Il semble donc qu'il doive se faire aujourd'hui, entre les diverses
classes de la société, un échange continuel des familles et
des individus qui les composent, et que par suite de cette
circulation, l'exploitation de l'homme par l'homme si elle
se continue encore, soit flottante, au moins quant aux
races sur lesquelles elle pèse ; mais par le fait, cet échange
n'a pas lieu, et sauf quelques exceptions, les avantages
et les désavantages propres à chaque position sociale se
transmettent *héréditairement*; les économistes ont pris soin
de constater un des aspects de ce fait, l'*hérédité de la mi-*

sère, lorsqu'ils ont reconnu dans la société l'existence d'une classe de *prolétaires*. Aujourd'hui la masse entière des travailleurs est exploitée par les hommes dont elle utilise la propriété; les chefs de l'industrie subissent eux-mêmes cette exploitation dans leurs rapports avec les propriétaires, mais à un degré incomparablement plus faible; et à leur tour ils participent aux priviléges de l'exploitation qui retombe de tout son poids sur la classe ouvrière, c'est-à-dire sur l'immense majorité des travailleurs. Dans un tel état de choses, l'ouvrier se présente donc comme le descendant direct de l'esclave et du serf; sa personne est libre, il n'est plus attaché à la glèbe, mais c'est là tout ce qu'il a conquis, et, dans cet état d'affranchissement légal, il ne peut subsister qu'aux conditions qui lui sont imposées par une classe peu nombreuse, celle des hommes qu'une législation, fille du droit de la conquête, investit du monopole des *richesses*, c'est-à-dire de la faculté de disposer à son gré, et même dans l'*oisiveté*, des *instrumens de travail*.

Il suffit de jeter un coup d'œil sur ce qui se passe autour de nous pour reconnaître que l'*ouvrier*, sauf l'intensité, est exploité *matériellement*, *intellectuellement* et MORALEMENT, comme l'était autrefois l'*esclave*. Il est évident, en effet, qu'il peut à peine subvenir, par son travail, à ses propres besoins, et qu'il ne dépend pas de lui de travailler. Il aggrave encore sa position, s'il est assez imprudent pour se croire destiné à jouir de ce qui fait le bonheur du riche, s'il prend une compagne et se crée une famille. L'ouvrier, pressé par l'état de misère auquel il est réduit, peut-il avoir le temps de développer ses facultés intellectuelles, ses affections morales? Peut-il même en avoir le désir? et ce désir, s'il l'éprouvait, qui lui fournirait les moyens de le satisfaire? qui mettrait la science à sa portée, qui recevrait les épanchemens de son cœur ? Personne ne songe à lui, la misère physique le conduit à l'abrutissement, et l'abrutissement à la dépravation, source d'une misère nouvelle; cercle vicieux, dont chaque point inspire le dégoût et l'horreur, lorsque pourtant il ne devrait inspirer que la pitié.

Telle est la situation de la majorité des travailleurs, qui composent dans toutes les sociétés l'immense majorité de la population. Et pourtant ce fait, si propre à révolter tous les sentimens passe aujourd'hui inaperçu de nos spéculateurs politiques. Les privilégiés du siècle énumèrent avec complaisance les progrès de la liberté, de la philanthropie; ils vantent le régime d'*égalité* que nos constitutions ont consacré, disent-ils, en déclarant que tous les citoyens étaient admissibles aux emplois publics, et ils recommandent tous ces progrès à l'amour, à l'admiration des masses, comme l'expression du plus haut degré, du dernier terme de la civilisation; ironie cruelle, si l'on pouvait supposer que ceux qui emploient ce langage ont examiné sérieusement la société qui les entoure.

Il ne peut y avoir de révolutions durables, légitimes, qui méritent d'être conservées dans la mémoire de l'humanité, que celles qui améliorent le sort de la classe nombreuse; toutes celles qui jusqu'ici ont eu ce caractère, ont successivement affaibli l'exploitation de l'homme par l'homme : aujourd'hui il ne peut plus y en avoir qu'une seule qui soit capable d'exalter les cœurs, et de les pénétrer d'un sentiment impérissable de reconnaissance; c'est celle qui mettra fin, complètement et sous toutes les formes, à cette exploitation, devenue impie dans sa base même. Or cette révolution est inévitable, et jusqu'à ce qu'elle soit accomplie, ces expressions si souvent répétées de *dernier terme de la civilisation*, de *lumières du siècle*, demeureront un langage à la convenance seulement de quelques égoïstes privilégiés.

En énumérant les faits légués à notre époque par la dernière période organique, nous avons parlé de l'antagonisme qui se perpétue entre les peuples sous la forme nouvelle des rivalités commerciales. Nous reviendrons sur ce sujet en nous occupant de l'association universelle sous le point de vue de l'industrie, état dans lequel les différentes nations, réparties sur la surface du globe, ne doivent plus se présenter que comme les membres d'un vaste atelier, travaillant sous une loi commune à l'accomplissement d'une même destinée. Nous avons montré la force brutale se manifestant dans les formes gouvernementales et dans la législation. Nous y reviendrons également, lorsque nous traiterons de l'éducation, de sa puissance bienfaisante, progressive, et de la substitution graduelle de ses sanctions, qui redressent les mauvais penchans et les dirigent vers le bien, aux sanctions purement matérielles d'une législation coërcitive, qui, laissant le mal croître en liberté, ne sait qu'accuser, condamner et punir. Nous avons indiqué enfin, comme un des aspects les plus graves de l'association, les rapports qu'elle établit entre les sexes : ce point sera l'objet d'un développement spécial, où nous aurons à montrer comment la femme, d'abord esclave, ou du moins dans une condition voisine de la servitude, s'associe peu à peu à l'homme, et acquiert chaque jour une plus grande influence dans l'ordre social; comment les causes qui ont déterminé jusqu'ici sa *subalternité*, s'étant affaiblies successivement, doivent enfin disparaître, et emporter avec elles cette domination, cette tutelle, cette éternelle minorité que l'on impose encore aux femmes, et qui serait incompatible avec l'état social de l'avenir que nous prévoyons.

L'objet de notre examen, en ce moment, sera l'exploitation de l'homme par son semblable, exploitation continuée et représentée aujourd'hui par les relations du propriétaire avec le travailleur, du maître avec le salarié : nous allons l'observer dans le fait qui la domine, qui en est la raison la plus prochaine; la *constitution de la propriété*, la *transmission de la richesse par l'*héritage *dans le sein des familles.*

Selon le préjugé général, il semble que, quelles que soient les révolutions qui puissent survenir dans les sociétés, il ne peut s'en opérer dans la *propriété*; que la propriété enfin est un fait invariable. Les hommes qui appartiennent aux opinions politiques ou religieuses les plus diverses sont complétement d'accord sur ce point; et tous, au moindre symptôme d'innovation à cet égard, en appellent aussitôt à la conscience universelle qui proclame, disent-ils, la propriété comme la base même de l'ordre politique.

Nous aussi, en nous renfermant dans ces termes généraux nous répéterons, si l'on veut, que la propriété est la base de l'ordre politique; mais la propriété est un fait social, soumis, comme tous les autres faits sociaux, à la loi du progrès; elle peut donc, à diverses époques, être entendue, définie, réglée de diverses manières.

Si l'on admet que l'exploitation de l'homme par l'homme s'est successivement affaiblie; si la sympathie prononce qu'elle doit disparaître entièrement; s'il est vrai que l'humanité s'achemine vers un état de choses dans lequel tous les hommes, *sans distinction de naissance*, recevront de la société l'éducation la plus capable de donner à leurs facultés tout le développement dont elles sont susceptibles, et seront classés par elle selon leurs mérites, pour être rétribués selon leurs œuvres, il est évident que la constitution de la propriété doit être changée, puisque, en vertu de cette constitution, des hommes naissent avec le privilége de vivre sans rien faire, c'est-à-dire de vivre aux dépens d'autrui, ce qui n'est autre chose que la prolongation de l'exploitation de l'homme par l'homme. De l'un de ces faits l'autre peut se déduire logiquement : l'exploitation de l'homme par l'homme doit disparaître; la constitution de la propriété, par laquelle ce fait est perpétué, doit donc disparaître aussi.

Mais, dira-t-on, le propriétaire, le capitaliste, ne vivent point aux dépens d'autrui; ce que le travailleur leur paie n'est autre chose que la représentation des services productifs des instrumens de travail qu'ils ont prêtés. En admettant que ces services productifs fussent réels, opinion que nous n'avons pas à examiner pour le moment, il resterait toujours à savoir, dans la question qui nous occupe, *qui doit disposer de ces serviteurs inanimés, de qui ils doivent être la propriété, à qui ils doivent être transmis*.

Pour justifier l'attribution qui en est faite aujourd'hui, il faut absolument remonter à l'un des trois grands principes qui, jusqu'ici, ont été invoqués tour à tour dans ce but : le *droit divin*, le *droit naturel*, ou l'*utilité*. Or, quel que soit celui de ces principes auquel on se rattache, il faudra reconnaître, si l'on admet que l'homme est progressif, que le *droit divin*, que le *droit naturel*, le sont également, et que l'*utilité* varie suivant les termes de la progression. La question est donc de savoir ce que doivent prononcer *aujourd'hui* le *droit divin*, le *droit naturel*, l'*utilité*, en ce qui touche la propriété.

Nous avons vu que la propriété était considérée généralement comme un fait invariable; et cependant, en étudiant l'histoire, on reconnaît que la législation n'a cessé d'intervenir, soit pour déterminer la *nature des objets* qui pouvaient être appropriés, soit pour en régler l'*usage* et la *transmission*.

Dans l'origine, le droit de propriété embrasse et les choses et les hommes; ceux-ci en composent même la partie la plus importante, la plus précieuse : l'esclave appartient à son maître, au même titre que le bétail et les objets matériels. Il n'existe d'abord aucune restriction à l'exercice du droit de propriété sur sa personne. Plus tard, le législateur fixe des limites au privilége d'user et d'abuser, que l'*homme-propriétaire* avait sur l'esclave, c'est-à-dire sur l'HOMME-PROPRIÉTÉ. Ces limites se resserrent de plus en plus. Le maître perd chaque jour quelque portion morale, intellectuelle ou matérielle de l'esclave, jusqu'à ce qu'enfin le moraliste et le législateur s'accordent pour poser en principe que l'HOMME *ne peut plus être* la PROPRIÉTÉ de son semblable. Cette intervention de leur autorité, dans le droit de propriété, correspond à la plus complète transformation qu'ait subie l'association humaine.

Le législateur est également intervenu pour régler de quelle manière la propriété pouvait être transmise, et, par exemple, dans la série de civilisation à laquelle nous appartenons directement, on peut observer, dans l'espace de quinze siècles environ, trois états de la propriété quant au mode de sa transmission, qui tous trois ont été sanctionnés par la législation et les mœurs. D'abord, le propriétaire a eu la faculté de disposer comme il l'entendait, après lui, des biens dont il était en possession; il pouvait en déshériter sa famille ou en faire, entre ses membres, une répartition *arbitraire*. On lui a dit : c'est la loi désormais qui désignera votre héritier; vos biens ne pourront être transmis qu'à des enfans mâles, et, parmi eux, à l'*aîné* seul. Plus tard, le législateur a changé de nouveau le réglement de l'hérédité, en partageant *également* entre tous les enfans la fortune de leur père.

Ces révolutions, opérées dans le droit de propriété par la législation, n'auraient pu l'être d'une manière efficace, si celle-ci eût manqué de sanction morale. C'est ce qui n'est jamais arrivé : la conscience s'est toujours trouvée, du moins pendant un long espace de temps, en harmonie avec les volontés du législateur ; elle a toujours reconnu, à chaque époque, dans l'expression de ses volontés, celles de Dieu lui-même, ou, pour parler le langage critique, celles de la NATURE.

Par suite des révolutions que nous venons de rappeler, et dont un des résultats généraux a été la division de plus en plus grande des richesses, le droit de propriété considéré en lui même et d'une manière abstraite, ainsi qu'on a coutume de le faire, c'est-à-dire comme étant indépendant de toute capacité de travail, se trouve aujourd'hui parvenu à sa dernière transformation ; et même dans cet état on le voit perdre encore chaque jour de l'importance qui lui reste. Cette importance se fonde sur le privilége de lever une prime sur le travail d'autrui : or cette prime, représentée aujourd'hui par l'intérêt et le fermage, va sans cesse en décroissant. Les conditions d'après lesquelles se règlent les rapports du propriétaire et du capitaliste avec les travailleurs sont de plus en plus avantageuses à ces derniers : en d'autres termes, le privilége de vivre dans l'oisiveté est devenu de plus en plus difficile à acquérir et à conserver.

Ce court exposé prouve suffisamment que le *droit de propriété*, considéré généralement comme étant à l'abri de toute révolution morale ou légale, n'a cessé de subir l'intervention et du moraliste et du législateur, soit quant à la nature des objets possédés, soit quant à leur usage ou à leur transmission : nous voyons que le dernier terme des modifications, sous ce dernier rapport, a été l'attribution d'une plus grande partie de la propriété à un plus grand nombre de travailleurs ; d'où il est résulté que l'importance sociale des propriétaires oisifs s'est affaiblie en raison de celle qu'acquéraient chaque jour les travailleurs. Aujourd'hui un dernier changement est devenu nécessaire; c'est au moraliste à le préparer; plus tard, ce sera au législateur à le prescrire. La loi de progression que nous avons observée, tend à établir un ordre de choses dans lequel l'état, et non plus la famille, héritera des richesses accumulées, en tant qu'elles forment ce que les économistes appellent le *fonds de production*.

Nous devons prévoir que quelques personnes confondront ce système avec celui que l'on connaît sous le nom de *communauté des biens*. Il n'existe cependant aucun rapport entre eux. Dans l'organisation sociale de l'avenir, chacun, avons-nous dit, devra se trouver *classé* selon sa capacité, *rétribué* suivant ses œuvres; c'est indiquer suffisamment l'INÉGALITÉ de partage. Dans le système de la communauté, au contraire, toutes les parts sont égales; et contre un pareil mode de répartition, les objections nécessairement se présentent en foule. Le principe de l'émulation est anéanti, là où l'oisif est aussi avantageusement doté que l'homme laborieux, et où celui-ci voit, par conséquent, toutes les charges de la communauté retomber sur lui. Et ceci suffit pour montrer évidemment qu'une telle distribution est contraire au principe d'*égalité* que l'on a invoqué pour l'établir. D'ailleurs, dans ce système, l'équilibre serait à chaque instant rompu, l'inégalité tendrait incessamment à se rétablir, et se rétablirait sans cesse, ce qui nécessiterait à tout moment un renouvellement du partage.

Ces objections sont fondées et sans réplique quand elles attaquent le système de la communauté des biens; mais elles n'ont aucune valeur si on les oppose au principe de la classification et de la rétribution selon les capacités et les œuvres, principe que nous croyons destiné à régler l'avenir. Il sera facile de s'en convaincre par la suite de notre exposition.

SEPTIÈME SÉANCE.

CONSTITUTION DE LA PROPRIÉTÉ.—ORGANISATION DES BANQUES.

Messieurs,

L'examen des diverses questions qui se rapportent au réglement social, donne lieu ordinairement aujourd'hui à deux ordres de considérations, celles du *droit* et celles de l'*utilité*. En observant attentivement l'importance que l'on donne à cette distinction, dans les controverses les plus graves, il semble que l'ordre moral soit un état d'antagonisme perpétuel; que les sociétés soient incessamment livrées aux sollicitations contradictoires de deux principes : l'un bon, qui serait le *droit*, l'autre mauvais, qui serait l'*utilité*, et que l'homme devant désespérer de pouvoir jamais les concilier, n'ait autre chose à faire qu'à choisir entre eux. Ce qu'il y a de remarquable dans cet état d'incertitude, c'est que les hommes réputés les plus *sages*, les hommes qui jouissent peut-être de la plus haute considération, sont précisément ceux qui se déterminent en faveur de l'*utilité*, c'est-à-dire de ce qu'on fait correspondre, dans les spéculations morales, au mauvais principe. Il résulterait de cette opposition, si elle était fondée, que l'homme se trouverait constamment dans l'alternative du *devoir* ou de l'*intérêt*, du *dévoûment* ou de l'*égoïsme*, d'un *sacrifice* perpétuel ou d'une perpétuelle *immoralité*; heureusement le sort de l'humanité n'est pas aussi rigoureux; cette incompatibilité entre le devoir et l'intérêt, comme celle que l'on a coutume d'établir entre la *théorie* et la *pratique*, les *systèmes* et les *faits*, le bien *général* et le bien *particulier*, n'a de réalité qu'aux époques critiques, c'est-à-dire à ces époques de méfiance, de haine, de désordre, où l'on cesse d'apercevoir le *lien moral* qui unit l'ordre *intellectuel* à l'ordre *matériel*, l'intérêt de *tous* à celui de *chacun*, les faits *généraux* aux faits *particuliers*. Dans les époques organiques, et l'humanité ne doit plus en connaître d'autres (1), ces distinctions tendent sans cesse à disparaître, non-seulement pour chaque association séparément organisée, mais pour l'humanité entière, qui ne doit former qu'une seule association. Alors l'unité s'établit entre toutes les tendances de l'homme; l'ordre moral préside également à l'ordre intellectuel et à l'ordre matériel, aux pensées et aux actions; enfin, l'égoïsme et le dévoûment, l'intérêt et le devoir, le droit et l'utilité convergent vers un même but, ou mieux encore deviennent identiques; ce sont deux aspects différens, deux manifestations distinctes, sous lesquelles chaque fait social se présente, de même que l'*industrie* et la *science* sont les deux faces sous lesquelles se manifeste la VIE *individuelle* ou *collective*.

Si nous tenons compte de la distinction dont il s'agit, en traitant la question de la propriété, si nous envisageons cette question sous chacun de ces deux points de vue séparément, c'est uniquement par déférence pour les préoccupations que nous trouvons établies, et pour nous conformer aux habitudes actuelles du langage et du raisonnement (2).

---

(1) Rappelons encore ici que toutes les époques du passé, auxquelles nous donnons nous-mêmes le nom d'organiques, ne l'ont été que d'une manière incomplète, et qu'elles furent toutes provisoires.

(2) Dans tout ce qui précède, se trouve indiqué ou plutôt encore *posé* le plus vaste problème qui ait occupé l'homme sous une foule de formes : les deux principes, le bien et le mal, le péché originel et la rédemption, le libre arbitre et la grâce, etc.; la solution Saint-Simonienne sera directement

Le *droit divin*, le *droit naturel* et l'*utilité*, sont invoqués tour à tour pour consacrer l'inviolabilité; on pourrait presque dire la sainteté de l'organisation actuelle de la propriété : c'est en leur nom qu'on la proclame inaccessible aux réformes, à l'abri de l'action du moraliste et du législateur. Plus ces opinions sont généralement répandues et enracinées, plus aussi nous avons dû mettre de soin à les combattre. Nous avons déjà montré que ces trois principes sur lesquels on s'appuie pour présenter la propriété comme un droit absolu, invariable, ont sanctionné successivement les révolutions diverses que ce droit, essentiellement *variable*, a subies. Pour justifier le changement nouveau que nous annonçons devoir s'opérer dans la constitution de la propriété, nous avons montré que les modifications qui lui ont été imposées par le législateur, soit en ce qui concerne sa *nature*, son *usage*, ou sa *transmission*, n'ont jamais manqué de la sanction du moraliste; nous avons fait voir que la conscience humaine s'est toujours trouvée en harmonie avec les différens états de la propriété; nous avons vu encore que la part des produits attribuée aux *travailleurs* s'était graduellement augmentée, tandis que le droit du propriétaire perdait de son importance dans les mains des *oisifs*, et que, dans la série de civilisation à laquelle nous appartenons directement, on pouvait observer plusieurs états successifs de la propriété (envisagée sous les trois aspects principaux, sa *nature*, son *usage*, sa *transmis-*

---

donnée dans le volume suivant (voir les n°s 33, 35 et 37 de *l'Organisateur*, 1re année); mais nous appelons dès à présent les réflexions du lecteur sur ce sujet : car là est toute la doctrine Saint-Simonienne, puisqu'elle vient mettre fin à l'*antagonisme* qui a régné jusqu'à nous parmi les hommes, et qui a pour cause la croyance constante à un *dualisme* primitif, éternel, contradictoire dans ses deux termes.

sion), qui tous avaient été consacrés par la conscience humaine, par les mœurs, par les habitudes : et par exemple, quant au mode de sa transmission, le droit, pour le père, de disposer *arbitrairement* de ses biens après sa mort; ensuite le droit exclusif à l'héritage, accordé au *fils aîné ;* enfin l'*égalité* de partage entre tous les enfans.

Actuellement, avons-nous dit, un nouvel ordre tend à s'établir; il consiste à transporter à l'état, devenu ASSOCIATION DES TRAVAILLEURS, le droit d'héritage, aujourd'hui renfermé dans la famille domestique. Les priviléges de la *naissance*, qui ont déjà reçu, sous tant de rapports, de si vives atteintes, doivent complétement disparaître. Le seul droit à la richesse, c'est-à-dire à la disposition des instrumens de travail, sera la *capacité* de les mettre en œuvre.

Si les progrès précédens annoncent de nouveaux progrès, s'ils conduisent à des relations meilleures entre les divers membres de la société, la conscience humaine se mettra, comme elle l'a toujours fait, en harmonie avec ce changement, et ce changement sera lui-même justifié par un droit divin, un droit naturel, un principe d'utilité nouveaux, qui seront le développement du droit divin, du droit naturel, du principe d'utilité des temps passés.

Jusqu'ici le seul titre de la propriété a été la *force* ou une délégation de la force : dans l'avenir, ce titre sera le travail, le travail *pacifique*. Peut-être, dira-t-on, que le titre de la force est depuis long-temps effacé, et qu'il n'y a plus de propriété qui ne soit le résultat, au moins indirect, du travail ; mais en vertu de quelle autorité le propriétaire actuel jouit-il de ses biens et les transmet-il à ses successeurs ? En vertu d'une législation dont le principe remonte à la *conquête*, et qui, quelque éloignée qu'elle soit de sa source, se manifeste encore par l'exploitation de l'homme par l'homme, du pauvre par le riche, du laborieux producteur par l'oisif consommateur : les avantages que la propriété confère, qu'elle provienne de l'héritage ou qu'elle soit acquise par le travail, ne sont donc que des délégations des droits du plus fort, transmis par le hasard de la naissance, ou cédés au travailleur à des conditions quelconques,

Nous disons que dans l'avenir le seul titre à la propriété sera la *capacité* de travail pacifique ; le seul titre à la considération, les *œuvres*; nous ajouterons, pour préciser notre pensée, que ce titre doit être direct pour chaque propriétaire, ce qui comprend implicitement cette autre idée, que le seul droit conféré par le titre de propriétaire est la direction, l'emploi, l'exploitation de la propriété.

Si, comme nous le proclamons, l'humanité s'achemine vers un état où tous les individus seront classés en raison de leur capacité, et rétribués suivant leurs œuvres, il est évident que la propriété, telle qu'elle existe, doit être abolie, puisqu'en donnant à une certaine classe d'hommes la faculté de vivre du travail des autres et dans une complète oisiveté, elle entretient l'exploitation d'une partie de la population, la plus utile, celle qui travaille et produit, au profit de celle qui ne sait que détruire (1). De

---

(1) Lorsqu'on expose des idées nouvelles, il faut prévoir toutes les objections, même celles que la plus légère réflexion pourrait écarter. Si vous voulez que tout le monde travaille, nous dira-t-on, que ferez-vous des vieillards et des enfans ? Nous répondrons : Nous ne voulons pas que *tous* les hommes travaillent, mais que successivement ils soient tous *élevés* pour et par le travail, et puissent tous compter sur le repos après avoir travaillé; les vieillards et les enfans meurent à la peine dans les époques critiques, parce qu'une masse considérable d'hommes forts, jeunes, intelligens, consomment toujours et beaucoup, et ne produisent rien. C'est à ces derniers que nous promet-

ce point de vue, nous pouvons considérer le changement annoncé comme justifié sous le rapport du droit divin ou du droit naturel, puisqu'aux yeux de l'homme religieux, tous les hommes sont de la même famille, et doivent en conséquence non s'exploiter, mais s'aimer, se secourir les uns les autres; et qu'aux yeux du partisan du droit *naturel*, la *nature des choses* appelle l'homme vers la liberté, non vers le plus cruel de tous les esclavages, celui auquel condamne la misère; non vers le plus injuste de tous les despotismes, celui qui n'est fondé que sur le hasard de la naissance, sans condition de travail, d'intelligence ou *de moralité !*

Il nous reste maintenant à justifier ce changement sous le rapport de l'utilité; mais, nous le répétons, les préoccupations du jour sont le seul motif qui nous ait fait adopter cette division entre le droit et l'utilité. Nous nous sommes transportés sur le terrain de nos adversaires, pour les convaincre de ce qu'ils appelleront la valeur *pratique* de notre *système*, attendu que sans cela ils auraient pu nous objecter que ce *système* était fondé en *droit*, mais non ratifié par l'*utilité*; que le *sentiment* l'adoptait, mais que la *raison* le repoussait; que c'était une *théorie* enfin, un système, et non un *fait* réalisable.

---

tons, dans l'avenir, un noble exercice de leurs sentimens, de leur intelligence, de leur vigueur; pour les autres, on ne les verra pas se *corrompre*, *s'abrutir*, *s'exténuer* dès leurs plus tendres années, ou gémir sous le poids d'une vieillesse misérable : alors, il est vrai, la France ne comptera plus un million d'hommes armés ou fabricans des armes, des munitions, inspectant, contrôlant tout ce qui est relatif à la guerre; mais la paix aura un million de travailleurs de plus : alors des troupes brillantes de jeunes fainéans ne voltigeront plus sur nos promenades et dans nos salons; mais ceux qui vivent aujourd'hui des sueurs du vieillard, des larmes de l'orphelin, feront du pain pour l'enfance et pour la vieillesse.

Examinons donc quelle est la valeur de l'organisation actuelle de la propriété, sous le point de vue de l'*utilité*, c'est-à-dire de quelle manière elle favorise la production *matérielle* ou industrielle.

La propriété, dans l'acception la plus habituelle du mot, se compose des richesses qui ne sont pas destinées à être immédiatement consommées, et qui donnent droit aujourd'hui à un *revenu*. En ce sens elle embrasse les fonds de terre et les capitaux, c'est-à-dire, selon le langage des économistes, le *fonds de production*. Pour nous, les fonds de terre et les capitaux, quels qu'ils soient, sont des INSTRUMENS DE TRAVAIL; les propriétaires et les capitalistes (deux classes que sous ce rapport on ne saurait distinguer l'une de l'autre), SONT LES DÉPOSITAIRES DE CES INSTRUMENS; leur fonction est de les DISTRIBUER aux travailleurs (1).

Cette fonction, la seule qu'ils remplissent, en tant que propriétaires ou capitalistes, la remplissent-ils avec intelligence, à peu de frais, d'une manière favorable à l'accroissement des produits industriels? en voyant l'abondance relative dans laquelle vivent ces hommes, dont le nombre est considérable, en pesant la large part qui leur est attribuée dans la production annuelle, on est obligé de convenir qu'ils ne rendent pas leurs services à bon marché. D'un autre côté, si l'on considère les crises violentes, les catastrophes funestes qui désolent si souvent l'industrie, il est évident que les *distributeurs des instrumens de travail* apportent peu de lumières dans l'exercice de leur fonction, et il serait injuste de leur en faire un reproche; car si l'on

---

(1) Cette distribution s'effectue par les opérations qui donnent lieu à *intérêt*, *loyer* ou *fermage*.

réfléchit que cette distribution, pour qu'elle fût bien faite, exigerait une connaissance profonde des rapports qui existent entre la production et la consommation, une longue habitude du mécanisme qui fait mouvoir les rouages de l'industrie, on reconnaîtra l'impossibilité que ces conditions soient jamais remplies par des hommes qui reçoivent leur mission du *hasard de la naissance*, et qui restent étrangers aux travaux dont ils fournissent les instrumens.

Pour que le travail industriel parvienne au degré de perfection auquel il peut prétendre, les conditions suivantes sont nécessaires; il faut 1° que les instrumens soient répartis en raison des besoins de chaque localité et de chaque branche d'industrie; 2° qu'ils le soient en raison des capacités individuelles, afin d'être mis en œuvre par les mains les plus capables; 3° enfin, que la production soit tellement organisée, que l'on n'ait jamais à redouter dans aucune de ces branches ni disette ni encombrement.

Dans l'état actuel des choses, où la distribution est faite par les capitalistes et les propriétaires, aucune de ces conditions n'est et ne saurait être réalisée qu'après de nombreux tâtonnemens, des écoles fréquentes, de funestes expériences; et alors même, le résultat obtenu est toujours imparfait, toujours momentané. Chaque individu est livré à ses connaissances personnelles; aucune vue d'ensemble ne préside à la production : elle a lieu sans discernement, sans prévoyance; elle manque sur un point, sur un autre elle est excessive; c'est à ce défaut d'une vue générale des besoins de la consommation, des ressources de la production qu'il faut attribuer ces crises industrielles, sur l'origine desquelles tant d'erreurs ont été émises, et le sont encore journellement. Si dans cette branche importante de l'activité sociale on voit se manifester tant de perturbations, tant de désordres, *c'est que la répartition des instrumens de travail est faite par des individus isolés, ignorant à la fois, et les besoins de l'industrie et les hommes, et les moyens capables d'y satisfaire;* la cause du mal n'est point ailleurs.

Comment en effet, aujourd'hui, les choses se passent-elles? Un homme imagine une spéculation industrielle; il s'efforce de réunir toutes les lumières, tous les documens qui sont à sa portée, pour s'assurer que son entreprise est praticable, et qu'elle a des chances de succès; mais, dans l'isolement où il se trouve, ces lumières, ces documens sont nécessairement incomplets. Quelque favorable que l'on suppose sa position individuelle, il lui est impossible d'apprécier justement la convenance de son entreprise, et de savoir, par exemple, si, dans le moment même, d'autres que lui ne s'occupent pas déjà de répondre au besoin qu'elle devait satisfaire. Ce n'est pas tout, supposons que cette spéculation soit vraiment utile, que l'homme qui l'imagine soit le plus capable de la bien diriger, que fera-t-il si les moyens matériels d'exécution, sans lesquels sa pensée demeurerait stérile ne sont pas à sa disposition? Comment pourra-t-il se les procurer? Il devra s'adresser à des propriétaires, à des capitalistes, possesseurs des *instrumens* qui lui sont nécessaires, et se soumettre à leur décision : mais ces hommes, appelés ainsi à prononcer sur ses projets, sont-ils pour lui des juges compétens? Peuvent-ils puiser dans leurs rapports avec les travailleurs des lumières suffisantes pour apprécier la capacité de l'emprunteur et la convenance de l'emploi des capitaux qu'il demande? Non, sans doute, ils sont étrangers aux travaux de l'industrie, aux hommes qui conçoivent, dirigent et exécutent ces travaux, ils ne peuvent donc pas estimer les garanties de moralité et d'intelligence que présente l'entrepreneur, et qu'exige l'entreprise; ils en sont réduits à stipuler des garanties matérielles, les seules dont ils se croient en état de juger la validité.

Ainsi, le choix des directeurs, des *chefs* de l'industrie, et la détermination des entreprises industrielles (1) sont abandonnés au hasard; le petit nombre des hommes qui peuvent offrir des garanties matérielles, ou qui savent en *promettre*, obtiennent seuls la disposition des capitaux, et ces hommes se trouvent aussitôt soumis à la surveillance, au contrôle de leurs créanciers, à leur *police* tracassière, aveugle, impuissante : tracassière, parce qu'elle n'*aime* pas le travail; aveugle, parce qu'elle ne *sait* pas travailler; impuissante, parce qu'elle ne *travaille* pas.

Transportons-nous dans un monde nouveau. Là ce ne sont plus des propriétaires, des capitalistes isolés, étrangers par leurs habitudes aux travaux industriels, qui règlent le choix des entreprises et la destinée des travailleurs. — Une institution *sociale* est investie de ces fonctions, si mal remplies aujourd'hui; elle est *dépositaire* de tous les instrumens de la production; elle préside à toute l'exploitation matérielle; par là, elle se trouve placée au

---

(1) Si nous mettions à la place de ces mots : industrie, industriel, ceux-ci : guerre, guerrier, etc.; si nous disions, par exemple, qu'il n'y a pas d'armée là où le choix des chefs et la détermination des entreprises sont livrés au hasard, personne ne contesterait cette idée; quand il s'agit d'industrie, c'est autre chose; pourquoi? parce que la société a déjà été organisée *militairement*, et qu'elle ne l'a pas encore été *industriellement*; toute la question est donc là : l'organisation sociale de l'avenir sera-t-elle *pacifique?* que si ce principe est admis, avec un peu de logique, bien peu même, on arrivera aux mêmes conséquences que nous.

point de vue d'ensemble, qui permet d'apercevoir à la fois toutes les parties de l'*atelier* industriel; par ses ramifications elle est en contact avec toutes les localités, avec tous les genres d'industrie, avec tous les travailleurs; elle peut donc se rendre compte des besoins généraux et des besoins individuels, porter les bras et les instrumens là où leur nécessité se fait sentir, en un mot, diriger la production, la mettre en harmonie avec la consommation, et confier les instrumens de travail aux industriels les plus dignes, car elle s'efforce sans cesse de reconnaître leurs capacités, et elle est dans la meilleure position pour les développer.

Dans cette hypothèse, dans ce monde nouveau, tout a changé d'aspect; les garanties morales et intellectuelles existent aussi bien que les garanties matérielles; le travail est fait aussi bien que l'état de la société humaine et du globe qu'elle habite le permet; le cercle des hommes qui peuvent prétendre à devenirs *chefs*, *princes* de l'industrie, embrasse l'humanité tout entière; les chances de bons choix se multiplient, et les moyens de faire ces choix se perfectionnent; les désordres qui résultaient du défaut d'entente générale, et de la répartition aveugle des agens et instrumens de la production, disparaissent, et, avec eux, disparaissent aussi les malheurs, les revers de fortune, les faillites, dont aujourd'hui nul travailleur pacifique ne peut se croire à l'abri. — En un mot, l'industrie est *organisée*, tout s'enchaîne, tout est prévu : la *division du travail* est perfectionnée la *combinaison des efforts* devient chaque jour plus puissante.

Nous reviendrons tout à l'heure sur le mécanisme de cette institution, en ce moment il nous importe de prévenir et de repousser une objection, qui, selon toute apparence, doit vous préoccuper. Non-seulement peu de personnes, aujourd'hui, regardent comme possible de soumettre les travaux *industriels* et les hommes qui s'y livrent à un système complet et uniforme, mais celles qui le croient possible et utile ne savent nous présenter, pour arriver à ce but, que des institutions vieillies, et justement proscrites. La première opinion tient surtout à ce qu'on imagine que, dans le passé, aucune tentative du même genre n'a eu lieu; la seconde, à ce qu'on n'a pas senti quel avait été le but de ces diverses tentatives.

Est-il bien vrai que l'on n'ait jamais tenté de coordonner les efforts de l'activité *matérielle* de l'homme, l'emploi de sa *force*? l'histoire ne nous montre-t-elle pas, au contraire, que les sociétés ont sans cesse cherché à soumettre les travaux de cet ordre à une direction unitaire?

Si l'on se rappelle que l'activité *matérielle* s'exerçait, autrefois surtout, par la *guerre*, que les peuples cherchaient la richesse dans la *conquête*, que la *force* dont l'homme est doué ne se déployait dignement, noblement, que dans les combats, on verra, dans toutes les époques organiques du passé, des institutions ayant pour but de régulariser la distribution des instrumens de travail et des fonctions, qui consistent alors en armes, en postes militaires, en grades. Ces institutions dirigent tous les efforts de ces *travailleurs* barbares, hiérarchiquement classés, vers l'accomplissement d'un but commun. La *production* par le pillage et la conquête, la *distribution* de leurs produits, la *consommation* des objets pillés ou conquis, sont réglées, autant que l'ignorance et la férocité du temps le permettent, par une autorité compétente; car les chefs des peuples guerriers sont des guerriers habiles. Le gouvernement des cités antiques, des tribus de la Germanie, et le pouvoir *temporel* du moyen âge, ne sont donc, en réalité, que des organisations unitaires, systématiques et plus ou moins complètes de l'activité *matérielle*.

La dernière époque organique nous présente, sous ce rapport, un sujet précieux d'observation. Avant que la féodalité fût solidement constituée, il existait, dans les travaux de ces temps barbares, un esprit d'individualité, d'égoïsme, semblable à celui qui domine aujourd'hui chez nos industriels. Le principe de la concurrence, de la *liberté* régnait alors, non-seulement entre les guerriers de pays différens, mais, dans un même pays, entre les guerriers des diverses provinces, des divers cantons, des diverses villes, de tous les châteaux. De nos jours, aussi, ce principe de liberté, de concurrence, de guerre, existe entre les commerçans et fabricans d'un même pays, il existe de province à province, de ville à ville, de fabrique à fabrique, disons plus encore, de boutique à boutique. La féodalité mit un terme à l'anarchie militaire en liant les ducs, comtes, barons, et tous les propriétaires indépendans, hommes d'armes, par des services et une protection réciproques, immense avantage, qui n'a été convenablement apprécié par aucun historien du dernier siècle. C'était en effet un immense avantage pour tous les guerriers de passer de l'anarchie du IXe siècle à l'organisation, à l'association féodale du Xe, et cet avantage peut seul expliquer la conversion si subite des alleux en fiefs, explication devant laquelle le génie de Montesquieu lui-même devait reculer. Les possesseurs d'alleux étaient des propriétaires *libres* de toutes charges publiques, ne relevant que de leurs personnes, et qui, par conséquent, étaient dans un état d'*indépendance*, d'isolement *anti-social;* ces propriétaires *libres*, qui n'étaient astreints à aucun service, à aucune redevance, à aucun hommage, consentirent néanmoins à devenir *vassaux* d'un seigneur, c'est-à-dire à lui donner leur alleu, pour ne le recevoir de sa main qu'à titre de fief ou de bénéfice; ils y consentirent, parce qu'ils trouvaient, dans la protection et les secours de ce seigneur suzerain, un juste prix des services, de l'hommage, en un mot de toutes les obligations nouvelles que leur imposait leur vassalité (1).

La véritable cause de la conversion générale des alleux en fiefs, c'est que l'homme préfère toujours l'état de société à l'état d'*isolement*, quand bien même on nommerait celui-ci état d'*indépendance*; et que le gouvernement féodal offrait, au moyen âge, la meilleure combinaison d'efforts matériels, la meilleure autorité pour diriger les travaux militaires, qui étaient encore alors les plus importans et les seuls ennoblis.

De même que les élémens des travaux *guerriers* tendaient, au IXe siècle, à former une *société* ayant sa hiérarchie, ses chefs, et une systématisation complète de tous les *intérêts*, de tous les *devoirs*; de même aussi les élémens du travail *pacifique* tendent, aujourd'hui, à se constituer en une seule société ayant ses chefs, sa hiérarchie, une organisation et une destinée communes.

---

(1) M. Guizot, qui a parfaitement senti que la propriété allodiale était *anti-sociale*, puisqu'elle ne supposait aucun *lien* entre les chefs isolés de la société, entraîné cependant par l'amour de ce qu'on appelle la liberté, n'a pas apprécié la valeur de ce grand fait, la transformation des alleux en fiefs; suivant lui, c'est par violence que les grands propriétaires ont forcé les petits à convertir leurs alleux en bénéfices : sans doute, dans ce mouvement qui fut très-rapide, quelques *retardataires* ne furent amenés que par la *violence* (c'est ainsi qu'on agissait à cette époque), à suivre l'impulsion générale; mais ces exemples sont le cas exceptionnel, et non la règle commune.

L'industrie a déjà fait un pas vers cette organisation définitive, depuis le temps où les travaux et les travailleurs pacifiques ont commencé à prendre une importance réelle dans la société. Avant la grande révolution politique du dernier siècle, des dispositions législatives avaient pour objet d'établir l'ordre dans les faits industriels : il existait alors une institution qui a particulièrement frappé les esprits dans ces derniers temps, et qui répondait au besoin d'union, d'association que nous avons signalé, autant que le permettait alors l'état de la société; nous voulons parler des *corporations*. Dans ce système, l'admission de chaque nouvel entrepreneur de travaux supposait que deux conditions importantes avaient été préalablement remplies; savoir: que sa capacité avait été reconnue par des juges compétens, et que des juges également compétens avaient constaté le besoin d'un nouvel emploi de bras et de capitaux, dans la branche d'industrie à laquelle il se destinait.

Sans contredit, cette organisation était défectueuse sur bien des points; bornée à d'étroites localités, elle était nécessairement insuffisante pour régler l'ensemble du travail industriel; sous plusieurs rapports même, elle était vicieuse, ce qui tient à ce que n'ayant pas été conçue dans des vues purement industrielles, mais principalement comme système défensif contre l'institution militaire, en présence et sous le joug de laquelle l'industrie s'était élevée, elle portait l'empreinte de son origine. Ainsi elle favorisait la lutte de tendances égoïstes, de sentimens anti-sociaux; chaque corporation était, à l'égard des autres corporations, ce qu'un baron avait été pour un baron; la guerre existait entre elles et dans leur sein, comme elle avait eu lieu de comté à comté, de château à château; ces corporations développaient des sentimens anti-sociaux, puisqu'elles tendaient toutes à exploiter chaque branche d'industrie en *monopole*, à traiter le *consommateur* comme l'homme d'armes avait traité le *vilain*; or, toutes ces tendances égoïstes devaient se faire jour avec d'autant plus de force, que la doctrine sociale (religieuse ou politique, spirituelle ou temporelle), n'ayant point alors embrassé, au moins d'une manière directe, dans ses prévisions et dans ses préceptes, l'industrie *pacifique* (1), la plupart des faits du système industriel devaient échapper à l'appréciation, et par conséquent à l'influence de l'autorité *morale*.

De quelque vice que fût entachée cette institution, on ne saurait disconvenir cependant que, depuis la première organisation des communes, et pendant plusieurs siècles, elle rendit de grands services; mais elle prit dans la suite un autre caractère: la classe militaire ayant cessé de menacer directement les travailleurs et leurs propriétés, l'institution des corporations perdit toute sa valeur défensive. Dès ce moment les tendances anti-sociales se développèrent avec plus d'intensité dans son sein; bientôt elle présenta plus d'inconvéniens que d'avantages; elle disparut enfin, sans qu'une voix s'élevât pour la défendre.

C'est avec raison, sans doute, que nous nous félicitons de ne plus voir les corporations, les jurandes et les maîtrises gouverner l'industrie; cependant cette conquête n'est réellement pas *positive*, dans l'acception rigoureuse du mot.

---

(1) Le clergé, obéissant à son dogme, devait mortifier la *chair*, et par conséquent négliger ou mépriser même l'industrie; de son côté, la noblesse féodale *dérogeait* lorsqu'elle s'alliait à l'industrie: la *dévotion* et *l'honneur* ne devaient donc pas porter leurs fruits habituels, l'*ordre*, l'*amour*, dans le sein de l'industrie.

Une organisation mauvaise a été abolie, mais rien n'a été édifié à sa place. Tous les efforts des publicistes, des économistes, semblent, depuis ce temps, n'avoir pour objet que de porter quelques derniers coups à un ennemi terrassé et déjà privé de vie.

Rappelons ce que nous venons de dire sur l'anarchie qui précéda l'organisation militaire du moyen âge. Nous avons fait remarquer que ces principes de liberté, de *concurrence illimitée*, qui forment toujours le dogme des époques de transition, la croyance des momens de crises de la vie sociale, n'ont qu'une valeur *négative*; et que, tant que le règne de ces principes se prolonge, aucune vue d'ensemble ne préside à l'activité matérielle, que nulle balance, nulle proportion, nulle harmonie ne peut exister entre les divers ordres de travaux, et qu'enfin ces travaux sont aussi mal conçus, et aussi mal exécutés qu'on peut l'attendre d'une association où le choix des directeurs est livré au hasard.

Jetons les yeux sur la société qui nous entoure. Des crises nombreuses, des catastrophes déplorables, affligent chaque jour l'industrie; quelques esprits commencent à en être frappés; mais ils ne se rendent point compte de la cause d'un si grand désordre, ils ne voient pas que ce désordre est le résultat de la mise en pratique du principe de la *concurrence illimitée*.

Qu'est-ce en effet que la concurrence réalisée, sinon une guerre meurtrière qui se perpétue, sous une forme nouvelle, d'individu à individu, de nation à nation ? Toutes les théories que ce dogme tend à développer sont nécessairement fondées sur des sentimens hostiles. Et cependant les hommes sont appelés, non à guerroyer éternellement, mais à vivre en paix, non à s'entre-nuire, mais à s'entre-aider. La concurrence, enfin, en maintenant chaque effort industriel dans un état d'isolement, de lutte, à l'égard des autres, pervertit la morale individuelle, aussi bien que la morale sociale.

Du moment où chacun ne croit pouvoir augmenter ses chances de succès qu'en diminuant les chances de succès de ses *concurrens*, la fraude ne tarde point à s'offrir comme le moyen le plus efficace de soutenir la lutte, et les hommes consciencieux qui reculent devant l'emploi de ce moyen sont les premiers ordinairement qui en deviennent victimes.

Toutefois, au milieu du désordre que nous venons de signaler, on voit se produire des efforts instinctifs, dont la tendance manifeste est de ramener l'ordre, en conduisant vers une nouvelle organisation du travail matériel ; ici nous avons en vue une industrie que l'on peut considérer comme nouvelle, attendu le caractère particulier et le développement considérable qu'elle a pris dans ces derniers temps, l'industrie des BANQUIERS. La création de cette industrie est évidemment un premier pas vers l'ordre ; et en effet, quel rôle jouent aujourd'hui les banquiers ? Ils servent d'intermédiaires entre les *travailleurs*, qui ont besoin d'*instrumens de travail*, et les *possesseurs* de ces instrumens, qui ne savent pas ou ne veulent pas les employer ; ils remplissent, en partie, la fonction de *distributeurs*, que nous avons vue si mal exercée par les capitalistes et les propriétaires. Dans les transactions de cette nature, qui s'opèrent par leur entremise, les inconvéniens que nous avons signalés se trouvent considérablement affaiblis, ou, du moins, pourraient l'être facilement : car les banquiers, par leurs habitudes et leurs relations, sont beaucoup plus en état d'apprécier, et les besoins de l'industrie, et la capacité des industriels, que ne peuvent le faire des particuliers oisifs et isolés; l'emploi des capitaux qui passent par leurs mains est donc à la fois plus utile et plus équitable (1).

Un autre avantage provient encore de leur entremise : par cela même qu'ils peuvent mieux juger la valeur des entreprises et le mérite des entrepreneurs, il leur est possible, aussi, de réduire considérablement cette partie du loyer des instrumens de travail, à laquelle quelques économistes donnent le nom de prime d'assurance, et qui garantit, pour ainsi dire, les capitalistes des *sinistres* auxquels ils s'exposent en prêtant leurs fonds. Aussi, bien qu'ils se fassent payer leur propre intervention, il leur est possible de procurer aux industriels des instrumens à bien meilleur marché, c'est-à-dire *à plus bas intérêt* que ne pourraient le faire les propriétaires et les capitalistes, plus exposés à se tromper dans le choix des emprunteurs. Les banquiers contribuent donc puissamment à faciliter le travail industriel, par conséquent à accroître les richesses : par leur entremise, les instrumens de travail circulent plus facilement, sont moins exposés à demeurer oisifs, sont plus *offerts*, selon l'expression des économistes, ce qui détermine de la part des capitalistes, à l'égard des travailleurs, une

---

(1) On doit facilement comprendre que, malgré les germes *organiques* que renferme l'institution des banquiers, germes que nous mettons ici à découvert, l'avantage qui devrait résulter de l'intermédiaire des banquiers entre les oisifs et les travailleurs est souvent contrebalancé, et même détruit, par les facilités que notre société *désorganisée* offre à l'égoïsme, pour se produire sous les formes diverses de la fraude et du charlatanisme : les banquiers se placent souvent entre les travailleurs et les oisifs, pour exploiter les uns et les autres, au détriment de la société tout entière; nous le savons : et en montrant ce qui, dans leurs actes, est anti-social, et par conséquent rétrograde, aussi bien que ce qui est progressif, nous indiquons ce qu'il faut détruire, mais aussi ce qu'il faut se hâter de développer.

concurrence qui, à défaut de mieux, tourne du moins à l'avantage de ces derniers.

Et cependant, le crédit, les banquiers, les banques, tout cela n'est encore qu'un rudiment grossier de l'institution industrielle dont nous allons poser les bases : l'organisation actuelle des banques reproduit, en partie, les vices du système où les *possesseurs* des instrumens de travail en sont en même temps les *distributeurs*; c'est-à-dire du système dans lequel le distributeur est sans cesse sollicité à lever sur les produits du travail la *dîme* la plus forte (1); d'ailleurs, si la position des banquiers leur permet d'apprécier plus justement les besoins de quelques industriels, peut-être d'une branche entière d'industrie, aucun d'entre eux pourtant, aucun établissement de banque même, n'étant le centre où viennent aboutir et se résumer toutes les opérations industrielles, ne saurait en saisir l'ensemble, apprécier les besoins respectifs de chacune des parties de l'atelier social, activer le mouvement là où il languit, l'arrêter, le ralentir là où il n'est plus, là où il est moins nécessaire. Ajoutons encore que la portion la plus considérable de l'activité matérielle échappe à leur influence; les travaux *agricoles*, qui forment sans contredit, aujourd'hui, la partie la plus importante de l'industrie, sont entièrement dans ce cas, par suite d'une législation spéciale, qui

---

(1) Les débats qui ont eu lieu depuis quelques années à la Banque de France, pour la réduction du taux de l'escompte, toujours repoussée, sont une preuve frappante de ce que nous disons; l'opposition même que cet établissement (dont la mission est de procurer *facilement* des fonds aux travailleurs) a mise à tout projet de *réduction du taux des rentes* sur l'état, en est une autre preuve non moins évidente; les banquiers agissaient alors comme oisifs et non comme travailleurs.

régit encore la propriété foncière, et qui est tout empreinte du dogme d'*immobilité* des sociétés de l'antiquité; immobilité qui était encore le cachet de la société civile du moyen âge.

On peut observer aussi que la plupart des transactions de l'industrie proprement dite s'opèrent sans le concours des banquiers; enfin, dans les crédits qu'ils accordent, ils se déterminent principalement sur des garanties matérielles, et négligent en grande partie les considérations tirées de la *capacité* de ceux qu'ils créditent, bien que ces considérations soient les plus importantes.

Nous ne prétendons pas dire qu'il faille, pour que l'industrie des banquiers soit susceptible de perfectionnement, que les circonstances *politiques* générales qui nous entourent aient été d'abord complétement changées; pour nous, la *politique* n'est pas cette sphère étroite dans laquelle s'agitent quelques petites personnalités d'un jour, la politique sans l'industrie est un mot vide de sens; or le fait culminant de l'industrie, aujourd'hui, ce sont les banquiers, ce sont les banques; changer les circonstances *politiques*, c'est donc nécessairement modifier les banquiers et les banques, et réciproquement, des perfectionnemens dans les banques et dans la fonction sociale industrielle, exercée par les banquiers, sont des perfectionnemens dans la politique. Par conséquent, ces derniers perfectionnemens pourraient résulter de faits que les publicistes de nos jours regarderaient comme étant purement industriels, et qui, pour nous, seraient plus importans mille fois que la plupart des discussions qui occupent aujourd'hui nos plus fortes têtes politiques.

Ainsi, la CENTRALISATION des banques les plus générales, des banquiers les plus habiles, en une banque *unitaire*, *directrice*, qui les dominât toutes, et pût balancer, avec justesse, les divers besoins de crédit que l'industrie éprouve dans toutes les directions; d'une autre part, la SPÉCIALISATION de plus en plus grande de banques particulières, de manière à ce que chacune d'elles fût affectée à la surveillance, à la protection, à la direction d'un seul genre d'industrie, voilà, suivant nous, des faits *politiques* de la plus haute importance. Tout acte qui devra avoir pour résultat de centraliser les banques générales, de spécialiser les banques particulières, et de les lier hiérarchiquement les unes aux autres, aura nécessairement pour résultat une meilleure entente des moyens de *production* et des besoins de *consommation;* ce qui suppose à la fois une plus exacte *classification* des travailleurs, et une *distribution* plus éclairée des instrumens d'industrie; une plus juste *appréciation* des œuvres, et une *récompense* plus équitable du travail (1).

La série des perfectionnemens que peuvent subir les banques, d'une manière directe, c'est-à-dire par l'influence *unique* des banquiers, est néanmoins bornée dans l'état actuel des choses. Le système des banques existantes aujourd'hui pourra se rapprocher beaucoup de l'institution

---

(1) Dans la société industrielle, ainsi conçue, on voit partout un chef, partout des inférieurs, des patrons et des cliens, des maîtres et des apprentis; partout autorité *légitime*, parce que le chef est le plus capable; partout obéissance *libre*, parce que le chef est aimé; ordre partout : aucun ouvrier ne manque de guide et d'appui, dans ce vaste atelier ; tous ont les instrumens qu'ils savent manier, le travail qu'ils aiment à faire : tous travaillent, non plus à exploiter l'homme, non plus même à *exploiter* le globe, mais à *embellir* le globe par leurs efforts, à *s'embellir* eux-mêmes de toutes les richesses que le globe leur donne.

sociale dont nous prévoyons la fondation; mais celle-ci ne se réalisera dans toute sa plénitude qu'autant que l'association des travailleurs sera préparée par l'éducation, sanctionnée par la législation; elle ne sera complétement réalisée qu'au moment où la constitution de la propriété aura subi les changemens que nous avons annoncés.

Nous avons dit quelles sont les conditions nécessaires pour que le travail industriel puisse atteindre le plus haut degré d'ordre et de prospérité; nous avons indiqué la direction suivant laquelle doivent s'opérer, pour parvenir à ce but, les progrès les plus prochains du système des banques : il sera facile maintenant de se former une première idée de l'institution sociale de l'avenir, qui, dans l'intérêt de la société tout entière, et spécialement dans l'intérêt des travailleurs pacifiques, industriels, régira toutes les industries. Nous désignerons provisoirement cette institution par le nom de *système général de banques*, en faisant toutes réserves sur l'interprétation étroite que l'on pourrait donner aujourd'hui à ce mot.

Ce système comprendrait d'abord une banque centrale représentant le *gouvernement*, dans l'ordre *matériel :* cette banque serait dépositaire de toutes les richesses, du fonds entier de production, de tous les instrumens de travail, en un mot, de ce qui compose aujourd'hui la masse entière des propriétés *individuelles*.

De cette banque centrale dépendraient des banques de second ordre qui n'en seraient que le prolongement, et au moyen desquelles elle se tiendrait en rapport avec les principales localités, pour en connaître les besoins et la puissance productrice; celles-ci commanderaient encore, dans la circonscription territoriale qu'elles embrasseraient, à des banques de plus en plus spéciales, embrassant un champ moins étendu, des rameaux plus faibles de l'*arbre de l'industrie.*

Aux banques supérieures convergeraient tous les *besoins*; d'elles divergeraient tous les *efforts :* la banque générale n'accorderait aux localités des crédits, c'est-à-dire ne leur livrerait des instrumens de travail, qu'après avoir balancé et combiné les opérations diverses; et ces crédits seraient ensuite répartis entre les travailleurs par les banques spéciales, représentant les différentes branches de l'industrie (1).

Ici se présente une question, pour nous très-secondaire, mais qui est d'un haut intérêt aujourd'hui, puisque c'est uniquement en se plaçant sur son terrain que nos hommes d'État s'occupent de l'industrie, et semblent s'apercevoir qu'il existe des hommes qui *produisent* les richesses qu'ils

---

(1) Pour qui voudra réfléchir un instant sur le tableau que nous venons de faire du gouvernement industriel d'une société pacifique, il sera facile de concevoir que là est (du moins sous un point de vue, l'aspect industriel) la solution de cette grande question qui occupe si vivement les publicistes actuels, *l'organisation communale et départementale.* Ils veulent tous, aujourd'hui, organiser des cités, des provinces, mais aucun d'eux ne sachant dans quel *but* il y a des cités, des provinces, des nations, *pourquoi* les hommes sont réunis, ce qu'ils *doivent* faire, tous sont impuissans dans leurs conceptions : ou plutôt encore, ils leur supposent un *but*, la résistance au pouvoir; un *motif d'union*, la résistance au pouvoir; enfin un *devoir*, et c'est toujours la résistance au pouvoir ; de sorte que, constituant partout la *révolte*, et rien que la révolte, au lieu d'organiser ils désorganisent; au lieu de *lier* la commune à la préfecture, la préfecture à l'administration, disons plus, la France à l'Europe, l'Europe au globe, et plus encore, le globe à l'univers, ils détachent, ils fractionnent, ils divisent le monde, le globe, et jusqu'au village, pour n'y voir que de petites individualités souveraines, satellites sans planètes, s'insurgeant contre la loi universelle d'AT-TRACTION.

consomment : nous voulons parler de l'impôt, ou plus généralement, de ce qu'on nomme le *budget,* puisque celui-ci contient, aux recettes l'impôt, aux dépenses son emploi. Dans le système d'organisation industrielle que nous venons de présenter, l'actif du budget est la totalité des produits annuels de l'industrie; son passif est la répartition de tous ces produits aux banques secondaires, chacune de celles-ci établissant son propre budget de la même manière. — Dans ce système, ce qu'on pourrait plus particulièrement appeler l'impôt, par rapport à la classe qui produit directement les richesses, c'est-à-dire par rapport à l'industrie, serait la portion de ces produits qui serait consacrée à l'entretien des deux autres grandes classes de la société, c'est-à-dire à subvenir aux besoins *physiques* des hommes qui ont pour mission de développer l'*intelligence* et les *sentimens* de tous. Mais pour le moment, nous avons surtout à nous occuper du budget particulier de l'industrie. Chacun étant rétribué suivant sa fonction, ce qu'on nomme aujourd'hui le *revenu* n'est plus qu'un *appointement* ou une *retraite.* Un industriel ne possède pas autrement un atelier, des ouvriers, des instrumens, qu'un colonel ne possède aujourd'hui une caserne, des soldats, des armes; et cependant, tous travaillent avec ardeur, car celui qui *produit* peut aimer la gloire, peut avoir de l'honneur, aussi bien que celui qui *détruit.*

Revenons un instant sur nos pas. L'organisation industrielle que nous venons d'exposer brièvement réunit, mais sur une large échelle, tous les avantages des corporations, des jurandes et des maîtrises, et de toutes les dispositions législatives par lesquelles les gouvernemens ont, jusqu'à ce jour, tenté de réglementer l'industrie; elle ne présente aucun de leurs inconvéniens : d'une part, les capitaux sont portés là où leur nécessité est reconnue, car il ne saurait y avoir monopole; de l'autre, ils sont mis à la disposition des mains les plus capables d'en tirer parti; et les injustices, les actes de violence, les tendances égoïstes, que l'on reproche aux anciens corps privilégiés dont nous venons de parler, ne sont point à redouter; en effet, chaque corps industriel n'est qu'une portion, et, pour ainsi dire, un membre du grand corps social qui comprend tous les hommes sans exception. A la tête du corps social sont des hommes généraux, dont la fonction est de marquer à chacun la place qu'il lui importe le plus d'occuper, et *pour lui-même*, et *pour les autres*. Si le crédit est refusé à *une branche* d'industrie, c'est que, dans l'intérêt de *tous*, les capitaux ont été jugés susceptibles d'un meilleur emploi; si un homme n'obtient pas les instrumens de travail qu'il demande, c'est que des chefs *compétens* l'ont reconnu plus habile à remplir une autre fonction. Sans doute l'erreur est inhérente à l'imperfection humaine, mais il faut convenir cependant que des capacités *supérieures*, placées à un point de vue *général*, dégagées des entraves de la *spécialité*, doivent offrir, dans les choix qui leur sont confiés, le moins de chances possibles d'erreur, puisque leurs sentimens, leurs désirs *personnels* même, les *entraînent* et les *intéressent* directement à donner autant de prospérité à l'industrie, et, dans chaque branche, autant d'instrumens de travail aux individus que l'état de la richesse et de l'activité humaine le comporte (1).

---

(1) Cette grande objection contre l'injustice, la partialité, l'arbitraire des gouvernans, se présente toujours, quelle que soit la partie de l'ordre social qu'on examine; la réponse se réduit à ces termes simples : ou tous les hommes sont égaux en *moralité*, en *intelligence*, en *activité*, ou il y a différens degrés

En poursuivant l'examen de la question des banques, en nous occupant plus particulièrement du mécanisme de l'institution industrielle, nous perdrions de vue la question de la *propriété* proprement dite, et nous aurions sous les yeux celle de l'*industrie*; or, quoique ces deux questions soient à peu près identiques, au mot d'*industrie* pourtant se rattachent, selon nous, une foule de considérations d'un ordre tout-à-fait *particulier*. Par Saint-Simon le but de l'activité matérielle de l'espèce humaine est complétement changé; l'industrie prend, dans l'avenir, une importance politique plus puissante que celle que la guerre a jamais eue dans les sociétés les plus belliqueuses de l'antiquité; nous devrons donc la considérer de ce point de vue, et ce sera pour nous l'occasion de présenter sous un nouvel aspect, et de faire mieux comprendre cette institution générale des banques, que nous annonçons comme le système futur d'organisation de l'armée des travailleurs pacifiques.

Mais pour bien concevoir nos idées sur la propriété, il est indispensable de ne point les séparer de celles qui ont été exposées précédemment sur le développement de l'humanité, sur la loi de ce développement, et sur l'avenir

---

de moralité, d'intelligence et d'activité. Dans le premier cas, il n'y a pas lieu, évidemment, à hiérarchie, à pouvoir, à direction, il n'y a pas d'inférieurs et de supérieurs, de gouvernés et de gouvernans; dans l'autre cas, au contraire, il y a nécessairement autorité et obéissance : or, il suffit d'ouvrir les yeux pour repousser la première hypothèse; toute la question consiste donc à savoir qui aura l'autorité, qui classera les hommes suivant leurs capacités, qui appréciera et rétribuera leurs œuvres; et nous répondons, quel que soit le cercle d'association que l'on ait en vue : *celui qui aime le plus* la destinée sociale.

promis à nos espérances : cette partie du système social ne peut être appréciée en dehors de l'ensemble des idées et des faits dans lesquels elle trouve sa justification.

Messieurs, nous agitons devant vous une question bien grave; nous devons nous attendre à rencontrer non-seulement des préventions *intellectuelles*, mais une vive résistance, ne fût-elle qu'instinctive, de la part des intérêts *matériels*, les seuls dont l'activité conserve aujourd'hui quelque énergie. En nous renfermant dans le cercle des idées *abstraites*, le dédain était peut-être le seul danger auquel nous fussions exposés; mais sur le terrain où nous nous sommes placés, embrassant à la fois dans notre exposition l'idée *spéculative* et son *application*, la *théorie* et la *pratique*, nous devons craindre de provoquer plus que du dédain; on ira, sans doute, jusqu'à nous accuser de viser au bouleversement de la société, de provoquer au désordre. Quelque peu fondé que fût un pareil reproche, nous ne pouvons nous dispenser de le prévenir, et d'y répondre, dès à présent, en termes généraux.

La doctrine de Saint-Simon, comme toutes les nouvelles doctrines générales, ne se propose assurément pas de conserver ce qui existe, ou seulement de le modifier superficiellement; elle a pour objet de changer profondément, radicalement, le système des *sentimens*, des *idées* et des *intérêts*; et pourtant elle ne vient pas bouleverser la société. Au mot de bouleversement se rattache toujours l'idée d'une force aveugle et brutale, ayant pour but, pour résultat, la destruction : or ces caractères sont loin d'être ceux de la doctrine de Saint-Simon. Cette doctrine ne possède elle-même, ne reconnaît, pour diriger les hommes, d'autre force que celle de la *persuasion*, de la *conviction*; son but est de *construire* et non de *détruire*; c'est toujours en vue de l'ordre, de l'harmonie, de l'édification, qu'elle reste placée, soit qu'elle produise une idée dans sa valeur purement *spéculative*, soit qu'elle appelle la *réalisation* matérielle que cette idée tend à déterminer. La doctrine de Saint-Simon, nous le répétons, ne veut pas opérer un bouleversement, une révolution; c'est une *transformation*, une *évolution* qu'elle vient prédire et accomplir; c'est une nouvelle *éducation*, une *régénération* définitive qu'elle apporte au monde.

Jusqu'à ce jour, les grandes évolutions qui se sont effectuées dans les sociétés humaines ont eu, il est vrai, un autre caractère; elles ont été violentes, parce que prenant, pour ainsi dire, l'humanité au dépourvu, celle-ci s'est engagée avec ardeur dans les voies qui lui étaient ouvertes, sans avoir une conscience nette de sa destinée; ignorant, par conséquent, les efforts qu'elle avait à faire pour l'atteindre, elle marchait comme par instinct, sans que le *raisonnement* fût appelé à *vérifier* les *prévisions* de l'*enthousiasme*, sans qu'il préparât les changemens que devaient déterminer ces prévisions. Aussi, les grandes évolutions du passé, même les plus légitimes, c'est-à-dire celles qui ont le plus largement contribué au bonheur de l'humanité, se présentent-elles toutes, à leur origine, avec les caractères propres à une catastrophe, à un bouleversement.

Aujourd'hui la position n'est plus la même: l'humanité *sait* qu'elle a éprouvé des évolutions progressives, elle en *connaît* la nature et l'étendue; elle possède la *loi* de ces crises, qui l'ont sans cesse modifiée, sans cesse rapprochée des conditions normales de son existence. Dès ce jour elle peut *vérifier*, par les progrès du passé, l'avenir que ses sympathies lui révèlent; elle peut, surtout, préparer la réalisation de cet avenir, par la transformation lente et successive du présent; elle doit donc prévoir et éviter les désordres et les violences, qui ont été comme la condition de tous les progrès du passé.

Ce serait bien à tort, Messieurs, que l'on nous supposerait l'intention de présenter, en ce moment, une sorte d'apologie de la hardiesse de nos prévisions. Cette *vue*, que l'humanité doit éviter aujourd'hui, dans son évolution définitive, les violences et les désordres qui ont caractérisé les évolutions, et par conséquent les *révolutions* du passé, n'a pas été imaginée tout à coup pour faire absoudre la doctrine de Saint-Simon de ces reproches qu'on peut lui adresser; elle est un des dogmes les plus élevés de cette doctrine, elle est l'une des premières règles de conduite qui nous sont imposées par notre croyance; elle est, par conséquent, un des objets de nos enseignemens; ne pas la comprendre, c'est ne pas comprendre la pensée de notre maître.

Ainsi, quand nous signalons un changement futur dans l'organisation sociale, quand nous annonçons, par exemple, que la constitution actuelle de la propriété doit faire place à une constitution entièrement neuve, nous entendons dire et démontrer que le passage de l'une à l'autre ne sera pas, ne saurait-être brusque et violent, mais paisible et successif, parce qu'il ne peut être *conçu* et *préparé* que par l'action simultanée de l'imagination et de la démonstration, de l'*enthousiasme* et du *raisonnement*; parce qu'il ne peut être *réalisé* que par des hommes animés, au plus haut degré, de sentimens PACIFIQUES, aimant la *force* lorsqu'elle *produit*, lorsqu'elle donne la *vie*, et laissant au passé la *force* qui *détruit*, qui donne la *mort*.

HUITIÈME SÉANCE.

THÉORIES MODERNES SUR LA PROPRIÉTÉ.

AVANT-PROPOS.

Messieurs,

Pendant les trois siècles qui ont opéré la destruction de l'ordre social constitué au moyen âge, les plus fermes défenseurs du gouvernement papal et de la féodalité ont bien senti que l'UNITÉ *religieuse* et la HIÉRARCHIE politique ou *militaire* une fois entamées, c'en était fait d'un passé qu'ils chérissaient. Leurs efforts ont été vains : la *noblesse* est morte; la *liberté des cultes* est proclamée. DE MAISTRE, DE LA MENNAIS, DE MONTLOSIER, ont exprimé noblement leurs regrets et leur indignation ; ils ont couvert de leurs mépris cette société nouvelle, privée d'autorité et de foi, livrée à l'indifférence et à l'anarchie, veuve de ses antiques souvenirs; mais leurs chants funèbres, étouffés par les cris des vainqueurs, n'ont pas touché les masses, ou s'ils ont été entendus, ils n'ont excité que la colère et la haine. Quelques individus y ont répondu avec chaleur, les ont répétés avec conviction; mais bien peu ont su apprécier tout ce qu'il y avait de grand, et en même temps de faible, dans ces derniers soupirs du moyen âge expirant.

La hiérarchie ancienne, la hiérarchie féodale ou militaire n'existe plus; l'unité catholique se résout en croyances individuelles, toutes également respectables aux yeux de la loi, et ce résultat des longs travaux de nos pères trouve d'assez nombreux admirateurs aujourd'hui : aussi, n'entendons-nous plus les publicistes, honorés des suffrages de l'opinion publique, donner pour base à l'ordre social une *communauté* de croyances religieuses, et chercher à l'affermir par un *ciment* politique, analogue à celui qui, dans le moyen âge, unissait le souverain au serf lui-même; ce n'est pas tout, ils écoutent avec indulgence les doctrines qui tendent à *individualiser* de plus en plus les croyances ou les intérêts. En un mot, l'*égoïsme*, exprimé en langage *politique* ou *religieux*, trouve grâce devant eux, sous quelque forme qu'il se présente; tandis qu'au contraire, un défenseur dévoué du *trône* et de l'*autel* est pour eux, un ennemi qu'il faut combattre; non parce que l'autel est la chaire de saint Pierre, non parce que le trône est celui de César, c'est-à-dire celui où règne le glaive, mais parce que l'un ou l'autre doit toujours faire craindre, suivant eux, qu'une croyance et des actes seront *imposés* aux masses par quelques hommes privilégiés.

Les critiques contre l'autorité religieuse et politique sont donc généralement bien accueillies aujourd'hui; si elles blessent, comme nous n'en doutons pas, quelques personnes, celles au contraire dont elles piquent la curiosité, et qu'elles *amusent*, sont assez nombreuses pour que l'on tolère complaisamment ces critiques, si même on ne les excite pas, en les décorant du nom *honorable* d'opposition.

Nous ne développerons pas d'avantage ces idées qui ne se rattachent qu'indirectement au but que nous avons en vue, il nous suffit de les avoir énoncées pour préparer ce qui nous reste à dire.

L'abolition complète de l'esclavage, et la destruction de *presque* tous les priviléges de la naissance, sont consommés; l'humanité a rompu les liens nécessaires à son enfance, nuisibles à sa virilité; elle a secoué violemment le joug du passé, elle l'a brisé, mais, *heureusement*, il pèse encore sur elle; *heureusement*, car elle ignore les liens nouveaux qui doivent l'unir. La confusion la plus profonde, une sanglante anarchie, tel serait l'affligeant spectacle que nous aurions sous les yeux, si tous les moyens d'ordre du passé étaient détruits, s'il n'en existait pas aujourd'hui quelques-uns sur lesquels l'édifice social chancelle, mais se soutient encore.

Presque tous les priviléges de la naissance, avons-nous dit, ont disparu, un seul nous est resté, et l'importance du rôle qu'il occupe dans notre politique dissolvante fait sentir toute la vigueur de la constitution sociale à laquelle il doit la vie. Félicitons-nous de l'inconséquence des hommes qui ont précieusement conservé cette ancre de salut, dans la tempête révolutionnaire; nous disons leur inconséquence, parce que rien ne légitime dans leur théorie une pareille exception en faveur du plus ferme soutien du passé.

Cet héritage de nos pères est entouré de respect, c'est l'arche sainte, qu'un téméraire ne saurait toucher sans encourir l'excommunication du clergé même de la liberté; nous ne parlons pas des foudres du parti rétrograde, prêtes à frapper la main sacrilége qui oserait attaquer ce dernier débris du moyen âge; elles sont usées, et ne se forgent pas même dans les arsenaux de la police correctionnelle.

Cette susceptibilité vraiment *religieuse* est un miracle sans doute lorsqu'on la trouve dans les ennemis de la *superstition* et du fanatisme, dans les apôtres de l'affranchissement de la pensée, du *libre examen*, du doute, mais surtout dans les partisans de la perfectibilité humaine; et nous nous en félicitons, puisqu'elle maintient un certain ordre *matériel*, au milieu de l'anarchie *intellectuelle* et *morale* dans laquelle nous sommes plongés; mais, arrivés au moment où ce moyen d'ordre doit lui-même être attaqué par une doctrine destinée à remplacer celle qui lui a jadis donné naissance, nous sentons la difficulté que doivent présenter aux novateurs les préjugés rétrogrades que nous a légués la civilisation bâtarde qu'ils voudront renverser; préjugés d'autant plus rebelles, qu'ils ont résisté au feu de la critique, et sont sortis, tels qu'ils y étaient entrés, du creuset révolutionnaire.

Aussi, convaincus, comme nous le sommes, de l'imprudence qu'il y aurait à vouloir détruire le seul principe d'ordre qui nous reste, sans le remplacer immédiatement par un principe plus général, approprié aux besoins de l'avenir; mais pénétrés aussi de la force des résistances que rencontrera, sous ce rapport, la tentative la plus sage, la plus mesurée, la plus évidemment favorable aux progrès de l'humanité, nous entrerons avec autant de *confiance* que de *dévoûment* dans la route que Saint-Simon nous a ouverte.

Nous ne nous adresserons pas aux passions populaires;

comment nous en ferions-nous entendre aujourd'hui? C'est l'*ordre* que nous réclamons, c'est la *hiérarchie* la plus unitaire, la plus ferme, que nous appelons pour l'avenir. Il faudrait au peuple une autre éducation que celle qu'il reçoit à chaque instant de ses maîtres (qui marchent en esclaves à sa suite), pour qu'une vive sympathie l'attachât à nos idées. On lui a tant appris à craindre ou à mépriser la *puissance*, à se défier sans cesse du *pouvoir*, que long-temps encore, ces mots lui rappelleront son antique esclavage, et le mettront en garde, en hostilité peut-être, contre les hommes qui lui annonceraient une nouvelle *puissance*, digne de son amour et de son dévoûment.

Notre position nous permettra donc de marcher avec sécurité; notre franchise ne pourra être funeste qu'à nous.

Oui, nous en avons la ferme conviction, nous exciterons contre nous les passions des adversaires les plus violens du passé, en attaquant un *privilège* dont ils ne craignent pas de se couvrir, quoique ce soit une parure de leur ennemi vaincu : le sort d'HERCULE consumé par la dépouille du CENTAURE ne les effraie pas, ils se sont attachés au squelette du moyen âge, au cadavre de leur victime, et ils le défendront, comme les cendres d'un être adoré, jusqu'à ce qu'ils tombent eux-mêmes en poussière.

Déjà nous les entendons dire, en aiguisant l'arme chérie de la critique: « Quelle est donc cette robe de Centaure, quel est ce squelette, objet de nos tendres amours? » Nous répondrons : C'est la PROPRIÉTÉ PAR DROIT DE NAISSANCE et non PAR DROIT DE CAPACITÉ : c'est l'HÉRITAGE.

OPINIONS DES ÉCONOMISTES, LÉGISTES ET PUBLICISTES, ET EN GÉNÉRAL DE TOUS LES THÉORICIENS POLITIQUES, SUR LA PROPRIÉTÉ.

La propriété est la base de l'ordre social; tel est le dogme proclamé par tous les docteurs des sciences politiques. Nous aussi, nous pensons que la propriété est la base *matérielle* de l'ordre social, et cependant, nos vues sur l'organisation politique sont tout-à-fait opposées aux doctrines professées de nos jours. La différence qui existe entre nous et nos publicistes, se retrouve également, sur le même sujet, entre eux et les clercs du moyen âge, ou bien entre eux et un consul romain; ce grand mot de PROPRIÉTÉ a représenté, à chaque époque de l'histoire, des choses différentes; il a fait naître des idées diverses, quoiqu'il ait été soutenu par les mœurs et par les lois, chaque fois que l'humanité n'a pas été troublée par ces révolutions générales, pendant lesquelles aucun droit, aucun intérêt consacré par le temps n'est respecté, et où de nouveaux droits, de nouveaux intérêts cherchent à se faire légitimer.

Et, par exemple, le pouvoir d'user et d'abuser d'un homme, de son travail, et même de sa vie, l'*esclavage*, en un mot, a été considéré, *avec raison*, comme le fondement des sociétés grecques et romaines. ARISTOTE, lui-même, eût tonné avec force contre les téméraires qui auraient attaqué ce droit sacré; personne ne s'avisait de nommer barbare ce philosophe, lorsqu'il conseillait aux jeunes citoyens de se former à la guerre, en faisant la chasse aux esclaves; et CATON ne se trompait pas, il savait lire dans l'avenir, lorsque, pleurant sur le patriciat en face d'orgueilleux *affranchis*, il portait d'avance le deuil de la vieille république. De même, au moyen âge, le droit de propriété, primitivement fondé sur la conquête, représentait tous les droits du vassal à l'égard des serfs, et ses devoirs envers son suzerain; il consistait, en outre, dans le pouvoir de transmettre *par héritage* tous les priviléges ou servitudes qui y étaient attachés. Le respect pour la propriété était donc, aux yeux de l'homme le plus éclairé du XIIe siécle, le respect pour la propriété *féodale* dans toute sa pureté.

Personne ne pense que nos publicistes aient en vue l'*esclavage* ou le *servage*, lorsqu'ils parlent de la *propriété*. Ce n'est par conséquent, ni dans la constitution politique de la république romaine, ni dans les codes de l'empire, ni dans la législation de notre ancienne monarchie, qu'ils doivent puiser les considérations sur lesquelles ils se fondent pour en démontrer l'importance dans l'organisation de nos sociétés modernes, et surtout, des sociétés de l'avenir; ils les trouvent, sans doute, dans une nouvelle théorie politique; c'est-à-dire, dans une nouvelle manière d'envisager les besoins de l'humanité, et l'ordre le plus capable de les satisfaire. En effet, si les besoins généraux de la société étaient ceux qu'elle éprouvait autrefois; si, par exemple, le peuple de nos jours demandait à grands cris, dans une année de disette, qu'on lui livrât une province barbare pour vivre de ses dépouilles; si la conquête était encore le moyen le plus *noble* d'acquérir de la puissance, il faudrait bien en subir les conséquences, et faire comme Aristote, vanter l'esclavage et la guerre, car l'élève de Platon était aussi fort logicien que nos législateurs et nos publicistes.

Quelle est donc cette nouvelle doctrine sociale d'où nos théoriciens politiques déduisent leurs idées sur la constitution actuelle de la propriété ?

ÉCONOMISTES.

Il nous paraît difficile de l'apercevoir dans les économistes ; la plupart d'entre eux, et surtout celui qui les résume à peu près tous, M. Say, regardent la propriété comme un fait existant, dont ils n'examinent pas l'origine et les progrès, dont ils ne cherchent même pas l'*utilité sociale*.

Ils parlent tous de la nécessité de maintenir les *droits de propriété* : mais l'esclavage, le servage, étaient aussi des droits de propriété, faudrait-il maudire le christianisme qui ne les a pas respectés ?

M. De Sismondi, qui a eu un sentiment bien vague, il est vrai, de l'avenir, et qui, par cela seul, s'est mis en opposition, sur des points capitaux, avec les principaux organes de la science économique, M. De Sismondi s'est aperçu qu'un intérêt différent devait nécessairement animer les propriétaires *oisifs*, et les *travailleurs* qui mettent en œuvre la propriété.

Après avoir indiqué que les classifications de *propriétaires*, de directeurs de travaux ou *fermiers*, et enfin de *journaliers*, ne sont pas indispensables à la production, puisque ces trois qualités peuvent se réunir dans les mêmes mains, il s'exprime ainsi : « Les propriétaires de *terres* se » figurent souvent qu'un système d'*agriculture* est d'autant » meilleur, que leur revenu net (c'est-à-dire la portion des » produits territoriaux qui leur demeurent, après que tous

» les frais de culture sont payés), est plus considérable ; » cependant, ce qui importe à la nation, ce qui doit fixer » l'attention des économistes, c'est le produit brut ou le » montant de la totalité de la récolte.... Le propriétaire ne » comprend que le revenu des riches *oisifs*, l'économiste » comprend encore le revenu de tous ceux qui *travail-* » *lent* (1). » Si M. DE SISMONDI, au lieu de faire porter son raisonnement seulement sur le système d'*agriculture*, l'avait appliqué au système *politique* tout entier, il aurait exprimé l'idée la plus large, la plus féconde qu'un économiste puisse avancer sur l'ordre social : la même timidité, la même réserve lui fait constamment effleurer, l'empêche d'approfondir la question radicale des oisifs et des travailleurs : ainsi le 2º chapitre de son 3º livre est intitulé : *des Lois destinées à perpétuer la propriété de la terre dans les familles*. Il semble, qu'en désignant uniquement la propriété *territoriale*, M. DE SISMONDI n'ose pas attaquer la propriété tout entière ; au reste, il combat avec force (2) l'opinion des législateurs, qui ont toujours voulu qu'on pût garder *dans le repos* ce qu'on avait acquis *par le travail*. Sa critique des substitutions et des majorats est d'une vigueur logique fort remarquable, et cependant, il n'a pas compris que ces différens modes de transmission de la propriété, *dans des mains oisives*, ne sont que des cas particuliers d'un principe, dont l'expression générale est l'*héritage*. Il glisse à côté de cette immense question, et sa critique des substitutions reste, pour ainsi dire, sans valeur, parce qu'il ne les sape pas dans leur base, c'est-à-dire dans l'esprit

---

(1) *Principes d'économie politique* (liv. 3, chap. 1, p. 153).

(2) Liv. 3, chap. 2, p. 252 et suiv.

qui a dicté *toutes les lois* relatives à la transmission de la propriété.

Les travaux des économistes anglais sont bien plus éloignés encore de toute conception d'ordre social; Malthus et Ricardo, dans leurs profondes recherches sur le fermage, sont arrivés, il est vrai, à un résultat important, savoir : *que la différence de qualité des terres exploitées permettait d'employer, sans inconvénient, une partie des produits sociaux à autre chose qu'à l'entretien des cultivateurs* ; mais ils ont conclu de cette vérité, assez simple, quoiqu'elle n'eût point encore été exprimée clairement, que cette partie disponible des produits était, et *devait être* employée à nourrir, *dans l'oisiveté*, de nobles propriétaires. Ils ont, en un mot, légitimé, autant qu'il était en eux, l'organisation politique, dans laquelle une partie de la population vit aux dépens de l'autre.

La rapidité avec laquelle ces deux écrivains se sont empressés de conclure, d'un fait de simple *statistique agricole*, un des principes les plus importans de l'*ordre social*, paraîtrait miraculeuse, si ce phénomène n'était pas la conséquence obligée de l'absence d'une doctrine générale.

Le fermage et l'intérêt, c'est-à-dire le *loyer des ateliers et instrumens de travail*, est bien une partie des produits de l'industrie, dont les travailleurs peuvent, *à la rigueur*, se priver, puisque quelques-uns d'entre eux, les plus misérables il est vrai, vivent sur des terres qui ne donnent aucun fermage : lorsqu'ils s'en privaient pour nourrir des guerriers, comtes, barons, chevaliers et apprentis chevaliers, rien de mieux, s'ils avaient besoin de *guerriers*, pour travailler *en paix*, sans redouter le brigandage de barbares voisins; mais conclure de là qu'ils doivent se condamner à cette privation, en faveur de gens qui ne font *rien* pour eux, qui vivent dans une complète *oisiveté*, qui les détournent même de leurs travaux, par l'exemple de cette oisiveté, disons plus, par la démoralisation qu'un pareil fléau traîne toujours à sa suite, ce serait prodigieusement abuser de la faculté que possède l'homme de lier des idées.

Au reste, notre intention n'est pas de discuter encore ici les opinions au moyen desquelles on défend l'organisation actuelle de la propriété; nous voulons seulement établir que les hommes qui ont abordé cette grande question, ne l'ont jamais rattachée à une vue *générale* de l'ordre social vers lequel s'achemine l'humanité, mais qu'ils l'ont reçue, au contraire, sous la forme que le moyen âge lui avait donné; plus loin, nous démontrerons même qu'ils l'ont décolorée, qu'ils l'ont dépouillée de tout ce qui faisait sa grandeur et sa force dans le passé.

Les économistes du XVIIIe siècle fondaient leur système politique sur l'intérêt des propriétaires (1). Placés par leur maître à un point de vue fort élevé, ils avaient bien senti que leur système n'aurait de valeur, qu'autant que les *propriétaires* joueraient un autre rôle que celui de *fainéans*, et qu'ils rendraient à la société des services qui compenseraient largement le sacrifice qu'elle s'impose en leur faveur; mais ici leurs efforts étaient vains; ils avaient beau prêcher les riches fainéans, et les engager à vivre sur leurs propriétés, à en diriger savamment l'exploitation, à devenir, en un mot, les premiers laboureurs de l'état, ou-

---

(1) M. Say semble partager l'amour de Quesnay et de ses élèves pour les propriétaires, lorsqu'il dit, livre 1, chap. 4, p. 140, 4e édit. : « Qui ne sait, que nul ne connaît *mieux que le propriétaire*, le parti que l'on peut tirer de sa chose? » S'il s'était exprimé ainsi en nommant le *fermier*, personne n'aurait contesté; mais le propriétaire !!!

vrant des *sillons modèles*, comme le fait l'empereur de la Chine, leur voix ne passait pas l'antichambre du palais des propriétaires, elle ne les troublait pas dans leurs splendides banquets, elle ne les réveillait pas en sursaut dans leur sommeil.

Un sentiment bien obscur, il faut le dire, révélait cependant à quelques philanthropes éclairés du XVIIIe siècle, à Necker, par exemple, qu'un problème intéressant à résoudre serait celui-ci : Comment les hommes qui partagent avec les travailleurs les produits du travail peuvent-ils, non-seulement se faire *pardonner* ce partage, mais encore le faire *respecter* et aimer par les travailleurs eux-mêmes ? Aucune doctrine alors en crédit ne leur offrait de solution, celle des économistes moins que toute autre, parce que c'était l'intérêt des *propriétaires*, et non pas directement celui des *travailleurs* qu'ils avaient en vue. Aussi n'ont-ils émis aucune idée sur les modifications successives que l'exercice du droit de propriété avait subies, ni, par conséquent, sur les obligations et les avantages qui devaient y être attachés : ils l'ont considéré, tel qu'il était, comme une institution parfaite. Moins avancés sous ce rapport que leurs successeurs, ils ne lui ont pas même porté les premiers coups, en attaquant cette partie de ses priviléges que l'on nommait féodaux ; ou du moins, si quelques-uns d'entre eux ont contribué à leur destruction, ce n'était pas en obéissant à un principe général de réorganisation de la propriété. Un seul économiste, le plus digne, sans contredit, des respects et de l'affection de l'humanité, Turgot, sentant le vice de la nomenclature de Quesnay, qui désignait par les mêmes mots, *classes productives*, les propriétaires et les agriculteurs, avait créé, pour les premiers, le nom de *classe disponible*, et il le justifiait en disant que cette classe se composait des individus qui devaient être employés aux *besoins généraux* de la société (1). Turgot touchait ainsi aux portes de l'avenir, puisqu'il entrevoyait l'application, que l'on devra faire un jour, des théories de Malthus et de Ricardo sur le fermage; c'est-à-dire qu'il concevait l'emploi le plus utile auquel on puisse consacrer *l'excédant du produit des bonnes terres sur les mauvaises*, ou autrement la partie des richesses sociales *disponible* après le paiement de tous les frais de culture.

Mais il n'était pas temps encore : le livre des destinées humaines était fermé pour Turgot lui-même; il ignorait quels seraient les *besoins généraux* de la société nouvelle, et par conséquent aussi, quelles capacités devaient avoir les individus composant cette *classe disponible*, chargée de les prévoir et de les satisfaire.

C'est assez parler de la manière dont la propriété est envisagée en économie politique; les légistes pourraient casser les arrêts de cette science, et ce serait assez juste, car les économistes n'ont pas craint de déclarer (du moins les derniers, qui seuls font autorité aujourd'hui) qu'ils se reconnaissaient incompétens en matière *politique*. Leur modestie, à cet égard, suffit pour que nous cessions de chercher dans leurs écrits les principes d'ordre social d'après lesquels la propriété est instituée comme nous la voyons aujourd'hui; à la vérité ils ont la prétention de montrer comment les richesses se *forment*, se *distribuent* et se *consomment* (2); mais il leur importe peu de découvrir si ces richesses, *formées* PAR LE TRAVAIL, seront tou-

---

(1) *Sur la formation et la distribution des Richesses*, chap. 15.
(2) J.-B. Say, *Traité d'Économie politique*, Discours préliminaire.

jours *distribuées* SELON LA NAISSANCE et *consommées* en grande partie par l'OISIVETÉ. Il leur est même indifférent de savoir si le *producteur* est esclave, si le *distributeur* est un guerrier, et lequel des deux, du maître ou de l'esclave, *consomme* la plus grande partie des produits.

Ou ces problèmes leur paraissent d'un ordre plus élevé que leur science, et alors nous répétons les éloges que nous venons de donner à leur modestie, ou bien ils les considèrent comme trop peu importans pour mériter leur attention; et, s'il en était ainsi, nous nous croirions obligés de les plaindre : dans tous les cas, nous devons nous dispenser d'examiner plus longuement leurs ouvrages, pour y chercher ce qu'eux-mêmes n'ont pas cru devoir y mettre ; nous avons prouvé que ce n'était pas avec leur science qu'on pourrait attaquer nos idées sur l'organisation *politique* de la propriété; c'est tout ce que nous avions en vue en nous occupant de l'état actuel des doctrines économiques.

LÉGISTES ET PUBLICISTES.

Nous serions bien plus embarrassés encore, s'il nous fallait trouver sur ce sujet un seul principe clair dans nos lois. La propriété, dit le code, est le droit de jouir et de disposer *des choses* de la manière *la plus* ABSOLUE, *pourvu qu'on n'en fasse pas un usage* PROHIBÉ par les lois et par les réglemens.

Deux points importans sont à examiner dans cette définition : d'abord, il est bon de remarquer que notre législation reconnaît le droit de jouir et de disposer *des choses et non des personnes*, et cela seul la différencie de toutes les législations du passé ; ensuite, on peut observer que cette définition de la propriété, aussi vague, aussi négative que celle admise pour la *liberté* (1), n'indique en aucune façon dans quel but les lois *restrictives* de ce droit *absolu* seront instituées ; elle ne donne, par conséquent, aucune idée du droit de propriété, puisque ces restrictions peuvent être telles, que le droit de jouir et de disposer soit réduit à fort peu de chose, ou s'étende, au contraire, sans rencontrer de limites. Et, par exemple, si aucune fonction sociale n'était nécessairement attachée à la propriété ; si des avantages, sans aucune charge, formaient le lot du propriétaire, les lois devraient-elles permettre la transmission par *héritage* de ce privilége magnifique ; savoir : le droit de pouvoir *vivre largement dans l'oisiveté*. La définition que nous venons de citer laisse cette question indécise ; car elle s'applique également à deux sociétés, dont l'une adopterait les principes *féodaux* des successions, c'est-à-dire l'hérédité SUIVANT LA NAISSANCE, et dont l'autre réglerait par des lois la *transmission* des *ateliers* et *instrumens d'industrie* (2) dans les mains des individus les plus capables de les employer, QUELLE QUE FUT LEUR NAISSANCE.

Ce principe est inutile, nous dira-t-on : lisez le code, vous y trouverez toutes ces lois *restrictives* du droit *absolu* de disposer des choses : ainsi, vous y verrez qu'un père peut transmettre sa fortune à ses enfans idiots ou immoraux, mais qu'il ne lui est pas permis de les *dépouiller* des *légitimes* ESPÉRANCES qu'ils ont fondées sur sa mort.

Voilà une *noble* idée qui honore, sans contredit, le principe dont elle découle ; mais elle est étrangère à l'objet que nous traitons en ce moment : nous ne nous plaignons

---

(1) La liberté est le droit de faire ce que les lois ne défendent pas.
(2) Ces mots renferment pour nous la même idée que la division des biens en *immeubles* et *meubles*.

ni de la concision ni du silence des lois et des légistes, il faudrait que nous fussions bien difficiles; nous cherchons seulement le moyen de discuter avec des hommes qui savent par cœur une quantité prodigieuse de lignes écrites, et qui ne se doutent pas de la manière dont ces lignes sont *liées*, c'est-à-dire du *principe* qui les a dictées. Or, pour appliquer ceci à la définition de la propriété, il faut que nous sachions sur quel *principe général* sont fondées les *exceptions* imposées par le législateur au droit de propriété, ou, ce qui est la même chose, quel est celui qui l'a dirigé, lorsqu'il a tracé les règles de l'exercice de ce droit; il faut, en un mot, connaître le *pourquoi* de toutes ces lois isolées.

Nous aurions toutefois, il faut l'avouer, mauvaise grâce à nous attaquer au code, puisque chaque jour on réclame la révision de nos lois. C'est ailleurs qu'il faut chercher la raison, l'*esprit des lois* sur la propriété : ces mots nous indiquent assez quel livre nous devons ouvrir : prenons Montesquieu. Ici, nous demandons pardon à tous nos légistes *romantiques*, qui ne s'inclinent plus au nom du maître, nous savons qu'il en existe un assez grand nombre qui voient dans l'Esprit des Lois un beau monument *littéraire*, et rien de plus. Nous, qui dans la science sociale, ne sommes élèves ni de l'illustre président, ni de Syeyes, ni de Delolme, ni même de Bentham, nous envisageons autrement cet ouvrage. Montesquieu y a fait, suivant nous, la *critique* la plus élevée que l'on pût concevoir au XVIIIe siècle de toutes les organisations sociales du passé; mais notre admiration pour ce grand homme, dont les travaux ont servi de base à tous ceux des publicistes qui ont préparé ou directement provoqué notre révolution, ne nous empêchera pas de reconnaître qu'il n'existe pas un seul passage de l'*Esprit des Lois* où la propriété soit traitée comme un principe général d'ordre social.

Toutefois, Montesquieu, en abordant avec respect le système des lois féodales, en perçant la terre pour découvrir, comme il le dit lui-même, les racines de ce chêne antique dont le feuillage s'étend au loin, et dont on aperçoit la tige avec peine, Montesquieu sentait qu'il contemplait là *un grand événement arrivé une seule fois dans le monde*, et qui, sur les débris de l'antiquité, avait constitué une société *nouvelle*. Là tout était donc à créer. « Ces Germains, qui, » au dire de César (1), n'avaient ni terres, ni limites qui » leur fussent propres; chez lesquels les princes et les ma- » gistrats donnaient aux particuliers la portion de terre qu'ils » voulaient, et les obligeaient, l'année suivante, de passer » ailleurs, » devaient bientôt connaître les alleux, et ensuite les fiefs. *Comment* ces grandes institutions se sont-elles établies? *Pourquoi* l'ordre nouveau qu'elles consolidaient a-t-il été préféré à cette distribution variable, personnelle et intransmissible de la propriété? Enfin, dans quel but a-t-on fini par admettre, non-seulement l'hérédité des fonctions, mais celle des *priviléges* de *richesses*, c'est-à-dire des avantages résultant des servitudes qui formaient l'apanage de ces fonctions?

Telles étaient les racines que Montesquieu aurait dû chercher à découvrir; mais elles étaient trop profondément enfouies dans la terre; préoccupé, d'ailleurs, à son insu, par l'état de la société au milieu de laquelle il vivait, le besoin de trouver les bases de sa réorganisation ne l'animait pas; c'était à ses successeurs qu'il était réservé de

---

(1) *Esprit des Lois*, liv. xxx, chap. iii. César, *de bello Gall.*, lib. v.

sentir la nécessité d'une complète révolution; c'était à eux qu'il laissait le soin de résumer son ouvrage, d'ordonner les matériaux épars extraits par lui des mines de l'histoire; de former enfin un faisceau redoutable de toutes ces armes qu'il avait forgées, et qui devaient bientôt détruire le colosse du moyen âge.

Rousseau entreprit cette tâche; le *Contrat Social* devait réparer à ses yeux une omission de Montesquieu; il devait servir de prolégomènes ou de conclusions à l'*Esprit des Lois*, et poser les principes généraux de la constitution politique de tous les peuples, d'après les climats qu'ils habitent, ou l'état de *démoralisation*, plus ou moins profond, auquel les avaient conduits les *progrès de la civilisation*. En rappelant, dans ces termes, la vue philosophique qui le dirigeait, et qu'il a lui-même si éloquemment exprimée (1), il nous semble que le *Contrat Social* aurait dû renfermer au moins quelques vigoureuses apostrophes contre cette partie du pacte social que Rousseau résume ainsi dans un autre ouvrage : « Vous avez be-
» soin de moi, car je suis riche et vous êtes pauvre; faisons
» donc un accord entre nous : je permettrai que vous ayez
» l'honneur de me servir, à condition que vous me donnerez

---

(1) « O homme! de quelque contrée que tu sois, quelles que soient tes
» opinions, écoute; voici ton histoire..... Il y a, je le sens, un âge auquel
» l'homme individuel voudroit s'arrêter : tu chercheras l'âge auquel tu dési-
» rerois que ton espèce se fût arrêtée. Mécontent de ton état présent par des
» raisons qui annoncent à ta postérité malheureuse de plus grands mécon-
» tentemens encore, peut-être voudrois-tu *rétrograder*; et ce sentiment doit
» faire l'éloge de tes premiers aïeux, la critique de tes contemporains, et
» l'effroi de ceux qui auront le malheur de vivre après toi. » (*Discours sur l'origine et les fondemens de l'inégalité parmi les hommes.*)

» le peu qui vous reste pour la peine que je prends de vous
» commander (1). » Eh bien! toute recherche en ce sens
serait vaine; une seule petite note, à la fin du chapitre 9
du livre I, nous montre l'idée la plus large que ROUSSEAU
ait conçue de la répartition de la propriété; il l'exprime
ainsi : « Les lois sont toujours utiles à ceux qui possèdent,
» et nuisibles à ceux qui n'ont rien : d'où il suit que l'état
» social n'est avantageux aux hommes qu'autant qu'ils
» ont tous quelque chose, et qu'aucun d'eux n'a rien de
» trop (1). » Mais ROUSSEAU s'est-il attaché à l'application de
cette idée, et à rechercher quelle serait l'organisation politique qui remplirait le mieux cette condition ? Non, son
Contrat Social n'en dit rien.

Une assez légère modification à cette note aurait pu le
mettre sur la voie : si au lieu d'écrire, *les lois sont toujours
utiles à ceux qui possèdent*, il avait dit, *les lois sont toujours
utiles à ceux qui les font*, il aurait pu ajouter de suite,
comme conséquence : donc, lorsque les lois sont faites *par*
et *pour* les hommes qui *ne font rien*, elles sont nuisibles à
ceux qui *travaillent;* et alors, continuant, il en aurait
conclu que, si *les travailleurs* faisaient les lois, ils ne constitueraient pas la propriété de la même manière et dans le
même but que *les oisifs*. Mais la propriété était une institution
née des progrès de la civilisation, il n'en fallait pas plus pour
que ROUSSEAU la maudît, et ne cherchât même point à la
perfectionner. Qu'on ne nous accuse pas de lui prêter des
sentimens qu'il n'avait pas; il les a lui-même proclamés
dans cette phrase célèbre : « Le premier qui, ayant enclos

---

(1) *De l'Économie politique;* article inséré dans l'*Encyclopédie.*
(2) *Du Contrat Social.*

» un terrain, s'est avisé de dire *ceci est à moi*, et trouva des
» gens assez simples pour le croire, fut le vrai fondateur de
» la société civile. Que de guerres, de crimes, de meurtres,
» que de misères et d'horreurs n'eût pas épargnées au genre
» humain celui qui, arrachant ces pieux, et comblant le
» fossé, eût crié à ses semblables : Gardez-vous d'écouter
» cet imposteur; vous êtes perdus si vous oubliez que les
» fruits sont à tous et que la terre n'est à personne! »

Il nous serait facile de prouver, par une foule de citations, que Rousseau *haïssait* l'institution de la propriété et les avantages qu'elle procure aux *oisifs*, qu'il appelle tout crûment, dans *Émile*, des *voleurs*; mais, rencontrer dans tout son ouvrage une phrase où l'on puisse reconnaître un moyen de *répartir*, d'une manière utile à la société, *cette terre commune à tous*, nous ne craignons pas d'affirmer que cela est impossible.

Les écrivains de second ordre, qui se sont traînés sur les pas de Montesquieu et du misanthrope de Genève, n'ont fait que commenter et paraphraser leurs maîtres; ils ont attaqué en détail, et démoli pièce à pièce l'édifice du passé, et quand leur tâche a été complétement consommée, en 1793, ils ont montré au monde leur impuissance pour reconstruire sur des bases nouvelles.

On devrait s'attendre, en lisant l'*Encyclopédie*, ce puissant lévier de la philosophie critique, à y trouver quelques idées *révolutionnaires* sur la propriété, c'est-à-dire des principes destructifs de son ancienne constitution. Loin de là, le légiste qui a rédigé les articles sur ce sujet, la défend avec chaleur; mais contre qui? Contre les partisans de la *communauté* des biens, et il entend par là l'*égalité* de partage. Il plaisante Platon, Morus, Campanella; il ne sort pas de ce dilemme : *ou la propriété telle qu'elle existe* est avantageuse, ou la communauté des biens est préférable. Comme s'il ne restait qu'à choisir; comme s'il n'y avait que ces deux manières de concevoir la distribution des instrumens de travail.

Grotius et Puffendorf ne pouvaient manquer de figurer dans de pareils articles; le rédacteur pense comme eux, que la propriété résulte d'une *convention sociale;* mais il n'examine pas plus qu'eux, si cette convention est ou n'est pas susceptible de perfectionnement, si elle est la même à toutes les époques de civilisation : c'était là cependant le point capital, car la société touchait au moment d'une grande révolution; il fallait donc préparer les *conventions* nouvelles par lesquelles elle devait bientôt consolider sa régénération.

Enfin parut le grand applicateur des théories politiques du XVIII° siècle. Mirabeau n'eut, pour ainsi dire, qu'à souffler sur le passé, pour le faire disparaître; mais il n'alla pas plus loin que ses maîtres, et son dernier soupir respecta l'héritage (1); cependant, les foudres de son éloquence, frappant sur les privilégiés des *familles,* ne tombaient-elles pas sur les privilégiés de la *société?* « Pourquoi, » disait-il, consacreriez-vous à l'oisiveté, au déréglement » (ce qui est souvent la même chose), ces *privilégiés des*

---

(1) Voici ce que disait Mirabeau, dans le discours lu après sa mort par M. de Talleyrand, le 5 avril 1791 : « Rien n'empêche, si l'on veut, qu'on » regarde les biens comme rentrant *de droit,* par la mort de leur posses- » seur, dans le domaine commun, et retournant ensuite *de fait,* par la vo- » lonté générale, aux héritiers que nous appelons *légitimes....;* la société » a senti que, pour transférer les biens d'un défunt, hors de sa famille, il » faudrait *dépouiller* cette famille pour des étrangers, et qu'il n'y aurait, à » cela, ni *raison,* ni *justice,* ni *convenance.* »

» *familles*, qui se croient, par leur fortune, faits unique-
» ment pour les plaisirs? Pourquoi, pour favoriser un ma-
» riage qui ne flatte souvent qu'un vain orgueil, en empê-
» cheriez-vous plusieurs qui pourraient être fortunés?
» Pourquoi consacreriez vous au célibat plusieurs enfans
» de la même *famille*, en faisant dévorer par un seul d'entre
» eux l'établissement de tous les autres (1)? »

Si les esprits n'avaient pas été absorbés par le besoin de détruire l'*inégalité* des priviléges de la naissance, il aurait été facile de reconnaître, dans ces paroles de Mirabeau, une condamnation manifeste du principe de l'héritage, principe si *raisonnable*, si *juste*, si *convenable* selon lui. N'est-ce pas, en effet, l'héritage qui donne naissance à une classe d'hommes faits uniquement pour le plaisir? n'est-ce pas lui qui fait dévorer par quelques enfans privilégiés de la *grande famille*, une richesse qui, mieux répartie, servirait à l'établissement de tous les autres?

La sollicitude de Mirabeau pour les hommes forcément condamnés au célibat, nous rappelle les efforts faits par quelques économistes (MM. Malthus et De Sismondi), pour prouver aux êtres disgraciés, dès leur naissance, par la fortune, qu'ils ne sont pas faits pour jouir des plaisirs si doux de la famille. Ces écrivains font, pour la défense de la propriété actuelle, un raisonnement qu'on pourrait employer au soutien des institutions les plus inhumaines. Ils disent : la répartition actuelle de la propriété condamne le *prolétaire* (quelle barbare dérision renferme ce mot!) à la

---

(1) En substituant dans cette phrase le mot de société à celui de famille, on aurait une critique aussi forte que vraie de la constitution de la propriété *par droit de naissance*.

misère, s'il se marie; *donc* il doit vivre isolé dans le monde, sans compagne pour partager ses souffrances, sans enfans qui lui fassent connaître l'espérance, et qui l'attachent à un avenir.

En proclamant le droit de primogéniture, le moyen âge avait, au moins, su compenser l'absence des richesses par la plus riche dot qu'une âme aimante pût alors ambitionner; il consacrait l'union la plus pure, la plus indissoluble, lorsqu'il vouait au culte les *vierges* déshéritées, lorsqu'il ouvrait de pieuses et *pacifiques* retraites aux jeunes fils d'un baron, tandis que l'héritier de son nom en soutenait la gloire sur les *champs de bataille*. Il présentait un avenir sans limites, une espérance infinie, à ces enfans chéris de Dieu et de l'Église; disons plus, il leur faisait regarder sans envie, avec dédain même, quelquefois avec horreur, cette gloire mondaine, toujours avide, presque toujours sanguinaire, pour laquelle se déchiraient les privilégiés de la féodalité.

Que font aujourd'hui, pour les malheureux prolétaires, déshérités au profit des *premiers nés* de la grande famille, les hommes qui les condamnent au célibat? Rien: la misère, l'isolement, le désespoir, la mort, voilà le terme de leurs maux, voilà leur avenir. Hélas! ce n'est pas assez encore, M. Malthus et ses élèves ne prouvent-ils pas à la charité qu'elle doit refuser ses secours et même un abri à la misère!!

Hâtons-nous de sortir de l'atmosphère glaciale où rêvent les économistes, revenons à Mirabeau.

La célèbre discussion qui s'éleva sur la propriété, dans l'assemblée nationale, nous offre une foule d'exemples de contradictions semblables à celle que nous venons de signaler; elles ne sauraient étonner, lorsqu'on les trouve dans les opinions révolutionnaires ou critiques, puisque le principe qui les dirigeait était celui du nivellement et de l'égalité, principe *contradictoire* avec l'organisation humaine ; mais telle est l'influence de ces grandes époques de désordre, désignées par nous sous le nom d'époques critiques, qu'elles portent la confusion dans tous les esprits, même dans ceux qui soutiennent avec le plus de force l'*ordre* social qui va disparaître.

Ecoutons le plus brillant, le plus chaud défenseur du passé, exhalant son dédain, son mépris, pour l'ignorance des législateurs improvisés de 1791 :

« Il n'est pas un paysan, s'écrie CAZALÈS, qui ne vous
» apprenne ce que vous ignorez, je veux dire, ce principe
» d'après lequel *celui qui n'a pas cultivé n'a pas le droit de*
» *recueillir les fruits !* Loin d'avoir son origine dans le système féodal, ce principe a pour base que la propriété
» est fondée *sur le travail*, principe trop juste, trop sage
» pour avoir été connu par vos comités. »

Et quelle conclusion CAZALÈS tire-t-il de ce grand principe ? Comment y conformera-t-il la constitution de la propriété ? Quelles lois demande-t-il pour en régler la transmission ? Le droit romain ! Dans quel but d'ailleurs cet orateur remontait-il au grand principe, si juste et si sage, d'après lequel celui qui n'a pas cultivé n'a pas le droit de recueillir les fruits ? Il voulait prouver que *les filles n'avaient pas le droit d'hériter :* mais il ne songeait pas que son principe, bien plus général que le cas particulier qui était en discussion, repoussait, du partage des richesses, tout homme incapable de les faire fructifier *par son travail*, et répartissait même ces richesses entre les travailleurs seuls, et uniquement en raison de leur capacité, *quelle que fût leur naissance.*

Les réédifications bâtardes essayées par nos premières assemblées délibérantes s'écroulaient chaque année. L'égalité y voyait toujours un sommet qui la fatiguait, et qu'elle s'efforçait sans cesse de rapprocher de la terre : bientôt parurent les absurdes projets de *loi agraire*, d'égalité des biens, et, il faut le dire à la louange de leurs auteurs, ils étaient les plus forts logiciens du temps, ils poussaient jusqu'à leurs dernières conséquences le principe de la philosophie critique qui avait passé le *niveau* sur toutes les anciennes supériorités sociales : celles-ci une fois abattues, comme il n'y avait aucune théorie qui donnât le moyen d'en instituer de nouvelles, l'*égalité* absolue était une déduction logique d'une rigueur incontestable.

Nous nous exprimons avec une entière franchise sur ce sujet, parce que nous sentons combien il est naturel, après avoir écouté si souvent les rêveries de l'égalité, de penser, lorsqu'on entend émettre des idées sur un changement dans la constitution de la propriété, que la personne qui les annonce finira par *accoucher* de LA LOI AGRAIRE; et quoiqu'il suffise d'un examen peu approfondi, pour voir que la doctrine de SAINT-SIMON ne saurait enfanter une pareille absurdité, nous ne croyons pas inutile de la repousser quand l'occasion s'en présente.

Lasse des efforts constituans des niveleurs, la France se rejeta bientôt dans le droit romain et les institutions féodales; mais nous ne fixerons pas notre attention sur ce retour involontaire vers le passé; heureusement on en est venu, aujourd'hui, au point de dire que le régime impérial était tout simplement un recommencement de l'ancien régime. Nos publicistes regardent déjà cette époque comme une véritable rétrogradation, nécessaire cependant, pour sortir de la tourmente révolutionnaire, et entrer dans le port constitutionnel.

Il ne nous reste donc plus à examiner que la doctrine des publicistes *libéraux* sur la constitution de la propriété. Ici notre tâche va se réduire à bien peu de chose; car nous ne connaissons pas un seul ouvrage où l'on ait recherché de quelle manière la propriété devait être constituée pour faciliter les rouages du mécanisme constitutionnel, c'est-à-dire où l'on soit remonté au principe d'ordre qui peut légitimer aujourd'hui ce dernier *privilège* de la naissance. Et cependant, la propriété joue un bien grand rôle dans notre politique. Pour être digne de représenter les intérêts de l'*industrie*, de provoquer un bon système de *législation*, ou une *éducation* publique, meilleure que celle donnée par les jésuites, il faut posséder un *fief* assez considérable; pour assister nos juges, de peur qu'ils ne se trompent ou ne nous trompent, il faut avoir au moins un *manoir*. Or nous concevons parfaitement, qu'au moyen âge, par exemple, où l'on ne demandait aux *véritables représentans* de la nation que de donner les meilleurs coups de sabre, on allât les chercher dans les châteaux, dans les manoirs, car c'était là que se trouvaient les épées des bons capitaines. Des raisons semblables existent-elles aujourd'hui? la base fiscale de nos capacités politiques est-elle réellement légitimée? Nous émettons simplement un doute, et nous pensons bien que parmi les adversaires que nous rencontrerons, il s'en trouvera beaucoup qui s'empresseront de nous prouver que les propriétaires *oisifs* sont d'excellens directeurs d'une société de *travailleurs*, et qu'avec quelques jésuites de moins, l'âge d'or serait réalisé; mais nous nous félicitons d'avoir provoqué cette *démonstration*, on aura du moins cherché à légitimer une de nos plus importantes institutions ; on aura mis, comme on veut le faire pour toutes les parties de nos codes, la législation relative à la propriété en harmonie avec l'esprit de la Charte. Alors, nous pourrons dire que nous connaissons les principes sur lesquels on appuie, dans un système constitutionnel, l'utilité sociale de la propriété actuelle ; nous saurons enfin comment la transmission de la propriété *par la naissance*, si naturelle sous l'empire de la *féodalité*, dont elle était la conséquence et le soutien, est une institution convenable pour une société qui prétend avoir triomphé de la féodalité.

Nous déclarons, sans crainte d'avouer notre ignorance, que, jusqu'à présent, nous n'avons rien trouvé de semblable dans les nombreux écrits qui, depuis quinze ans, ont été publiés sur la législation et la politique.

On nous opposera, sans doute, les travaux du grand légiste anglais, qui s'est efforcé de ramener toutes les lois à un seul principe. Nous sommes trop admirateurs de BENTHAM pour passer ses travaux sous silence. Il a bien vu que c'était seulement par leur *utilité* qu'on pouvait légitimer les institutions, et ce premier pas est fort grand, sans doute, mais il ne suffit pas, il recule simplement la difficulté, puisqu'il faut encore définir ce qu'on doit entendre par l'*utilité sociale*. Et, en effet, on conçoit, comme nous l'avons déjà dit, que l'esclavage ait été une chose *utile*, même pour l'esclave, lorsque l'on songe qu'il a succédé à la destruction barbare des vaincus, disons plus, à l'anthropophagie (1) ; faut-il, pour cela, rétablir l'esclavage ?

---

(1) SAINT AUGUSTIN, dans *la Cité de Dieu*, confirme ce fait par l'étymologie de *servus, servare* ; l'histoire permet d'ailleurs de le vérifier facilement.

Bentham a cru avoir fait la plus précieuse découverte en disant que le principe général des lois était l'*utilité*, parce qu'il n'a pas vu que toutes les sociétés, quand elles sont dans la vigueur de leur constitution, apparaissent aux citoyens comme étant régies par une législation en parfaite harmonie avec leurs besoins, ou, en d'autres termes, que cette législation paraissant aux peuples, ainsi que leurs chefs, la conception d'ordre social la plus *utile*, excite alors au plus haut degré l'amour et le dévoûment de tous les citoyens. Il semblerait en lisant Bentham que les législateurs du passé se sont toujours récréés à faire des lois qu'ils jugeaient indifférentes ou *inutiles*. Dire que le principe général des lois doit être l'*utilité*, c'est seulement exprimer, en termes détournés, qu'au moment où l'on parle il existe beaucoup de lois *inutiles* ou nuisibles, c'est-à-dire qui ont cessé d'être en harmonie avec la société agitée par de nouveaux besoins et dégoûtée des habitudes et des sentimens pour lesquels ces lois avaient été faites.

« L'utilité, dit Bentham, est la tendance d'une chose » à préserver de quelque mal ou à procurer quelque bien. » Qu'est-ce donc que le bien et le mal? Qu'est-ce que la peine et le plaisir? Bentham répond : « C'est ce que *chacun* » sent comme tel, le paysan ainsi que le prince, l'ignorant » ainsi que le philosophe. Point de subtilité, point de mé- » taphysique; il ne faut consulter pour cela ni Platon ni » Aristote. » Telles sont les *définitions* que nous donne le légiste anglais (1). Mais quelques lignes plus bas, il se charge lui-même de venger Aristote et Platon de la lé-

---

(1) *Traité de Législation civile et pénale*, tome I, p. 4.

gèreté dédaigneuse avec laquelle il vient de prononcer leur grand nom. « Si le partisan du principe de l'utilité trou- » vait, dit-il, dans le catalogue banal des vertus, une action » dont il résultât plus de peines que de plaisirs, il ne s'en » laisserait pas imposer par l'erreur générale, etc. » Ainsi, l'opinion du paysan et de l'ignorant sur le bien et le mal peut donc être rectifiée. Mais ces *partisans* de l'*utile* qui *découvrent* les *premiers* qu'une chose regardée jusqu'alors comme utile est nuisible, ce ne sont pas, sans doute, des hommes ordinaires : ce sont les *princes* du vaste royaume de l'intelligence, ce sont des Socrate, des Aristote, des Platon; ce sont surtout ces hommes vraiment divins, qui signent de leur sang un nouveau *code de morale*, destiné à régénérer les sentimens de l'humanité tout entière.

Bentham a-t-il fait de pareilles découvertes? Les limites dans lesquelles nous devons nous renfermer ici nous dispensent de rechercher si, en effet, de nouveaux plaisirs, de nouvelles peines, des vices et des vertus inconnus du passé, ont été signalés par ce légiste; nous devons nous borner à examiner l'application qu'il a faite du principe de l'utile à la propriété.

Un seul exemple nous suffira.

Après le décès d'un individu, comment convient-il que ses biens soient distribués? Bentham répond : « Le légis- » lateur doit avoir trois objets en vue dans la loi de suc- » cession :

» 1° Pourvoir à la *subsistance* de la génération naissante;

» 2° Prévenir les peines d'*attente trompée*;

» 3° Tendre à l'*égalisation* des fortunes. »

Il nous est difficile de comprendre comment les peines d'*attente trompée* figurent dans cette nomenclature. Si un homme *attend* une succession, c'est que la législation sous l'empire de laquelle il vit la loi *promet;* or il s'agit ici de créer une législation et d'en fixer les bases. Promettra-t-elle une succession à un homme immoral, égoïste, incapable, oisif, par cela seul qu'il est *fils* de tel autre homme? Toute la question est là. Peut-être entend-on par ces mots que la nouvelle législation venant annuler des *espérances* fondées sur une législation antérieure, il est nécessaire d'user de ménagemens, d'employer un système d'*indemnité* à l'égard des personnes dont les espérances *rétrogrades* sont déçues? Alors rien de mieux, rien de plus conforme, en effet, au besoin d'ordre; mais ceci est une règle générale de prudence qui peut retarder l'adoption définitive d'une loi, et non la modifier dans son but, dans son principe.

Les deux autres articles, au contraire, semblent fondamentaux et directement applicables à la question particulière de la propriété. Eh bien! nous le demandons, y a-t-il dans leur énoncé le moindre mot qui indique que ce soient des enfans, des parens, à quelque degré que ce soit, qui doivent hériter? Pourvoir à la *subsistance* de la génération naissante, tendre à l'*égalisation* des fortunes, cela veut-il dire que tel ou tel millionnaire doive laisser toute sa fortune, ou la plus grande partie, à son fils unique, et que les nombreux enfans du pauvre doivent entrer dans le monde plus misérables encore que leur père ne l'était quand il l'a quitté?

Ce sont des *présomptions* générales, dit Bentham. Quoi! vous *présumez* que dans notre société les enfans d'un homme riche éprouveront plus de difficultés de tous genres que les fils du pauvre, pour trouver *leur subsistance!* Oubliez-vous que les premiers sont en position de recevoir une éducation que les autres n'ont ni le temps ni les moyens de se procurer? Où l'éducation n'est pas la plus forte présomption de bien-être, où les riches donnent une mauvaise éducation à leurs enfans : or ces deux hypothèses tiennent à la même cause. L'éducation ne sert presque à rien lorsque la propriété est constituée de telle sorte qu'on puisse l'acquérir, le plus généralement, *sans travail*; et les riches donnent une mauvaise éducation à leurs enfans, lorsque ceux-ci apprennent de bonne heure qu'avec l'or de leurs pères ils sauront tout un jour sans avoir jamais rien appris.

Mais cette présomption, quant aux subsistances, est encore moins *conjecturale* que l'autre. En effet, si, dans les successions, le législateur doit avoir en vue l'*égalisation* des fortunes, pourquoi faire passer tous les biens aux parens du riche, et n'en pas répartir la plus grande partie aux enfans des pauvres?

Cette discussion prouve suffisamment, selon nous, que BENTHAM lui-même, en cherchant à établir un des principes généraux de législation, n'a pas su se défendre de l'influence des mots. En prononçant celui de *succession*, il n'a pas pu le séparer du fait que ce mot représente dans nos sociétés modernes.

Succéder, ce n'est cependant que *remplacer*; or, pour remplacer un homme occupé d'un travail quelconque, il est *utile* que le remplaçant satisfasse à certaines conditions de *capacité*; pour succéder à un propriétaire il suffit d'être son plus proche parent. Si le grand *partisan du principe de l'utilité* s'était aperçu de cette différence, s'il avait examiné d'où elle provient, il aurait vu qu'elle résulte de ce que, pour être propriétaire, il n'est pas indispensable que l'on soit *capable de faire quelque chose*; alors sans doute il aurait bravé l'erreur générale, et déchirant cette page du *catalogue banal* des choses *utiles*, il aurait déclaré *vicieux* nos préjugés sur l'héritage; car un homme que l'on nourrit dans l'abondance, *quoiqu'il ne sache rien faire*, doit être aux yeux d'un *utiliste* une *nuisible* superfluité.

Les esprits les plus élevés n'échappent pas à de pareilles erreurs, lorsque luttant contre un système politique usé ils n'ont pas encore conscience du système qui doit le remplacer.

Ainsi M. Destutt de Tracy s'étonne (1) de ce que l'on ait constamment instruit le procès de la propriété. « Il » semble, dit-il, à entendre certains philosophes et cer- » tains législateurs, qu'à un instant précis on a imaginé, » et spontanément et sans cause, de dire *mien* et *tien*. » Si M. Destutt de Tracy s'était rappelé qu'on ne dit plus *mon* esclave, il se serait convaincu que ces procès intentés au pronom possessif ne sont pas toujours de pures récréations philosophiques. D'ailleurs ces mots *mien* et *tien* ne préjugent en rien la question de l'héritage. Pourquoi cet objet, qui est *mien* aujourd'hui, sera-t-il *tien* un jour ? Ou autrement, pourquoi cet objet est-il *mien* ? Est-ce parce que mon travail l'a produit, ou bien parce que mon père l'a fait ou l'a volé ?

M. de Tracy a bien senti que ces questions méritaient des solutions. Voici celle qu'il donne (2) : « Une des con- » séquences des propriétés individuelles est, sinon que le » possesseur en dispose à sa volonté après sa mort, *c'est-* » *à-dire* (3) dans un temps où il n'aura pas de volonté,

---

(1) *Économie politique*, chap. VIII, Introduction.
(2) *Ibid.*, Distribution des richesses.
(3) Remarquons bien la valeur de ce *c'est-à-dire*, parce que c'est un sa-

» du moins que la loi détermine, d'une manière générale,
» à qui elles doivent passer après lui; et il est naturel que
» ce soit à ses proches; alors hériter devient un moyen
» d'acquérir, et, qui plus est, ou plutôt qui *pis est*, un
» moyen d'acquérir *sans travail*. »

Cette phrase est, comme on le voit, dans sa dernière partie, une critique assez nette de l'héritage. Une chose *naturelle* qui produit un résultat évidemment *mauvais*, c'est ce qu'on pourrait appeler une maladie de l'humanité, un mal nécessaire, un de ces *ulcères inévitables*, comme s'exprime M. J.-B. SAY en parlant des gouvernemens. Mais cette maladie est-elle donc incurable? Tient-elle réellement, comme le pense M. DE TRACY, à *la nature de l'homme?* Nous ne le croyons pas; et en effet pour la guérir il suffirait de déterminer par la loi, d'une *manière générale*, que l'*usage* d'un atelier ou instrument d'industrie passerait toujours, après la mort ou la retraite de celui qui l'employait, dans les mains de l'homme *le plus* CAPABLE *de* REMPLACER *le* DÉFUNT. Ce qui serait tout aussi *rationnel* pour des sociétés civilisées, que la SUCCESSION *par droit de* NAISSANCE l'a paru à des sociétés barbares.

RÉSUMÉ.

Nous avons fait voir que les économistes, les légistes, et en général tous les théoriciens politiques, n'avaient produit aucune idée neuve pouvant servir, soit à légiti-

---

vant *positif* qui parle, un savant qui connaît la mort et la volonté, et qui est bien *sûr* que celle-ci cesse quand l'autre arrive.

mer dans nos sociétés modernes (si différentes sous tous les rapports de celles que nous étudions dans l'histoire) la transmission féodale *par droit de naissance* de la propriété, soit à la reconstituer sur des bases conformes aux besoins actuels et futurs de l'humanité. Il nous importait d'appeler l'attention sur ce fait en même temps que nous énoncions et développions les vues de l'école de Saint-Simon sur la propriété. Nous voulions, par là, mettre en garde nos auditeurs contre les objections qui s'élèveront probablement dans leurs esprits, et qu'ils pourraient considérer comme leur étant suggérées par des doctrines bien plus élevées que celles qui régissaient la société féodale, ou les peuples chez lesquels existait l'esclavage; ils se tromperaient, ce sont les mêmes; nos philosophes, nos publicistes vivent toujours sur le passé.

Lorsque nous combattons la propriété par droit de conquête, par droit de naissance, nous luttons contre l'antiquité et contre le moyen age avec la propriété de l'avenir, c'est-à-dire avec celle qui sera légitimée par la capacité seule, avec celle qui sera acquise par le travail *pacifique* et non par la guerre et la fraude, par le *mérite personnel* et non par la *naissance*; alors ce nouveau droit de propriété transmissible, mais seulement comme se transmet le savoir, sera respectable et respecté; car avec lui les habitudes, les passions anti-sociales connaîtront seules la *honte* et la *misère*, tandis que l'*opulence* et la *gloire* formeront le noble *apanage* du travail, du dévoument et du génie.

NEUVIÈME SÉANCE.

ÉDUCATION.

ÉDUCATION GÉNÉRALE OU MORALE. — ÉDUCATION SPÉCIALE OU PROFESSIONNELLE.

Messieurs,

Nous venons de vous présenter les vues les plus générales de l'école de Saint-Simon sur la transformation que doit subir la propriété et sur l'organisation future du travail industriel; nous sommes loin, sans doute, d'avoir épuisé ce sujet; plus tard nous aurons de nouveaux développemens à lui donner; mais, pour le moment, nous croyons que le plus sûr moyen d'en faciliter l'intelligence est de continuer, sur d'autres points non moins importans, l'exposition de la doctrine de notre maître.

On ne saurait, nous l'avons déjà dit, séparer les idées qui se rapportent à l'avenir de la propriété de l'ensemble auquel elles appartiennent; quand l'ensemble aura été présenté en entier il sera facile à tout le monde de ressaisir ces idées et de leur donner le complément qu'elles exigent : nous-mêmes, d'ailleurs, aurons occasion d'y revenir.

Un nouveau sujet nous occupera aujourd'hui ; nous parlerons de l'*éducation*.

En nous livrant à l'examen de ce grand fait social, nous répondrons indirectement à quelques-unes des objections qui nous ont été adressées sur la propriété, objections qui n'ont pas eu pour but de contester la justice et l'utilité d'une institution par laquelle les ateliers et instrumens de travail seraient confiés aux hommes les plus capables de les mettre en œuvre, mais qui portaient seulement sur les difficultés que présenterait la réalisation de ces changemens, c'est-à-dire la transformation radicale de l'ordre social actuel du point de vue *économique*. Toutes ces objections tiennent évidemment à la difficulté de concevoir le moyen de familiariser la *conscience publique* avec le réglement d'ordre social reconnu *juste* et *utile* par les hommes les plus MORAUX, les plus *éclairés*, et les plus *intéressés* aux progrès de la *richesse* sociale ; or ce moyen sera, comme il a toujours été à toutes les époques organiques de l'humanité, *l'éducation*.

Dans l'acception la plus générale du mot, l'éducation doit s'entendre de l'ensemble des efforts employés pour approprier chaque génération nouvelle à l'ordre social auquel elle est appelée par la marche de l'humanité.

La société de l'avenir, avons-nous dit, sera composée d'*artistes*, de *savans* et d'*industriels* ; il y aura donc trois sortes d'éducations, ou plutôt l'éducation sera divisée en trois branches, qui auront pour objet de développer : l'une, la *sympathie*, source des *beaux-arts* ; l'autre, la faculté *rationnelle*, instrument de la *science* ; la troisième enfin, l'activité *matérielle*, instrument de l'*industrie*.

Et comme la société ne présente la triple face de *beaux-*

arts, *science* et *industrie*, que parce que les individus qui la composent possèdent chacun les trois facultés dont le développement prédominant d'une seule constitue l'*artiste*, le *savant* ou l'*industriel*; comme chaque individu, quelle que soit sa tendance spéciale, n'en est pas moins toujours *aimant*, doué d'*intelligence* et d'*activité matérielle*, il en résulte que tous seront l'objet d'un triple enseignement depuis leur enfance jusqu'à leur classement dans les trois grandes divisions du corps social; et que, là encore, chacune de ces divisions de la génération active continuera son éducation *morale*, *intellectuelle* et *physique*, selon le but spécial qu'elle se proposera d'atteindre.

Ainsi, éducation de la génération naissante divisée en trois branches, et continuation de cette triple éducation dans chacune des trois grandes divisions de la génération active: tel est le principe qui servira de base à l'organisation future de l'*éducation*.

En ce moment, nous ne pourrions prendre ce principe pour point de départ de notre exposition sans rompre brusquement l'enchaînement d'idées que doivent suivre vos esprits, pour passer progressivement de l'état *actuel* des choses à celui de l'*avenir*, pour franchir le cercle des *sentimens*, des *idées* et des *intérêts* au milieu duquel nous vivons, et entrer dans celui que SAINT-SIMON a tracé pour la société future; nous devons d'abord chercher l'ordre et le langage *transitoires* les plus propres à faciliter l'intelligence des vues que nous avons à vous présenter sur le sujet important qui nous occupe.

Avant donc de traiter ce sujet d'une manière complète, et afin même de hâter le moment où il devra l'être, nous examinerons l'éducation sur le terrain et dans les termes qui vous sont familiers.

De ce point de vue on peut considérer l'éducation sous un double aspect : 1° comme ayant pour objet d'initier les individus aux rapports de la vie sociale ; d'inculquer dans *chacun d'eux* le sentiment, l'amour de *tous* ; de réunir *toutes* les volontés en *une seule* volonté, *tous* les efforts vers *un même* but, le but social : c'est là ce qu'on peut nommer l'*éducation générale* ou *morale*.

2° Comme ayant pour objet de transmettre aux individus les connaissances spéciales qui leur sont nécessaires pour accomplir les divers ordres de travaux sympathiques ou poétiques, intellectuels ou scientifiques, matériels ou industriels, auxquels les besoins sociaux et leur propre capacité les appellent ; c'est là ce qu'on peut appeler l'éducation *spéciale* ou *professionnelle* (1).

Cette dernière branche de l'éducation est la seule dont on s'occupe aujourd'hui ; c'est la seule que l'on ait généralement en vue lorsqu'on parle de l'éducation ; nous aurons à montrer combien, même sur ce sujet borné, les idées dominantes aujourd'hui sont fausses et incomplètes ; mais d'abord nous nous occuperons de l'ÉDUCATION MORALE.

Celle-ci est à peu près entièrement négligée ; elle n'a point de place dans les discussions auxquelles le public prend intérêt : si quelques tentatives annoncent l'intention de la réorganiser, de nombreuses répugnances se manifes-

---

(1) On voit, dès à présent, que l'un des plus grands délits contre la société serait à nos yeux de contraindre les *vocations* individuelles ; ce qui est inévitable, quel que soit l'amour que l'on professe pour la *liberté*, là où le dogme social le plus élevé n'est pas le classement *suivant les capacités*, la récompense *selon les œuvres*.

tent aussitôt ; or ces répugnances ne viennent pas de ce que les tentatives qui sont faites ne sont pas appropriées aux besoins sociaux, mais d'une prévention absolue contre la pensée même de systématiser, d'organiser l'éducation morale.

Cette répugnance s'explique aisément : tout *système* d'idées morales suppose que le *but* de la société est aimé, connu et nettement défini ; or ce but aujourd'hui est un mystère, et l'on ne croit pas même possible à l'homme de connaître avec certitude sa *destination* sociale. On tombe d'accord qu'il existe un enchaînement dans les faits physiques, on n'en admet pas dans les faits humains ; ceux-ci, même les plus généraux, sont considérés comme dépendant du *hasard*, comme subordonnés à des accidens heureux ou malheureux, mais enfin à des *accidens*, et par conséquent à des causes étrangères à la sphère de la *prévoyance*.

Cette opinion ne se manifeste pas toujours d'une manière aussi explicite ; nous voyons même surgir de temps à autre quelques *théories* politiques, et il semble que la production d'une *théorie* de ce genre soit incompatible avec la croyance à un complet désordre dans les événemens sociaux ; mais si l'on prend la peine de remonter à l'origine de ces théories, si l'on observe leur tendance, on trouvera toujours au fond l'opinion que nous signalons. Ainsi, parmi les théoriciens politiques actuels, les uns professent hardiment que l'histoire est un vaste chaos où il est impossible de découvrir aucune loi, aucune harmonie, aucun enchaînement ; d'autres pensent que chaque époque de civilisation a été soumise à une loi ; mais ces lois, aussi nombreuses que les différens peuples qui ont couvert ou qui couvrent encore la surface du globe, n'ont point de *lien* qui les unisse : elles ne rendent aucun compte du progrès *général* de la société humaine; enfin, si quelques esprits plus rigoureux cherchent à trouver, dans les progrès accomplis jusqu'à ce jour, la révélation de ce que nous réserve l'avenir, ils arrivent précisément, sur le sujet qui nous occupe, à cette conclusion, que systématiser, organiser, ordonner l'éducation morale, ce serait rétrograder vers l'état social le plus arriéré, vers la barbarie du moyen âge ou le despotisme oriental. Dès lors il ne faut pas s'étonner de l'indifférence profonde où nous vivons relativement à l'éducation morale, et de l'effroi même que cause toute tentative de la systématiser : avec la persuasion qu'il est impossible de *prévoir* l'avenir de la société, il est naturel que l'on ne s'occupe pas d'imprimer une *direction* aux esprits; et si l'on réfléchit que l'opinion la plus généralement répandue est que les hommes qui jusqu'ici ont dirigé les masses ont toujours nui à leur développement, on reconnaîtra qu'il est même naturel de repousser avec horreur toute direction de cette nature qui, dès lors en effet, ne doit plus se présenter que comme un despotisme égoïste, ignorant et brutal.

Que si l'on demandait cependant si l'homme a des devoirs à remplir envers ses semblables, envers la société dont il est membre, si sa position personnelle ne lui en impose point de particuliers, comme les devoirs de famille ou de profession; peu de personnes, sans doute, hésiteraient à répondre affirmativement : mais demandez ensuite comment l'homme acquerra la connaissance de ces devoirs, comment il développera son amour pour leur accomplissement, comment il sera déterminé à les remplir; interrogez sur ce point nos théoriciens, publicistes ou philosophes, et, selon les nuances qui les séparent, ils vous répondront que la meilleure règle de conduite pour chaque individu, dans les différentes circonstances où il est appelé à agir, lui est toujours clairement indiquée par la *nature* même de ces circonstances; que d'ailleurs, l'équilibre que se font entre elles les forces *individuelles* dirigées vers un même but, l'amélioration de leur condition *particulière*, doit suffire, dans la plupart des cas, pour forcer chacun à renfermer son action dans les limites convenables; et qu'enfin la législation saurait bien *contraindre* ceux que ce moyen ne suffirait pas pour y *maintenir*.

Ce qu'il y a de remarquable, c'est que les hommes qui s'en réfèrent ainsi à la législation ne s'inquiètent pas d'où doivent venir et le législateur et son mandat. Ce qui n'est pas moins étonnant, c'est qu'en admettant qu'il soit permis d'imprimer, au moins négativement, une *direction* à la société par la législation, puisque celle-ci vient rectifier les *écarts* qu'elle *juge* dangereux, ils ne soient point conduits à admettre qu'il peut être permis de lui en donner une par l'éducation.

D'autres répondront que chacun porte dans *sa raison* individuelle le moyen de connaître ses devoirs, et qu'il a dans les impulsions de *sa conscience* une sanction suffisante des prescriptions de *sa raison*, un mobile assez puissant pour être toujours déterminé à agir conformément à la *justice* et à la *vérité*. Il semble, d'après eux, qu'il suffit à l'homme d'être mis matériellement en contact avec la société, pour qu'à l'aide de *sa raison*, de *sa conscience* et de sa *liberté*, il puisse aussitôt l'embrasser dans son ensemble et dans ses détails, et comprendre toutes les obligations qu'elle lui impose; sentir enfin en lui-même le désir, la volonté, la puissance de les accomplir. Or ceci revient, en définitive, à prétendre que les faits les plus compliqués, ceux dont l'appréciation exige les connaissances les plus étendues, l'attention la plus soutenue, la disposition de cœur et d'esprit la plus rare (c'est-à-dire celle qui permet à l'homme de sortir de la sphère de l'individualité pour se placer dans celle de la société, de l'humanité tout entière, que ces faits, enfin, sont précisément ceux pour l'intelligence et la pratique desquels l'éducation et l'*apprentissage* sont le moins nécessaires.

Observons encore que ces diverses opinions, professées exclusivement par les partisans de la *liberté*, ont nécessairement pour résultat d'introduire la *violence* comme seul moyen d'ordre dans la société : cette conséquence, qui ressortit directement à l'opinion qui abandonne à l'antagonisme des *forces* individuelles et à la législation *répressive* le soin de régler les actions de chacun, ne ressortit pas moins à l'autre opinion, qui considère la *raison* et la *conscience* INDIVIDUELLES comme l'unique source légitime de la morale *sociale* ; puisque les *individus*, étant évidemment incapables de concevoir spontanément l'ordre *général* de la société et les devoirs qui en résultent pour chacun de ses membres, et par conséquent pour eux-mêmes, le seul moyen propre à les maintenir dans la ligne convenable est encore la législation pénale, c'est-à-dire toujours la force, la violence.

Nous pouvons apprécier la valeur réelle de ces deux opinions, puisque, par le fait, elles ont à peu près reçu toute leur application. En effet, sauf quelques habitudes morales très-affaiblies, qui s'affaiblissent chaque jour davantage, habitudes dont la société est redevable à l'enseignement de l'église catholique, mais qui se transmettent aujourd'hui à peu près machinalement, les seuls moyens d'ordre sont ceux qui résultent de l'équilibre des forces individuelles, et (dans le cas où le désordre est par trop flagrant) de la sanction de la loi, par les amendes, la prison et le bourreau. Or ces moyens n'ont évidemment, par eux-mêmes, qu'une valeur négative; ils peuvent bien prévenir quelquefois le mal, et encore dans une sphère très-restreinte, mais ce qu'il y a de certain, c'est qu'ils sont impuissans pour déterminer le bien.

Cependant, tandis que l'on attaquait avec passion, avec fureur, et l'ancienne règle morale (le *catéchisme*), et les institutions (*prédication* et *confession*) à l'aide desquelles elle pénétrait dans les esprits, quelques philosophes s'efforçaient de trouver un *criterium* d'après lequel les actions des hommes pussent être appréciées : tous leurs efforts n'ont abouti qu'à la morale de l'INTÉRÊT BIEN ENTENDU. Or, pour que ce principe pût être regardé comme efficace, en le supposant vrai, il aurait fallu que les moralistes qui l'ont établi et prêché se fussent attachés à prévoir toutes les circonstances où l'homme est appelé à agir, en ayant soin d'indiquer pour chacune d'elles la conduite prescrite par l'INTÉRÊT BIEN ENTENDU; et le livre contenant ces nouveaux *cas de conscience*, mis dans les mains de chacun, aurait été sa loi, son prêtre, son prédicateur, son confesseur, en un mot son guide; mais en général on s'est borné à dire : Entendez bien vos intérêts et tout ira pour le mieux; c'était admettre comme vrai que chaque individu est en état, et mieux en état que qui que ce soit, de saisir la relation de ses actes avec l'intérêt général, et d'en deviner la valeur jusque dans leur dernière conséquence, ce qui est évidemment absurde.

Dira-t-on que quelques hommes sont allés plus loin; que VOLNEY et quelques autres écrivains ont fait des catéchismes ? Nous ne prévoyons pas cette apologie : les idoles élevées à la gloire du siècle dernier, et même au commencement de celui-ci, ne reçoivent déjà plus l'encens des esprits éclairés, et quant aux masses, le bon sens populaire a fait justice de ces écarts de la science.

Le système de la morale de l'*intérêt bien entendu* est la négation de toute morale sociale, puisqu'il suppose que l'homme ne peut et ne doit être déterminé que par des considérations ou des inspirations purement *individuelles*, jamais par l'impulsion des sympathies *sociales*; toujours par un froid calcul (heureusement impossible à faire la plupart du temps), jamais par l'entraînement irrésistible des hommes plus moraux que lui. En admettant même que ce système pût exercer une influence réelle, cette influence se bornerait à *empêcher* les hommes de se nuire; mais telle n'est pas l'unique *obligation* qui leur soit *imposée*: ils *doivent* encore s'entr'aider, puisque leurs destinées sont enchaînées, puisqu'ils sont solidaires des souffrances, des joies les uns des autres, et qu'ils ne peuvent s'avancer dans les voies de l'amour, de la science, de la puissance, qu'en étendant sans cesse cette solidarité.

L'éducation morale est donc aujourd'hui complétement négligée, même par les hommes les plus aimés, les plus estimés du public; et, chose remarquable, ce sont les défenseurs des doctrines rétrogrades qui semblent seuls comprendre son importance. Ils s'abusent, sans contredit, sur la nature des idées à enseigner ou des sentimens à développer; et sous ce rapport les résistances qu'on leur oppose sont légitimes; mais sur la question en elle-même, sur la nécessité d'un système d'éducation morale, ils se montrent infiniment supérieurs aux esprits les plus populaires de notre temps.

Cette partie de l'éducation si négligée aujourd'hui

est cependant la plus importante; car si l'on envisage séparément, pour un moment, l'éducation qui règle les rapports sociaux et celle qui préside à la répartition du travail, c'est-à-dire au développement des capacités INDIVIDUELLES, en d'autres termes, l'éducation *générale* ou commune à tous et l'éducation *spéciale* ou professionnelle, on se convaincra bientôt qu'une lacune dans la première entraîne de bien plus graves conséquences que celles qui peuvent se rencontrer dans la seconde; et en effet, le fond des connaissances spéciales peut encore se conserver et même se perfectionner en l'absence de tout enseignement direct et régulier; il se transmet alors, pour ainsi dire, d'individu à individu, sans ordre, sans prévoyance il est vrai, mais enfin dans cet état il se conserve et s'étend même : ainsi de nos jours des progrès sont obtenus dans ce genre de connaissances, bien que l'institution chargée de les répandre soit très-défectueuse, ou que même toute prévision sociale manque à cet égard. Il n'en est pas de même des sentimens *généraux* ou *généreux*, car ces deux mots dans ce cas sont synonymes; dès que l'éducation morale vient à manquer, les liens sociaux se relâchent, et bientôt ils se rompent; il n'y a pas seulement alors pour l'humanité ralentissement, temps d'arrêt dans sa marche, mais, sous un certain point de vue, tendance rétrograde, c'est-à dire retour de la vie sociale vers la vie de famille seulement, et de celle-ci vers la vie sauvage, vers l'égoïsme le plus abrutissant. C'est dans ces momens *critiques* que l'homme, ne comprenant plus le dévoûment, l'appelle folie, mysticisme, faiblesse, ridicule; tout sentiment généreux est éteint dans son âme, et cependant alors encore on travaille avec ardeur, avec passion; mais le but de ce travail quel est-il? est-ce pour que l'humanité ne souffre plus de la misère et de l'ignorance, que l'industriel et le savant s'épuisent de sueurs et de veilles? Non, c'est pour *enrichir* le MOI, pour *éclairer* le MOI; c'est pour satisfaire des appétits physiques et intellectuels purement ÉGOÏSTES.

La seule considération de rappeler l'homme à la plénitude de son existence, à toute la dignité de son être, suffirait donc pour que l'on dût s'occuper d'abord de réorganiser l'éducation morale; mais il y a d'ailleurs à un autre point de vue, celui des travaux *spéciaux* eux-mêmes, nécessité de le faire; car pour que chaque *profession* s'exerce d'une manière conforme aux exigences d'un ordre *social* quelconque, il faut qu'il y ait *assentiment* de tous les individus en faveur de cet ordre social; il faut, en d'autres termes, que la règle sociale soit formulée et enseignée d'une manière systématique, régulière.

A ces considérations ajoutons-en une autre qui à elle seule nous paraît suffisamment condamner l'indifférence, la répugnance même, qui accueillent généralement aujourd'hui tout ce qui tend à systématiser l'éducation morale.

Les *lois* ne règlent jamais que ce qui n'a pas été réglé par l'éducation : et comment en effet concevoir la nécessité d'une action coercitive, si ce n'est pour triompher de la résistance des volontés? Or, l'objet de l'éducation est précisément, nous le répétons, de mettre les *sentimens*, les *calculs*, les *actes* de CHACUN en harmonie avec les exigences SOCIALES; l'intervention de la loi ne devient donc nécessaire que lorsqu'il y a lacune, ou défaut d'intensité dans l'enseignement moral.

Dans tous les temps, sans doute, il y aura des organisations anomales qui résisteront à l'influence de l'éducation, quelque perfectionnée que l'on puisse l'imaginer; dans tous les temps il y aura des hommes dont la *personnalité* se révoltera contre l'ordre *généralement* adopté, quelque favorable que soit cet ordre au développement de tous; mais heureusement ce ne sont que des exceptions, autrement la société ne serait pas possible; exceptions bien rares, si l'on en juge même par les époques critiques, où elles doivent être le plus fréquentes, puisqu'alors aucun ordre général n'est connu, aimé, et n'influence les actes individuels, puisqu'alors la société ne se connaît aucun *but*, et ses membres aucun *devoir*. Le dernier terme de perfection à atteindre par le développement de l'éducation, consisterait à réduire la nécessité de la contrainte législative aux seuls cas de ces funestes anomalies. L'humanité n'a pas cessé de converger vers ce but; à mesure que son développement progressif s'est opéré l'éducation morale est devenue plus directe, plus précise, elle a embrassé un plus grand nombre de cas, en les ramenant toutefois à un moins grand nombre de principes distincts, et la législation, comme force coercitive, a perdu en même temps, en proportion égale, de son importance et de sa violence.

S'opposer aujourd'hui à l'organisation de l'éducation morale, ce serait donc réellement faire rétrograder la société, puisque ce serait rendre à la force physique un rôle qu'elle tend à perdre, un rôle qui dut être le sien tant qu'il y eut des *guerriers* sur la terre, tant qu'il y eut deux sociétés dans chaque société, des maîtres et des esclaves; mais un rôle qu'elle ne saurait conserver puisque l'humanité est appelée à ne plus former qu'une seule famille, et à ne déployer ses forces que dans une direction pacifique.

DIXIÈME SEANCE.

SUITE DE L'ÉDUCATION GÉNÉRALE OU MORALE.

Messieurs,

Nous nous sommes attachés à faire sentir l'importance de l'ÉDUCATION MORALE, à faire comprendre qu'elle devait être l'objet d'une prévision sociale, d'une fonction politique; nous avons montré comment, sous ce rapport, son progrès se rattache au progrès de l'émancipation générale de l'humanité; enfin nous avons prouvé que les opinions qui repoussent aujourd'hui toute systématisation de cette partie de l'éducation ont pour tendance nécessaire de faire déchoir l'homme de sa dignité; il nous reste à exposer nos vues sur la nature, l'étendue et le mode d'action de l'éducation morale.

Le mot d'éducation ne rappelle ordinairement que la culture de l'enfance : c'est qu'effectivement cette première époque de la vie n'étant pour l'être humain qu'une préparation aux époques qui doivent la suivre, il est naturel que les idées d'éducation s'y attachent plus particulièrement. Cependant l'éducation, et surtout cette partie de l'éducation dont nous nous occupons, n'est point bornée à l'enfance; elle doit suivre l'homme dans le cours entier de son existence; si l'on considère en effet qu'à tout âge l'homme est toujours déterminé par un désir, agit toujours sous l'influence de ses sympathies, on reconnaîtra combien il importe d'étendre la prévoyance à tous les faits propres à éveiller, à développer en lui les sympathies conformes au but que la société se propose d'atteindre; et que si l'homme, en un mot, est susceptible de profiter d'un enseignement moral pendant toute sa vie, la société doit pourvoir à ce que cet enseignement ne lui manque jamais.

Rien ne peut remplacer l'éducation de la jeunesse. Une fois lancé dans les travaux de la vie active, l'homme ne possède plus la flexibilité morale nécessaire pour recevoir la culture qui lui manque, et cependant alors il en aurait doublement besoin; car ses désirs ne pouvant rester dans l'inaction, il en résulte que lorsqu'on ne les dirige pas vers le *bien*, c'est-à-dire vers le *progrès social*, ainsi abandonnés, ils se dirigent vers le *mal*, c'est-à-dire vers l'*égoïsme;* en sorte que l'absence d'éducation doit presque toujours s'entendre d'une éducation vicieuse, et que l'homme dont la première éducation a été négligée a non-seulement à apprendre, mais encore à désapprendre. Il n'existe qu'un très-petit nombre d'êtres privilégiés qui, soutenus et excités par la pensée qu'ils ont une mission à remplir, puissent triompher d'une première éducation défectueuse.

L'histoire, il est vrai, nous présente des exemples de générations entières transportées instantanément, en quelque sorte, d'une sphère morale dans une autre; mais d'abord ces changemens ne sont jamais aussi brusques qu'ils paraissent l'être au premier aspect : en y regardant de plus près, on trouve toujours qu'ils ont été préparés de longue main, avant le moment où ils se sont manifestés avec éclat; on voit ensuite qu'ils ne se sont opérés d'abord que dans l'ordre plus général des SENTIMENS, des *idées*, des *intérêts*, et que ce n'est que long-temps après et successivement qu'ils sont parvenus à envahir la sphère des *actes*, des *pensées*, et des affections secondaires. Aussi voyons-nous que les générations qu'on nous présente comme ayant été converties subitement sont incapables pendant long-temps, de réaliser complétement l'état de société qu'appellent virtuellement les principes qu'elles ont admis. Les peuples soumis à l'empire romain, préparés pendant plusieurs siècles par les travaux des philosophes à recevoir la parole des apôtres, demeurèrent, pendant plusieurs siècles encore, païens autant que chrétiens, après la prédication de l'Évangile dont ils reconnaissaient cependant la loi. Il n'y eut de société vraiment chrétienne que lorsque les dépositaires de la nouvelle doctrine purent s'emparer de l'homme à sa naissance, écarter de lui les sentimens, les habitudes de l'ancien ordre social, et lui inculquer les sentimens, les idées et les habitudes appropriés à l'ordre social nouveau.

L'éducation de la jeunesse est donc, sans contredit, la plus importante; mais elle ne suffit pas; si ses impressions ne sont pas sans cesse entretenues, renouvelées dans l'homme après son entrée dans la vie active, elles passent bientôt en lui à l'état de vagues souvenirs, et ne tardent pas même à s'effacer entièrement en présence des faits nombreux qui se rapportent à sa position individuelle, et qui sont de nature à absorber toute son attention, à solliciter l'emploi de toute son activité. Il y a plus, s'il vient alors à réfléchir aux préceptes moraux qu'on lui a enseignés, il peut arriver qu'il n'en comprenne plus ni la convenance, ni la raison, ni l'utilité, et que même il les juge en opposition avec les faits qui le frappent et qu'il regarde comme nécessaires. Pour que les impressions de la première éducation conservent leur influence, il faut donc qu'elles soient reproduites à chaque instant; il faut, en d'autres termes, que l'éducation morale se prolonge pendant le cours entier de la vie des individus.

Plus la civilisation a fait de progrès, et plus l'éducation morale a étendu ses prévisions et prolongé la durée de son influence sur la vie individuelle.

Dans l'antiquité, chaque citoyen (bien entendu que la classe nombreuse des esclaves n'est pas comprise sous cette dénomination), chaque citoyen étant appelé à discuter sur la place publique les intérêts de la communauté, et à prendre part aux entreprises que ces intérêts rendaient nécessaires, se trouvait placé à un point de vue assez élevé, pour concevoir la relation de ses actes personnels avec l'intérêt général; mais cela ne le dispensait pas d'une éducation première qui lui révélât la société dont il était membre. Sans doute, les préceptes de cette éducation auraient pu rigoureusement se conserver en lui sans le secours d'une institution spéciale destinée à les lui rappeler : et cependant voyez les pompes des jeux olympiques, les mystères, les cérémonies religieuses, cette classe nombreuse de prêtres, de sibylles, d'augures; partout un enseignement *vivant* des destinées sociales reveille le dévoûment et l'enthousiasme.

Cette position a changé : chaque peuple n'est plus renfermé dans l'intérieur d'une cité et ne saurait plus être contenu sur une place publique où les intérêts communs puissent être débattus par tous, ou en présence de tous. La division du travail, l'une des conditions essentielles du progrès de la civilisation, en renfermant les individus dans un cercle de plus en plus borné, les a toujours aussi éloignés de plus en plus de la considération directe des intérêts généraux; et cela, en même temps que ces intérêts, par suite de la complication des relations sociales, devenaient plus difficiles à saisir. A mesure donc que la division du travail s'est étendue, il a fallu, pour réaliser les avantages qu'elle produisait, donner plus d'intensité et de régularité à l'éducation morale, seule capable de replacer les individus au point de vue général dont les écartait la spécialisation des travaux; il a fallu pourvoir avec plus de soin à ce que les impressions de la première éducation fussent incessamment, et pendant tout le cours de leur vie, entretenues et fortifiées en eux par une action extérieure, directe, systématique.

Mais si la division du travail a eu pour résultat immédiat de rétrécir la sphère des occupations individuelles, elle a permis en même temps aux organisations privilégiées de se livrer plus exclusivement à la contemplation des faits généraux, et par leur action sur les autres hommes, de restituer avec usure à la société les avantages que l'on peut attribuer à la confusion des travaux dans les mains de chacun.

Examinons maintenant quelle faculté rend l'homme propre à recevoir l'éducation morale, quelle faculté doit dominer chez ceux qui sont appelés à diriger cette éducation.

Les philosophes qui, comparant les temps modernes aux temps anciens, n'hésitent pas à donner la supériorité aux premiers font généralement consister cette supériorité dans la prédominance toujours croissante du raisonnement sur le sentiment, considérant le sentiment comme l'attribut de l'enfance de l'humanité, le raisonnement comme celui de sa virilité. Peut-être cette opinion aurait-elle une apparence de justesse, si elle se bornait à expliquer les progrès obtenus par la *séparation* de mieux en mieux sentie de ces deux manifestations de l'activité humaine, c'est-à-dire par l'emploi direct de chacune d'elles à l'ordre de travaux auxquels elle se rattache plus particulièrement ; elle serait juste, si elle avait pour objet de constater les inconvéniens résultant de la confusion qui existait (ainsi que nous l'avons dit) à l'origine des sociétés entre la poésie et la science ; mais si au contraire on voit dans cette division utile du travail une véritable décroissance du sentiment, on mutile à tort l'humanité. Or il suffit d'entendre les apologies journalières dont le raisonnement est l'objet, et les apostrophes violentes dirigées contre le sentiment, pour s'assurer que telle est l'opinion générale de nos jours. Avec quel dédain affecté on flétrit par le ridicule tout ce qui vient de cette source sublime, l'*amour !* Avec quelle naïveté on s'imagine avoir tout prouvé contre une conception, contre une entreprise, lorsqu'on a pu se croire autorisé à en dire : *c'est du sentiment !* Il semble que l'inspiration, c'est-à-dire le *génie,* soit le mauvais principe de notre nature, et que tous nos efforts doivent tendre à nous débarrasser de cet ennemi redoutable. Aussi combien de gens y réussissent et remportent cette triste victoire !

Cette opinion n'est pas toujours énoncée d'une manière aussi franche, sans doute, mais elle existe au fond de tous les systèmes qui prétendent se rattacher au progrès de l'humanité. On pourrait croire au premier abord, en nous voyant prendre ainsi la défense du sentiment contre le raisonnement, que notre intention est de faire l'apologie du *spi-*

ritualisme, aux dépens du *matérialisme*; on se tromperait. Ces deux opinions en présence l'une de l'autre, se battent avec la même arme, se disputent la même conquête, la raison; aucune d'elles ne sait ce que c'est que l'amour; toutes deux analysent, divisent, morcellent l'*esprit* ou la *matière* jusqu'à leur plus infime *modalité* ou leur plus petite *molécule*; toutes deux réduisent le champ qu'elles parcourent en poussière; toutes deux portent partout la *mort*; aucune d'elles n'aura la vie.

Revenons à la prétendue supériorité du raisonnement sur le sentiment. — Il est évident que cette opinion doit nécessairement exercer une grande influence sur la manière d'envisager le sujet qui nous occupe : de ce point de vue, en effet, l'éducation se présente comme devant être destinée spécialement, sinon encore, *uniquement*, à cultiver chez l'homme la faculté rationnelle ou scientifique dans le but de mettre chaque individu en état de s'approprier par lui-même, et par *démonstration*, les dogmes de la science sociale, et de ne faire un acte qu'après avoir mûrement *calculé* quelles doivent être les conséquences de cet acte, et pour lui-même, et pour la société entière. On pense que chacun serait ainsi à l'abri des surprises, des illusions de ces sympathies, et surtout de l'influence des hommes qui ont puissance d'émouvoir les cœurs; et l'on se félicite lorsqu'on croit s'être rapproché d'un aussi pitoyable résultat.

Nous n'avons pas à caractériser en ce moment ces deux grandes manières d'être de l'existence, le raisonnement et le sentiment, ni à montrer les différens aspects sous lesquels le monde et l'homme se présentent à l'homme lui-même, selon qu'il procède dans ses investigations par la voie rationnelle, ou par la voie sentimentale. Cette analyse intéressante nous occupera incessamment. Nous nous contenterons pour le moment d'exposer dogmatiquement celles des idées de la doctrine qui, sous ce rapport, se rattachent plus particulièrement à la question.

La faculté rationnelle ne se perfectionne point dans le développement de l'humanité aux dépens de la faculté sentimentale : l'une et l'autre se développent dans une égale proportion. Si la première semble dominer aujourd'hui, cela tient uniquement à ce qu'il existe parmi nous aussi peu d'*association*, aussi peu d'*union* que cela est possible entre des hommes *réunis*. On se rendra facilement compte de cette situation lorsqu'on se rappellera les caractères que nous avons assignés aux époques critiques.

C'est par le sentiment que l'homme vit, qu'il est sociable; c'est le sentiment qui nous *attache* au monde, à l'homme, c'est lui qui nous *lie* à tout ce qui nous entoure; et lorsque ce *lien* se brise; lorsque le monde et l'homme semblent nous *repousser*, lorsque l'*affection* qui nous *attirait* vers eux vient à s'affaiblir, à s'annuler, LA VIE a cessé pour nous. Si l'on fait abstraction des sympathies qui unissent l'homme à ses semblables, qui le font souffrir de leurs souffrances, jouir de leurs joies, vivre enfin de leur vie, il est impossible de voir dans les sociétés autre chose qu'une *agrégation* d'individus sans liens, sans relations et n'ayant pour mobile de leurs actions que les impulsions de l'égoïsme.

C'est le sentiment qui porte l'homme à s'enquérir de sa destination; c'est le sentiment qui la lui révèle d'abord. Alors sans doute la science a un rôle important à remplir; elle est appelée à *vérifier* les inspirations, les révélations, les divinations du sentiment, à fournir à l'homme les lumières propres à le faire marcher avec rapidité et sécurité vers le but qui lui a été découvert; mais c'est encore le sentiment qui, en lui faisant *désirer*, *aimer* ce but, peut seul lui donner la *volonté* d'y parvenir et les *forces* nécessaires pour l'atteindre.

Malgré cette large part que nous faisons au sentiment, contrairement à l'opinion générale, nous sommes bien loin assurément de vouloir comprimer ou déprécier les efforts par lesquels la génération actuelle paraît tendre à s'avancer dans la carrière du raisonnement. Si l'on veut bien en effet se reporter à nos premières séances, on se rappellera que bien loin de considérer notre siècle comme ayant dépassé la limite de la croissance rationnelle, nous pensons au contraire qu'il est resté bien en-deçà; que sous ce rapport il a d'immenses progrès à faire, et que, même en dépit de ses prétentions à cet égard, il se montre fort inférieur (relativement aux nouveaux et nombreux élémens qu'il possède) à plusieurs des siècles qui l'ont précédé. En se reportant à ce que nous avons dit de la méthode positive, de sa valeur, de la manière dont il convenait de l'employer, de l'usage que nous en faisions nous-mêmes dans l'étude des grands phénomènes de la vie collective de l'humanité, on se convaincra que nous n'attachons pas une faible importance aux procédés rationnels, et que nous ne nous montrons pas moins rigoureux dans leur emploi, que les hommes dont les travaux sont aujourd'hui regardés comme les plus *positifs*, c'est-à-dire comme les produits du rationalisme le plus pur.

Mais ceci doit au moins nous donner le droit de répéter que toute l'existence morale de l'homme n'est pas renfermée dans la faculté rationnelle; qu'il a d'autres moyens de connaître que la méthode positive; d'autres élémens de foi et de conviction que des démonstrations scientifiques, puisque toute science suppose, comme nous l'avons déjà dit, des axiomes.

Les savans généraux (et, nous plaçant ici au point de vue de la doctrine, nous entendons parler des dépositaires de la science de l'humanité, de la physiologie sociale), les savans généraux peuvent bien, sans doute, *à l'aide des indications que leur a données la* CONCEPTION *nouvelle*, à l'aide de la méthode dont elle leur apprend à se servir, déduire l'avenir de l'observation du passé, désigner à quel terme vient aboutir la série des faits généraux déjà consommés; on peut bien encore leur reconnaître la puissance, soit à l'aide de cette investigation continuée dans les faits secondaires, soit à l'aide de déductions *logiques*, de déterminer la *combinaison* sociale la mieux appropriée au but que la sympathie leur a découvert, et par conséquent de tracer les obligations des individus en raison de la place qu'ils doivent occuper dans la hiérarchie sociale; mais cette place ne peut être assignée que par l'amour, c'est-à-dire par les hommes qui sont le plus vivement animés du désir d'améliorer le sort de l'humanité; et d'ailleurs, en attribuant à la *science* cette puissance, est-ce une raison pour conclure qu'elle doit présider à l'éducation *morale?* Pour peu qu'on y réfléchisse, on reconnaîtra son impuissance à remplir une telle mission; cette mission est au-dessus d'elle.

Et en effet pour que les préceptes de la science renfermassent une obligation d'agir, il faudrait supposer que par la démonstration ils fussent devenus l'ouvrage, la création même de ceux qui les admettent; mais une telle démonstration exigerait, de la part de chacun, une connaissance parfaite de la science sociale : or, en supposant que tous les hommes fussent capables de l'acquérir, il faudrait encore qu'ils y consacrassent tout le temps destiné à l'éducation spéciale dont ils ont besoin pour remplir convenablement leurs fonctions dans la société; ce qui est évidemment impossible.

Les résultats de la science sociale ne sauraient être présentés que sous une forme *dogmatique* à la presque totalité des hommes. Le petit nombre de ceux qui la cultivent en y vouant toute leur vie peuvent seuls se donner la *démonstration* de ses problèmes : ces hommes sont donc aussi les seuls sur l'esprit desquels on pourrait supposer que les préceptes de la science eussent assez d'empire pour devenir obligatoires. Mais ce n'est encore, on le voit, qu'une supposition. En effet, la démonstration scientifique peut bien justifier la convenance *logique* de tels ou tels actes, mais elle est insuffisante pour les déterminer; pour cela il faudrait qu'elle les fît *aimer*, et tel n'est pas son rôle. Une démonstration ne contient en elle-même aucune raison nécessaire d'agir : la science, comme nous venons de le dire, peut bien indiquer les moyens à employer pour atteindre tel ou tel but. Mais pourquoi un but plutôt qu'un autre? Pourquoi ne pas rester en chemin? Pourquoi même ne pas retrograder? Le sentiment, c'est-à-dire une sympathie fortement prononcée pour le but découvert, peut seul trancher la difficulté.

Pour que l'individu consente à se renfermer dans le cercle qui lui est tracé, il ne suffit pas que le but de la société et les moyens de l'atteindre lui soient connus; il faut que ce but, ces moyens soient pour lui des objets d'amour et de désir. Or les savans peuvent bien sans doute constater ce phénomène, et dire en conséquence ce qu'il faut aimer pour ne pas contrarier la marche de la civilisation telle qu'elle est indiquée par l'enchaînement des faits historiques ; mais ils sont incapables de produire les sentimens dont ils reconnaissent la nécessité.

Cette mission appartient à une autre classe d'hommes, à ceux que la nature a doués particulièrement de la capacité sympathique. Nous ne prétendons pas dire assurément que les hommes chargés de donner l'impulsion à la société doivent demeurer étrangers à la science ; mais la science, dans leurs mains, prend un nouveau caractère ; elle reçoit alors la vie, la *sanction* que peuvent seuls lui donner les hommes qui la rapportent à la destination de l'humanité.

Pour se convaincre de ce qui précède, il suffit d'examiner par quels hommes, par quels moyens ont toujours été déterminés les volontés et les actes sociaux ; à quelle source l'individu a toujours puisé la satisfaction qui suit pour lui l'accomplissement de ses devoirs. On trouvera que dans tous les temps, dans tous les lieux, la direction de la société a appartenu aux hommes qui parlaient au cœur ; que les raisonnemens, le syllogisme, n'en ont jamais été que des moyens secondaires et médiats, et que la société enfin n'a jamais été entraînée directement que par les diverses formes de l'expression *sentimentale*.

Ces formes, sous le nom de *culte* aux époques organiques, ou de *beaux-arts* aux époques critiques, ont toujours pour résultat d'exciter des désirs conformes au but que la société doit se proposer d'atteindre, et de provoquer ainsi les actes nécessaires à son progrès. Sous ce rapport on ne trouve de différence entre un état de société et un autre, organique ou critique, que dans la nature des sentimens que le culte ou les beaux-arts sont appelés à développer, et des devoirs qu'ils commandent. A tous ces titres, le moyen âge se montre bien supérieur aux temps qui l'ont précédé. C'est ici le lieu de parler d'un moyen d'éducation, de discipline morale, particulier à cette époque, et que nous avons seulement indiqué dans la séance précédente ; il s'agit de la confession.

La confession a été dans ces derniers temps l'objet de censures unanimes. On n'a vu en elle qu'un moyen de séduction et d'espionnage, qu'une pratique mise en usage par le clergé pour appuyer ses vues ambitieuses, pour satisfaire des passions individuelles. Ce jugement était une conséquence logique de la condamnation portée contre la doctrine catholique, prise dans son ensemble.

Cette doctrine, en effet, venant à être considérée comme une œuvre de fraude, comme la sanction d'un despotisme exercé au profit du petit nombre, il est évident que tout ce qui avait pu contribuer à l'affermir et à la propager, et particulièrement la confession si puissante dans ce but, dut être repoussé avec défiance et aversion. Mais si, se plaçant à un autre point de vue, on considère le catholicisme (c'est-à-dire le christianisme *socialement* institué), comme ayant été, à l'époque de sa plus grande puissance, la doctrine morale la mieux appropriée aux besoins des sociétés, on reconnaîtra alors que les institutions destinées à la faire pénétrer dans les esprits furent éminemment utiles, éminemment morales, aussi long-temps que la doctrine elle-même demeura en harmonie avec les besoins de l'humanité. Ce ne fut que lorsque cette harmonie eut cessé d'exister que la confession mérita, sauf l'exagération qui se mêle toujours à toute réaction, les reproches qu'on lui adresse aujourd'hui. Mais à l'époque de la plénitude de la doctrine dont elle était un des principaux moyens d'action, on ne doit voir en elle qu'un mode de *consultation*, par lequel les hommes les moins moraux, les moins éclairés venaient chercher les lumières et les forces qui leur manquaient auprès de leurs supérieurs en intelligence, en moralité; un moyen employé par ceux-ci pour éveiller et entretenir les sympathies sociales et individuelles qu'ils avaient mission de développer et de diriger; et si l'on réfléchit à la vertu de réhabilitation contenue alors dans la confession, on ne pourra s'empêcher de reconnaître en elle une puissance morale, un moyen d'éducation de la plus haute valeur. Tandis que la prédication et le catéchisme qui s'adressaient à tous, ne pouvaient résoudre que les cas *généraux*, et devaient être nécessairement calculés sur la moyenne des intelligences et des sentimens, la confession leur servait de commentaire, prononçait sur les cas *individuels*, si nombreux, et appropriait ainsi la doctrine à chaque intelligence, à chaque sensibilité. Aucun procédé aussi puissant pour continuer, pour entretenir les impressions premières de l'éducation, n'avait été employé par les anciens.

Nous avons dit que les moyens appropriés à l'éducation morale devaient être principalement puisés dans le *sentiment*, et que la direction de cette éducation devait appartenir aux hommes doués de la plus haute capacité *sympathique*. C'est, nous pouvons l'affirmer, la condition première de toute association; car il n'existe point de société là où il n'y a pas un but désiré, là où les individus qui se trouvent rapprochés ne sont pas conduits, dirigés, entraînés par les hommes qui brûlent le plus d'atteindre ce but. Cette condition sera réalisée dans l'avenir, comme elle le fut dans tout le passé : ce n'est pas dire que les mêmes pratiques, que *les mêmes formes* devront se perpétuer; que le CATÉCHISME, le CULTE, les récits qui enflammaient autrefois les cœurs des fidèles, devront être conservés; que le mode de *consultation* et de *réhabilitation* connu sous le nom de CONFESSION devra rester le même ; mais seulement que des moyens *analogues*, plus perfectionnés encore, seront mis en usage dans l'avenir pour prolonger l'éducation de l'homme durant le cours entier de sa vie.

Plusieurs questions ne manqueront pas maintenant de nous être adressées; et d'abord, on nous dira qu'après avoir montré l'importance de l'éducation morale et la nécessité de concevoir son action comme devant avoir un caractère politique, social; qu'après avoir déterminé les limites dans lesquelles elle doit agir et la nature des facultés qu'elle doit mettre en œuvre, nous avons à faire connaître les pratiques, les idées, les sentimens qui doivent être l'objet de son enseignement. — Ces pratiques, ces idées, ces sentimens résultent pour nous, Messieurs, des vues que déjà nous vous avons présentées sur l'avenir de l'humanité, et de celles que nous aurons encore à vous présenter par la suite; en d'autres termes, la doctrine à enseigner dans l'avenir est, suivant nous, celle que nous avons entrepris dès aujourd'hui de vous faire connaître.

On nous fera sans doute encore la question suivante : dans le passé, les hommes chargés de diriger la société par l'éducation possédaient, comme organes d'une autorité sacrée, une sanction puissante de leur enseignement. Ceux qui rempliront la même mission dans l'avenir disposeront-ils d'une pareille sanction? Ceci nous conduit à l'examen d'un problème de la plus haute importance, qui se présente en ces termes : L'HUMANITÉ A-T-ELLE UN AVENIR RELIGIEUX? — Et, dans le cas où cette question serait résolue affirmativement : la religion de l'avenir doit-elle être conçue comme un *sentiment* purement individuel, sans *dogme* arrêté, et sans *culte* extérieur; ou bien doit-on la considérer comme devant être l'expression d'une pensée sociale, et, sous ce rapport, comme devant avoir un dogme et un culte, dans l'acception reçue de ces mots? Prendra-t-elle place dans l'ordre politique ? Sera-t-elle appelée à le dominer tout entier? Comment se rattachera-t-elle au développement religieux de l'humanité?

Il est impossible de fixer nettement ses idées sur les moyens que doit employer l'éducation morale avant d'avoir résolu ce problème : il devra donc nous occuper très-prochainement.

ONZIÈME SÉANCE.

ÉDUCATION SPÉCIALE OU PROFESSIONNELLE.

Messieurs,

Nous nous sommes occupés, dans les précédentes séances, de l'éducation *générale*; l'objet de celle-ci sera l'éducation *spéciale*, c'est-à-dire celle qui est destinée à approprier les individus aux divers ordres de travaux que comporte l'état de la société, et qu'ils doivent se partager.

Tous les faits auxquels donne lieu l'existence des sociétés sont susceptibles, dans les termes de l'abstraction, d'être exprimés de manière à se rapporter également à tous les temps et à tous les lieux. Sans cette abstraction, l'esprit humain ne saurait s'élever à l'idée d'enchaînement dans les faits sociaux, et suivre la trace de leurs progrès. Et cependant, malgré l'identité de ces faits, identité qui est l'image fidèle de celle de l'humanité dans la suite des générations et sur les différens points du globe, il faut bien prendre garde qu'un fait social, ainsi abstrait, et transporté d'une époque dans une autre, contient en lui-même un élément nouveau de progrès que ne saurait donner l'observation directe et isolée de ce fait, et qu'une conception *générale* de la destination de l'humanité peut seule découvrir.

C'est surtout lorsqu'on transporte un fait du passé dans l'avenir que cette considération acquiert de la valeur. Le *passé*, dans toute sa durée, ne présente qu'un même état de société, dont les révolutions ne furent, à proprement parler, que des modifications plus ou moins profondes, tandis que l'*avenir*, sans que pourtant la chaîne des destinées humaines soit interrompue, se montre à nous comme un état essentiellement nouveau.

En caractérisant dans nos séances précédentes les grandes différences qui séparent le *passé* de l'*avenir*, nous avons particulièrement insisté sur celle-ci, savoir : *Que l'état social, dans tout le passé, fut fondé, à un degré ou à un autre, sur* l'EXPLOITATION DE L'HOMME PAR L'HOMME; *que le progrès le plus important aujourd'hui est de mettre fin à cette exploitation*, SOUS QUELQUE FORME QU'ON PUISSE LA CONCEVOIR.

On peut ne pas saisir, au premier aspect, la relation qui existe entre la *décroissance de l'exploitation de l'homme par l'homme*, et la question de l'*éducation;* cependant cette relation est des plus intimes. L'empire de la force physique, principe, raison et but de toute organisation politique du passé, a eu pour conséquence nécessaire l'établissement de castes, de classifications tranchées, destinées à se perpétuer héréditairement parmi les hommes. Plus on remonte dans l'antiquité, plus ces classifications se montrent profondes, précises, inflexibles; plus on se rapproche des temps modernes, plus on les voit s'étendre et surtout perdre de leur rigueur; mais elles n'en subsistent pas moins. Ces classifications, quelque affaiblies qu'elles soient aujourd'hui, constituent pourtant encore une véritable *fatalité* pour les individus *privilégiés* ou *non privilégiés*, puisque la carrière que les uns ou les autres doivent parcourir est irrévocablement fixée par la considération d'un fait entièrement étranger à leur capacité personnelle. Quand vient pour eux le moment de prendre parti dans la vie active, on ne consulte point leurs penchans, leurs aptitudes, leurs vocations; on n'a égard qu'à leur naissance, à la caste à laquelle ils appartiennent, et l'on s'efforce, tant bien que mal, de les façonner à la destination qui leur est assignée par ces circonstances. Or cet ordre politique du *passé* n'est après tout qu'une des expressions de *l'exploitation de l'homme par l'homme*. S'il est vrai qu'aujourd'hui cette exploitation soit arrivée à son terme, s'il est vrai qu'elle doive disparaître entièrement de l'ordre social qui se prépare, il est évident que la distribution de l'*éducation spéciale*, au lieu de se faire selon la *naissance*, se fera dans l'avenir selon les *aptitudes*, les vocations des diverses *organisations individuelles*.

Peut-être les partisans des idées critiques revendiqueront-ils pour la philosophie du XVIIIe siècle, et pour la révolution politique qui en a été la suite, ce résultat que nous appelons et qu'ils considèrent sans doute comme déjà obtenu. Examinons sur quoi pourraient se fonder leurs prétentions à cet égard. — La philosophie et la révolution du dernier siècle ont bien, sans doute, détruit les classifications les plus apparentes, et en délivrant les classes inférieures de ces entraves, elles ont proclamé le droit, pour chaque individu, de prendre dans la société la place à laquelle son mérite pouvait le faire prétendre. Mais qu'ont-elles fait pour donner de la réalité à ce droit ? qu'ont-elles fait qui ne soit purement *négatif*? Elles ont renversé des obstacles...., mais encore les ont-elles renversés tous ?

Non, sans doute : l'*éducation*, sans laquelle les vocations les plus prononcées sont frappées de stérilité, n'est pas accessible à tous sans distinction. L'*éducation* est encore un privilége que donne la fortune, et la fortune elle-même, est un privilége presque toujours en disproportion avec le mérite de ceux qui la possèdent. Il y a plus : pour le petit nombre d'hommes qui peuvent prétendre au bienfait de l'éducation, rien n'a été fait dans le but qu'elle leur soit distribuée en raison de leurs aptitudes et de leur vocation, puisqu'il n'existe aucune autorité qui soit chargée d'apprécier et de développer les tendances individuelles, et qu'à cet égard tout est abandonné à la vanité, à l'ambition des familles, ou aux goûts peu réfléchis des enfans.

En résumé, malgré le triomphe politique des idées philosophiques du XVIIIe siècle, l'*éducation* reste encore inaccessible au grand nombre ; et quant à la faible minorité qui peut y atteindre, elle lui est distribuée au hasard, sans choix et sans prévoyance.

Dans la nouvelle association que les hommes sont appelés à former, et que nous avons caractérisée comme ne comportant, à aucun degré, l'*exploitation de l'homme par l'homme*, les institutions devront pourvoir, d'une part, à ce que l'éducation soit accessible à tous, sans distinction de naissance ou de fortune; de l'autre, à ce que cette éducation soit répartie en raison des *capacités* et des *vocations* individuelles.

Ce ssement des individus par l'*éducation* fera-t-il naître quelque idée de violence ? ce serait ici le cas de rappeler ce que nous avons dit en commençant; savoir : que dans les changemens annoncés par nous, il faut toujours tenir compte d'un élément dont on est aujourd'hui trop disposé à faire abstraction, l'*éducation morale*, qui est appelée à transformer pour chacun, en une idée de *devoir*, en un objet d'*affection*, les obligations qui lui sont imposées par les directeurs *véritables*, par les chefs *légitimes* de la société.

Ce soin d'apprécier les penchans et les aptitudes impose au corps enseignant de l'avenir une tâche que l'on peut considérer comme toute nouvelle ; car l'état social du passé ne la comportait point, au moins dans des limites assez étendues pour qu'elle pût devenir l'objet d'une prévision générale. La distribution de l'éducation entre les individus, en raison de leurs *capacités*, pourrait, à elle seule, représenter tout l'ordre social de l'avenir, au moins dans son opposition avec le passé : c'est par là, en effet, que chaque homme atteindra à toute la puissance, à tout le bien-être auxquels son organisation peut le faire prétendre ; c'est par là que se trouvera réalisée cette *égalité* que le *sentiment* invoque depuis si long-temps, sans avoir encore pu déterminer en quoi elle consiste.

Nous avons exposé le changement général qui doit s'opérer dans l'*éducation*, changement qui doit garantir à jamais la pleine émancipation du plus grand nombre ; nous pouvons considérer en détail quelques-uns de ses avantages particuliers.

Les fonctions, les professions diverses étant réparties en raison des capacités, il en résultera qu'elles seront exercées avec un plus haut degré de perfection ; et que, par cela seul, les progrès dans toutes les branches de l'activité humaine seront beaucoup plus rapides qu'ils ne l'ont été à aucune époque du passé. La division du travail a été considérée avec raison comme une des causes les plus puissantes des progrès de la civilisation : mais il est évident que cette division ne portera tous ses fruits que lorsqu'elle aura pris pour base les différences de *capacité* chez les travailleurs.

Le réglement que nous annonçons pour l'avenir offre une nouvelle, une bien grande garantie de *l'ordre moral;* le sentiment et la raison s'accordent pour nous montrer les vocations manquées, les inclinations forcées, les professions imposées, et les dégoûts, les passions haineuses qui en sont la suite, comme la source de presque tous les désordres du passé; or cette source se trouvera nécessairement tarie par le réglement dont nous parlons. Assurément, nous ne prétendons pas dire que l'erreur, les accidens, la partialité même, n'auront jamais place dans cette distribution nouvelle de l'éducation et des avantages sociaux : nous faisons une large part à l'imperfection humaine; peut-être n'est-il pas donné aux sociétés d'atteindre jamais précisément la *limite* qu'elles conçoivent comme le but déterminé de leurs progrès; mais par cela seul qu'elles marchent vers cette limite, en faisant usage de toutes les lumières, de toutes les forces dont elles peuvent disposer, par cela seul qu'elles réalisent des progrès, il est juste de dire, humainement parlant, que le but, que la limite *véritable* est atteinte. Dès lors les erreurs, les accidens, les injustices ne sont plus que des exceptions; ils ne constituent plus qu'une portion de plus en plus minime, un des aspects les moins frappans de l'ensemble des faits sociaux.

Maintenant occupons-nous directement de l'*éducation spéciale,* quant aux objets qu'elle doit embrasser et aux divisions dont elle est susceptible.

Cette partie de l'éducation, avons-nous dit, est celle qui est destinée à approprier les individus aux divers ordres de travaux que comporte l'état de la société; il demeure donc évident, et par définition, que le système de l'*éducation spéciale* ne peut être conçu que comme le résultat d'une prévision *sociale,* que comme l'objet d'une fonction *politique.* Nous ne nous proposons pas de combattre directement l'opinion de ceux qui voudraient abandonner désormais l'*éducation spéciale* à une concurrence individuelle sans limites, et qui ne voient en elle qu'une industrie qu'il faut livrer, comme toutes les autres, à la lutte, à la guerre, et par conséquent à la fraude, au charlatanisme. Ce que nous aurons occasion de dire sur les conditions indispensables à un bon système d'*éducation spéciale* suffira pour réfuter complétement cette opinion.

Plus on recule dans le passé, plus on trouve les moyens d'*éducation spéciale* restreints et incomplets. Tant que les hommes ont été divisés en castes, en ordres, en classifications par la naissance, cette partie de l'éducation fut réduite à l'état de simple tradition; elle se transmettait héréditairement de père en fils, dans le sein de chaque famille consacrée à une profession. En se rapprochant des temps modernes, on voit les sociétés tendre de plus en plus à faire de l'*éducation spéciale* l'objet d'une attribution politique, d'une prévision sociale : cette prévision n'embrasse d'abord qu'un petit nombre de professions; mais peu à peu on la voit s'étendre. Il suffit de suivre la série des progrès déjà obtenus en ce genre pour se convaincre que l'éducation spéciale, en tant que formant une attribution des pouvoirs publics, doit finir par embrasser tous les ordres de travaux, toutes les fonctions auxquelles l'état de la société peut donner lieu.

La prévision sociale à cet égard se montre avec évidence au moyen âge, dans les institutions conçues et réalisées par les hommes qui exercent alors cette haute fonction de prévoyance; nous nous arrêterons avec soin sur cette époque, parce que, malgré les améliorations dont, depuis ce temps, l'éducation spéciale a été l'objet, elle n'a donné lieu à aucune conception générale nouvelle, à aucune du moins qui fût susceptible d'une large application politique. A beaucoup d'égards, et même sous les rapports les plus importans, l'ancienne conception domine encore. Si nous parvenons à justifier sa convenance pour le temps où elle prit naissance, nous aurons apprécié la valeur qu'elle peut avoir aujourd'hui, et nous nous trouverons bientôt sur la voie des changemens, des transformations qu'elle doit subir.

Les premiers établissemens d'éducation spéciale, dans le moyen âge, eurent pour unique but de former des sujets pour le clergé, soit séculier, soit régulier, selon la distinction établie alors. Dans ces établissemens, qui tous prirent naissance dans les monastères et dans les cathédrales, et dont la fondation régulière ne date que du VIIIe au IXe siècle, on enseignait tout ce qui formait alors le fonds des connaissances humaines : l'enseignement comprenait la théologie dogmatique et ce que l'on appelait les sept arts libéraux. Au moyen de ces établissemens, le fonds des connaissances fut accru, les travaux des anciens et ceux des pères de l'Église, dans lesquels la doctrine chrétienne se trouvait scientifiquement élaborée, furent repris au point où les avait interrompus le grand travail de la reconstitution politique, qui, pendant plusieurs siècles, avait dû employer les plus fortes capacités : le cadre encyclopédique fut alors étendu, et l'on y introduisit la théologie rationnelle, le droit civil et ecclésiastique, et la médecine. Le cercle de l'enseignement reçut une extension proportionnée à celle de la science, et le corps enseignant dut prendre lui-même une nouvelle forme, une nouvelle organisation : la révolution, commencée sous ce rapport dans le XIIe siècle, fut achevée dans le XIIIe par l'établissement des *universités*. C'est alors que le fonds même et la méthode de l'enseignement furent définitivement arrêtés; ils n'ont reçu, depuis cette époque, que des améliorations de détail.

Dans ce système d'*éducation spéciale*, les travaux des moralistes, des légistes et des médecins, étaient les seules applications journalières que l'on eût en vue. Toutes les professions industrielles, et la profession militaire elle-même, la plus importante alors dans l'ordre temporel, se trouvaient en dehors de l'enseignement politiquement organisé. Il serait injuste de reprocher au corps savant du moyen âge d'avoir négligé ces professions. Et d'abord, il était tout naturel qu'il ne s'appliquât pas à perfectionner la profession militaire, puisqu'il avait pour mission principale de combattre, de détruire l'état de choses qui rendait cette profession nécessaire. Quant aux professions industrielles, le temps n'était pas encore venu d'apprécier leur importance; et d'ailleurs les théories scientifiques étaient alors trop peu avancées, et les pratiques de l'industrie trop grossières, pour qu'il pût y avoir rapprochement entre elles, ou du moins pour que la possibilité de ce rapprochement pût être sentie (1).

L'*éducation spéciale* embrassait donc, à cette époque, toutes les professions qu'elle pouvait embrasser.

Ici nous avons à parler de l'enseignement de la langue

---

(1) Nous aurons d'ailleurs à montrer plus tard comment cette négligence des intérêts *industriels* et des sciences *physiques* tenait à une cause profonde, et n'était qu'une conséquence logique du dogme chrétien tout entier, qui n'avait pas pu et n'avait pas dû comprendre le dévelppement de l'activité *matérielle* de l'homme, parce que, avant toutes choses, il fallait, à cette époque, détruire le mode suivant lequel s'exerçait alors cette activité, la *guerre*.

latine, qui a tenu tant de place dans le passé, et qui est aujourd'hui l'objet de tant de discussions, discussions interminables si l'on n'a pas apprécié la raison et l'origine de cet enseignement. Au moyen âge, les peuples de l'Europe, au point de vue temporel, étaient divisés presque à l'infini. Au point de vue spirituel, au contraire, ils étaient intimement unis, et formaient l'association la plus forte qui eût été jusque là conçue et effectuée; association qui leur assurait une supériorité incontestable sur tous les peuples de l'antiquité. La vaste communauté chrétienne était représentée et réalisée par un corps dépositaire de toutes les lumières du temps, et qui, répandu sur tous les points de l'Europe, y exerçait partout une action identique. L'unité de ce corps, résultat de l'unité d'amour, de doctrine et d'activité, avait, entre autres conditions extérieures d'existence, l'unité de langage. Comment le latin devint-il la langue du corps spirituel du moyen âge? C'est ce dont il est inutile de nous occuper ici. Il nous suffit de reconnaître comme un fait certain que cette langue fut, si l'on peut s'exprimer ainsi, l'idiome national du clergé catholique; qu'elle lui servit de lien pour rapprocher, par une communication de tous les momens, ses membres dispersés sur la surface du monde chrétien; et que, par elle surtout, se trouva réalisée la grande association de travaux intellectuels du moyen âge. L'*éducation spéciale*, à cette époque, ne comprenant que les professions savantes, il est évident qu'elle devait avoir pour base l'enseignement du latin, qui était la langue commune de toutes ces professions; mais on ne trouve point qu'alors le latin ait été, en lui-même, considéré comme une science, comme une connaissance, comme formant à lui seul le but d'un enseignement particulier.

Lorsqu'au XVIe siècle l'unité spirituelle fut attaquée en Europe, l'unité de langage le fut aussi ; et cela devait être : l'unité de langage et l'unité de doctrine n'étaient que le même fait sous deux aspects différens, et c'est ce que l'instinct des premiers réformateurs leur fit découvrir d'abord. Lorsque l'unité de doctrine fut rompue, l'unité de langage le fut bientôt ; on abandonna peu à peu l'usage de la langue latine, et, depuis long-temps déjà, sauf quelques exceptions de peu d'importance, les travaux de la science sont produits et conservés dans les divers idiomes nationaux de l'Europe.

Cependant, comme le rapport intime qui existait entre l'enseignement de la langue latine et l'unité catholique s'était établi d'instinct et non par réflexion ; comme le clergé n'avait jamais eu une conscience nette de ce rapport, il en fut de même des réformateurs quand ils attaquèrent l'unité. Malgré les progrès de la réforme, l'empire du latin ne fut pas troublé dans les écoles ; non-seulement on continua à l'enseigner à ceux qui se destinaient aux anciennes professions savantes, pour lesquelles il était de moins en moins utile, mais les classes qui prétendaient à l'éducation littéraire devenant chaque jour plus nombreuses, on l'enseigna encore aux artistes, aux militaires, aux industriels, à tous ceux enfin qui purent en supporter les frais. Un fait remarquable, c'est qu'au moment même où l'usage du latin avait perdu son utilité, sa raison, on s'efforça de justifier de mille manières son enseignement. On le recommanda comme un idiome radical ; on vanta sa richesse, son harmonie, la perfection des œuvres de ses poètes, de ses orateurs, de ses historiens. Tous ces argumens, pour consacrer dix ans à l'étude d'une langue morte, ne valent pas la peine que nous nous arrêtions à les combattre.

D'après ce que nous venons de dire, la question de convenance, quant à l'enseignement du *latin*, peut être résolue en deux mots. Aussi long-temps que le *latin* fut en Europe le langage commun des moralistes et des savans, en un mot, du clergé, le clergé dut incontestablement apprendre le *latin*, c'est-à-dire sa langue, sous peine pour ses membres de ne pas se comprendre. Mais aujourd'hui que les traités scientifiques écrits en latin sont arriérés; aujourd'hui que les moralistes et les savans se servent des langues nationales modernes; aujourd'hui surtout que les lettrés ne forment plus un seul corps, non-seulement l'étude du latin a perdu toute son importance, mais, sauf quelques exceptions qui se bornent aux travaux purement philologiques, cette étude est devenue plus qu'inutile, elle est encore nuisible, attendu la perte de temps considérable qu'elle occasionne; enfin, il y a long-temps déjà qu'elle n'est plus soutenue que par l'obligation qu'imposent, à cet égard, les réglemens universitaires.

Cette digression sur l'enseignement du latin doit nous faire constater la fausse voie dans laquelle l'*éducation spéciale* est engagée, elle nous donne aussi une preuve nouvelle de ce que nous avons dit plus haut, qu'*aucune conception générale sur l'éducation n'a été produite depuis le moyen âge*. Certes, nous sommes loin de prétendre que nulle amélioration n'ait été faite dans cette direction; nous reconnaissons que l'enseignement de plusieurs des sciences que l'on professait au moyen âge a été mis au niveau des progrès obtenus dans leur perfectionnement; on a fondé des écoles *spéciales* pour les beaux-arts et pour les sciences, d'où il est résulté indirectement un enseignement industriel. Sous ce dernier rapport même, quelques tentatives ont été faites récemment en France et en Angleterre; mais comme ces tentatives ne se rattachaient à aucune vue générale des besoins de la société, et de la nature des travaux que ces besoins réclament, elles sont demeurées à peu près sans fruit, et en définitive l'éducation, fausse sur beaucoup de points, est restée incomplète sur tous les autres.

Aujourd'hui nous ne pouvons concevoir de système complet et régulier d'*éducation spéciale* qu'aux conditions abstraites suivantes : 1° l'enseignement comprendra toutes les connaissances humaines dans leur état le plus avancé; 2° le corps enseignant sera organisé de manière à ce que tous les progrès passent facilement de la théorie à la pratique, des mains des savans qui perfectionnent la science dans celles des savans qui l'enseignent, et des mains de ceux-ci dans celles des hommes qui en font l'application immédiate; 3° l'*éducation spéciale* embrassera toutes les professions que nécessitent les besoins sociaux; 4° enfin, l'enseignement sera distribué de telle sorte que chaque degré soit, en même temps, la conséquence du degré précédent et l'acheminement au degré suivant; alors l'éducation, prise dans son ensemble, offrira, pour chaque individu, une série d'études, régulière et homogène, dont le dernier terme conduira immédiatement à une profession, à une fonction sociale.

Aucune de ces conditions n'est aujourd'hui remplie.

1° L'*éducation spéciale* ne comprend pas toutes les connaissances à l'état de perfectionnement où elles sont parvenues; plusieurs des connaissances qu'elle comprend sont, au contraire, inutiles ou arriérées. Inutiles : telles sont, dans la limite des réserves que nous avons faites, les langues et les littératures anciennes, considérées comme formant la *base de l'enseignement*. Arriérées : telles sont la théologie, la philosophie, l'histoire, et, dans sa partie métaphysique, la législation.

Sous ces différens rapports, l'enseignement n'est pas seulement incomplet, il présente encore une lacune importante, puisque chacune des connaissances inutiles ou arriérées qu'il propage est susceptible d'être avantageusement remplacée.

2° Le corps enseignant n'est pas organisé de manière à s'emparer des progrès à mesure qu'ils s'opèrent; ce que nous venons de dire le prouve suffisamment. Pour qu'il remplît cette condition, il faudrait qu'il fût en rapport direct avec les corps chargés du perfectionnement des théories. Or aujourd'hui il n'existe pas de corps semblables; et quant à ceux que l'on pourrait considérer comme chargés de cette tâche, ils sont sans relation directe avec le corps enseignant.

3° L'*éducation spéciale* n'embrasse pas toutes les professions qu'elle pourrait comprendre. Nous ne parlerons pas des beaux-arts, pour lesquels il existe plusieurs écoles spéciales, bien que le caractère des beaux-arts n'ait pas encore été compris, et que l'éducation à cet égard soit aussi imparfaite, aussi vicieuse que possible. Nous ne parlerons que des professions industrielles qui restent à peu près toutes en dehors de l'enseignement public. Et cependant, au point où en sont parvenues, d'une part, les théories scientifiques, de l'autre, les procédés industriels, non-seulement on peut concevoir aujourd'hui un rapprochement entre eux, mais il doit être encore évident que l'industrie, dans son ensemble, tend à devenir une application directe des théories scientifiques. Rien n'a été fait néanmoins pour établir ce lien entre la science et l'industrie, rien au moins d'assez important pour qu'on s'y arrête.

4° Enfin l'enseignement dans ses divers degrés n'offre aucune suite, aucun enchaînement; il n'existe pas d'enseignement primaire, au moins dans l'acception convenable de ce mot. Le premier degré d'enseignement qui se présente aujourd'hui avec quelque régularité est celui des colléges. Or cet enseignement, dont les langues, les littératures anciennes forment l'objet principal, n'est, d'après ce que nous avons dit, que l'*enseignement primaire du moyen âge*. Non-seulement il n'introduit à aucune des applications que comporte l'état de la société, mais il n'achemine même pas les élèves, si ce n'est d'une manière légale, aux écoles du degré supérieur. Les connaissances qu'on y acquiert étant à peu près sans fruit pour ce second degré, il faut que chaque individu qui veut y parvenir se refasse à la hâte une éducation spéciale, pour laquelle il est abandonné à ses propres inspirations, à ses efforts personnels. Quant aux écoles du degré supérieur, évidemment trop peu nombreuses pour correspondre même aux divisions les plus importantes des travaux divers de la société, elles sont tout-à-fait insuffisantes pour combler l'intervalle qui sépare toujours la *théorie* de la *pratique*. A cet égard les individus, après avoir reçu l'enseignement de ces écoles, sont abandonnés à leurs propres forces pour combler cet intervalle; ce qu'ils ne sont presque jamais capables de faire, ou ce qu'ils ne font qu'en payant chèrement l'expérience qu'ils acquièrent.

On nous demandera maintenant ce que devra être, selon nous, le système d'*éducation spéciale* à établir, son économie, sa distribution? Pour répondre pleinement à cette question, il nous faudrait entrer dans des détails, dans des développemens que ne comporte pas le cadre que nous nous sommes tracé, et qui seraient, à beaucoup d'égards, une anticipation sur l'avenir. D'ailleurs, les critiques auxquelles nous venons de nous livrer suffisant en ce moment pour donner un aperçu général des idées de la doctrine sur l'institution de l'éducation spéciale, nous n'ajouterons que quelques mots.

L'*éducation spéciale* a pour mission de mettre les individus à même de remplir les fonctions auxquelles les appellent à la fois, et leur propre vocation, et les besoins de l'état social. Veut-on concevoir qu'elles seront la matière de son enseignement et ses principales divisions ? Il est évident qu'il faut commencer par constater quels sont les travaux, les fonctions qu'exige l'état de la société; le reste n'est plus qu'une combinaison secondaire. Nous avons dit que toutes les manifestations de l'existence humaine sont susceptibles de rentrer dans ces trois grands ordres de faits principaux, les BEAUX-ARTS, les SCIENCES et l'INDUSTRIE. Cette grande division fournit aussi une indication générale du but de l'enseignement : ce sont des ARTISTES, des SAVANS, des INDUSTRIELS, qu'il s'agit de former. D'innombrables subdivisions se rattachent à cette première division; mais comme celle-ci repose sur une réalité susceptible d'être appréciée par chacun, nous pouvons nous y arrêter,

Indépendamment de l'*instruction spéciale* à laquelle sont appelés les artistes, les industriels et les savans, pour se préparer aux travaux particuliers qui leur sont dévolus, n'oublions pas que tous doivent préalablement recevoir un enseignement commun, qui se présente comme la base, le point de départ de toutes les destinations ultérieures. Nous voulons parler ici de l'*éducation morale* dont il a été question précédemment, et qui, pour la génération naissante, se présente comme une sorte de préparation à toutes les destinations individuelles. Alors, en effet, s'opère pour l'enfance une première initiation aux beaux-arts, aux sciences et à l'industrie, dans les limites où ces différens ordres de connaissances se présentent comme une introduction nécessaire à l'exercice de toutes les fonctions, de toutes les professions.

Au terme de cette éducation primaire, que l'on peut étendre, resserrer ou diviser plus ou moins par la pensée, auraient lieu les élections dont nous avons parlé, et dont le but serait de répartir les individus selon les aptitudes, les vocations diverses qu'ils auraient manifestées. Conformément à ce premier choix, trois grandes écoles pour les *beaux-arts*, les *sciences*, l'*industrie*, seraient ouvertes aux élèves. Quelque nombreuses que soient les divisions particulières auxquelles chacune de ces écoles puisse être soumise, on doit concevoir la nécessité d'une éducation commune pour tous les artistes, en tant qu'artistes, de même que pour tous les savans et pour tous les industriels, quelles que soient les subdivisions que comportent et les beaux-arts, et la science, et l'industrie: ce ne serait qu'à la suite de cette seconde préparation que les jeunes gens, désormais fixés sur leur carrière future, seraient distribués dans les différentes écoles d'application, qui correspondraient à toutes les subdivisions dont sont susceptibles les trois grands ordres de travaux désignés ici d'une manière générale, et qui conduiraient les élèves jusqu'au moment où la société, les jugeant suffisamment préparés, confierait à chacun d'eux, en conséquence, la fonction à laquelle il serait devenu propre.

Nous nous sommes servis tout-à-l'heure d'une expression qui sans doute sera mal comprise, celle d'ARTISTES. On a pu voir toutefois que ce mot a pour nous un sens beaucoup plus étendu que celui qu'on lui donne généralement, nous le remplacerons plus tard par un autre que nous n'employons pas dès aujourd'hui, parce qu'il serait certainement plus mal compris encore. Cette considération nous oblige à nous servir provisoirement du mot *artistes* pour désigner les hommes doués au plus haut degré de la faculté *sympathique*, soit que cette faculté s'exerce sur l'humanité tout entière, soit qu'elle se renferme dans le cercle des affections sociales les plus étroites; de cette capacité enfin que nous avons dit devoir présider particulièrement à l'*éducation morale*. Ceci nous conduit, par une voie nouvelle, à la nécessité de nous occuper du problème religieux, dont les termes ont été posés dans la séance précédente. Toutefois nous devons, avant de l'aborder, jeter un coup d'œil rapide sur une partie de l'ordre social inséparable du sujet que nous venons de traiter, sur la LÉGISLATION.

DOUZIÈME SÉANCE.

LÉGISLATION.

Messieurs,

Nos dernières séances ont été consacrées à vous montrer par quels moyens la prévoyance sociale peut s'exercer sur les générations nouvelles, pour *diriger* chaque individu vers la fonction que sa capacité lui destine; nous vous avons dit que l'éducation embrassait même un champ plus vaste que celui sur lequel nous portions vos regards ; qu'elle accompagnait l'homme depuis son berceau jusque sur le bord de la tombe; développant sans cesse les germes déposés dans le cœur et l'intelligence de l'enfant et de l'adolescent. En nous arrêtant particulièrement sur ces deux premières époques de la vie de l'homme, destinées à sa préparation, à son *initiation* à la vie active, nous vous avons signalé la lacune qui rendait notre exposition incomplète, et que nous aurions bientôt à combler, pour revenir ensuite jeter un coup d'œil général sur le vaste sujet de l'éducation. Il vous a été facile en effet d'apercevoir, d'après la nature des éclaircissemens qui nous ont été demandés, et par les discussions que ces questions ont soulevées, que les bases de l'éducation *morale* de l'avenir devaient être fixées sans retard, pour qu'on n'ait plus à nous opposer ce que nous ne craignons pas d'appeler des préjugés, en ce sens que les opinions avec lesquelles on cherche souvent à nous combattre sont puisées dans une ordre de *faits*, d'*idées* et de *sentimens*, étrangers à l'ordre social que nous annonçons pour l'avenir.

Et ici, Messieurs, une observation est nécessaire, qui pourra donner, nous l'espérons, plus d'utilité aux débats auxquels nous consacrons la fin de chacune de nos séances. Si, comme nous le pensons, la doctrine de SAINT-SIMON est la doctrine sociale de l'avenir, si elle doit produire sur l'humanité *tout entière* une rénovation semblable à celle qui a été opérée sur *quelques peuples* par le christianisme, on doit sentir, non-seulement que nous ne pouvons employer nos réunions à la discussion *détaillée* des doctrines du passé, sous quelque nom qu'elles se présentent, mais encore qu'on ne saurait nous attaquer avec fruit qu'en se plaçant sur notre terrain même ; une comparaison éclaircira cette idée. Si un philosophe grec ou romain, l'empereur JULIEN par exemple (et aucun de nos adversaires ne sera sans doute blessé de ce parallèle), si JULIEN, disons-nous, discutant avec les premiers chrétiens sur la fraternité humaine, professée par l'Évangile, avait puisé ses argumens dans SA CONSCIENCE, *éclairée par la philosophie grecque*, s'il avait combattu les apôtres au moyen de la distinction des deux natures, la nature *libre* et la nature *esclave* ; s'il avait traité d'utopie, de rêve, la doctrine du CHRIST, parce qu'elle prétendait détruire et remplacer le sentiment qui, jusqu'alors, avait été le plus ferme soutien de l'ordre social, puisqu'il consacrait l'utilité, la nécessité et même la justice de l'*esclavage*, la discussion aurait nécessairement été peu profitable; elle aurait pu s'animer vivement, elle aurait pu exciter (non chez les chrétiens qui avaient la ferme conviction qu'ils apportaient quelque chose de neuf à l'humanité, mais chez Julien, dont la *conscience* se révoltait contre les adversaires de l'ordre moral dont il était un des plus brillans ornemens), elle aurait pu, disons-nous, exciter la haine et la colère, et l'histoire est là pour l'attester; mais elle n'aurait servi les destinées humaines que par le spectacle de la foi des martyrs, et rendons-en grâce au christianisme, l'homme doit s'éclairer autrement aujourd'hui.

C'est en considérant *préalablement* comme *hypothèses* les dogmes principaux de la philosophie nouvelle, exposés devant vous, c'est après avoir examiné successivement s'ils satisfont aux divers problèmes de l'ordre social, comme les doctrines du passé ont satisfait aux nécessités des temps où elles ont été produites, que vous pouvez vous fixer sur cette première idée : *l'organisation sociale* Saint-Simonienne *est-elle ou n'est-elle pas complète?* et alors, revenant sur les sentimens qui vous attachent à toute autre doctrine, les comparant à ceux que vous éprouverez en présence de celles de notre maître, ou vous conserverez avec persévérance les dogmes que vous a transmis le passé, ou bien vous vous joindrez à nous pour désirer et hâter la réalisation de l'avenir annoncé par Saint-Simon.

Arrivons à l'objet qui doit nous occuper dans cette séance.

Nous vous avons dit, tout à l'heure, que nous avions à exposer bientôt devant vous les bases de la sanction morale dont aucune société réellement constituée ne saurait se passer, et que là se trouverait la réponse à plusieurs doutes qui ont pu s'élever dans vos esprits, soit lorsque nous vous avons parlé de la constitution de la propriété et de sa répartition par droit de *capacité*, substituée à sa transmission par droit de *naissance*, soit encore lorsque, dernièrement, nous vous indiquions comment la prévoyance sociale préparait la génération naissante à *succéder*, sans interruption, à la génération active.

Cependant, avant d'aborder cette question fondamentale qui répand un nouveau jour sur toutes celles qui *intéressent* l'humanité, avant d'arriver au *cœur*, de rechercher le *principe de vie* de l'être collectif que nous étudions, nous avons encore à terminer, sur un point important, l'œuvre pour ainsi dire *anatomique* que nous avons entreprise, et dont il nous tarde de voir le terme. Oui, Messieurs, tant qu'on n'a pas saisi la chaîne *sympathique* qui attache l'homme à ce qui n'est pas lui, qui le rend fonction *obligée* du vaste phénomène dont il fait partie, jusque là on n'a sous les yeux qu'un être sans vie, un *cadavre*, un fait sans moralité. Mais forcés, comme nous le sommes, de nous placer provisoirement sur le terrain aride où sont, en quelque sorte, *immobilisés* aujourd'hui les hommes auxquels nous désirons nous adresser, nous avons dû examiner cette matière inerte qu'ils cultivent, ne fût-ce que pour en démontrer l'infécondité.

La *législation*, objet spécial des études de plusieurs d'entre vous, Messieurs, n'a encore été directement la matière d'aucune de nos séances; et au point où nous sommes parvenus, il serait difficile de la passer sous silence, quoique nous eussions préféré ne toucher à cette partie de l'ordre social que comme déduction de la *règle morale* dont la défense lui est confiée. Et en effet, il est facile de concevoir que la législation est toujours déterminée, dans son objet et même dans ses formes, soit par la disposition sympathique ou antipathique de la société, pour ou contre certains ordres de faits, soit aussi par la manière dont (suivant le degré de civilisation) elle exprime cette antipathie et cette sympathie, par les *peines* qu'elle inflige, ou par les *récompenses* qu'elle décerne. Cependant, sous son aspect le plus frappant, la législation est trop intimement liée à l'éducation dont elle est un complément, pour que nous ne fassions pas au moins un exposé rapide des principales idées de l'école sur ce sujet, nous réservant, ainsi que nous le ferons pour toutes les questions qui ont été traitées dans les séances précédentes, d'y revenir lorsque nous aurons examiné les idées dans lesquelles la législation elle-même puise la sanction dont elle a besoin pour exercer l'influence *positive* qu'elle doit avoir, influence qui est purement *négative* lorsque cette sanction lui manque.

D'ailleurs quelques questions qui nous ont été adressées nous engagent aussi à nous arrêter sur ce sujet.

Sans attendre que nous nous fussions expliqués sur la nature des sentimens dans l'avenir, on a désiré savoir toute notre opinion sur la *répression* de certains faits que nous déclarions, à l'avance, devoir être considérés un jour comme immoraux, comme nuisibles aux progrès de la société, comme *réprouvés* par elle. On est allé plus loin; on a préjugé notre opinion sur les formes plus ou moins acerbes que revêtirait cette répression, et oubliant que nous annoncions la fin du règne de la violence, peu s'en est fallu qu'on n'ait supposé que nous gardions par devers nous et comme arrière-pensée la peine de mort, ou du moins la question et la baïonnette du gendarme.

De pareilles méprises, en présence d'un système social entièrement neuf, ne sauraient étonner, et nous sommes heureux qu'elles soient faites, puisqu'elles nous donnent chaque fois l'occasion de faire sentir l'immense distance qui sépare la sphère de *sentimens*, d'*idées* et d'*actes* dans laquelle nous sommes placés, de celle où s'agitent les hommes mêmes qui, animés du meilleur sentiment, s'efforcent de corriger les vices du passé, de guérir les infirmités du *vieil homme*, quand il s'agit de lui donner une nouvelle vie, de créer et d'animer l'*homme nouveau*.

Nous allons examiner rapidement le but et la nature de la législation, les faits qu'elle embrasse et les moyens dont elle se sert, et enfin les conditions de capacité qui doivent servir de base à l'organisation de la magistrature.

La législation a pour but le *maintien* de la règle morale, et son *enseignement*, sous une forme particulière.

Elle embrasse les faits *exceptionnels* de la société, c'est-à-dire les faits anomaux, *progressifs* ou *rétrogrades* ; en d'autres termes, les actes *moraux* ou *immoraux* qui excitent le plus l'*éloge* ou le *blâme*.

Elle se divise donc en deux parties distinctes : la législation négative et positive, ou *pénale* et *rémunératoire* ; cette division lui donne un double caractère, résultant de la *crainte* et de l'*espérance*, avec le premier, elle se présente comme un *obstacle* au *vice* ; avec le second, comme un encouragement, comme un *excitant* pour la *vertu*.

Arrêtons-nous un instant sur cette proposition que nous venons de présenter sous trois formes différentes : nous avons terminé en prononçant deux mots, *vice* et *vertu*, qui ont donné lieu, dans tous les temps, à trop de divagations, pour que nous ne nous empressions pas de fixer la valeur que nous leur attribuons.

Tout homme peut être déterminé à agir, soit en se considérant comme *centre*, soit en se plaçant à la *circonférence* de la sphère où doit se passer son action, ou autrement, il peut subordonner l'intérêt général, *quel qu'il soit*, à son intérêt particulier, et réciproquement. Le premier cas donne lieu à *l'égoïsme*, le second au *dévoûment* (1); l'un correspond aux *intérêts* proprement dits, et l'autre aux *devoirs*. Ces deux moyens conduisent, *généralement*, au même but, dans les époques que nous nommons organiques, parce qu'alors il y a harmonie entre les *intérêts* et les *devoirs*, que les uns et les autres sont également *aimés*, et que le lien qui les unit est senti par *chacun*; dans les époques critiques, au contraire, l'égoïsme domine et se fait, pour ainsi dire, seul entendre, parce qu'il n'existe ni *conviction* ni *amour* pour ce que l'on *pense pouvoir bien être* le DEVOIR ou l'intérêt général. Quel que soit le but de la société, qu'elle soit organisée pour prospérer par la guerre ou par le travail pacifique, qu'elle consacre la domination de l'homme sur l'homme ou l'association, le phénomène précédent s'offre toujours à l'observateur, et l'intérêt général ne se trouve d'accord avec l'intérêt indi-

---

(1) Il serait plus exact de dire *l'abnégation*, le *sacrifice*, que le *dévoûment*. Ce changement de termes renfermerait la solution du plus grand problème moral que se soit jamais posé l'humanité; mais ceci exigerait des développemens qui seront donnés lorsque nous aborderons, dans un second volume, le dogme religieux de l'avenir; qu'il nous suffise de dire aujourd'hui, que dans tout le passé le *dévoûment* ou la *dévotion* a toujours entraîné l'idée *d'abnégation*, de *sacrifice*, tandis que pour l'avenir la dévotion consiste à mettre en harmonie l'intérêt *général* et l'intérêt *particulier*, de manière à faire disparaître aussi bien *l'abnégation* que *l'égoïsme*, ce qui ne peut avoir lieu que dans une société où chacun, quelle que soit sa *naissance*, est classé selon sa *capacité* et rétribué selon ses *œuvres*.

viduel que chez les hommes qui cherchent à mériter, par leurs actions, l'estime et l'amour de tout ce qui les entoure, c'est-à-dire chez ceux qui se placent simultanément au centre et à la circonférence.

Faute d'avoir examiné l'homme, sous ce double aspect, les philosophes du XVIIIe siècle ont fait revivre, sous diverses formes, l'égoïsme *matérialiste* d'Épicure ou l'égoïsme *spiritualiste* des stoïciens, *mais toujours l'égoïsme*; cette confusion est aussi évidente dans l'intérêt bien entendu d'Helvétius que dans les devoirs *envers soi-même* des métaphysiciens spiritualistes; l'un réduit l'homme à une masse passive, sollicitée par des appétits immédiats et purement *individuels*: les autres s'efforcent de le relever à ses propres yeux, en prononçant ce mot sacré : devoir; mais ce devoir, ce ne sont pas les besoins généraux de l'humanité qui l'imposent, ce n'est pas la *voix de* Dieu, la *voix des peuples* que les métaphysiciens cherchent à saisir, à comprendre, c'est la leur qu'ils écoutent; c'est à leur conscience *individuelle* qu'ils demandent des révélations.

Aussi, hâtons-nous de le remarquer, tous ces philosophes, rangés sous deux grandes bannières de couleur différentes, divisés ensuite par groupes imperceptibles, qui tous se traitent en ennemis lorsqu'ils sont sur le *champ philosophique*, vous les voyez se donner amicalement la main dès qu'ils abordent celui de la *morale* et de la *politique*. L'athée d'Holbach, les déistes Voltaire et Rousseau, en un mot toutes les sectes philosophiques ralliées au protestantisme, disons mieux encore, au gallicanisme, professent toutes en chœur la même doctrine sociale.

Cette formidable unanimité de tous les défenseurs de *l'individualisme*, dans les questions politiques, devrait suffire pour leur prouver que leurs croyances *sociales* ne sont pas des déductions logiques de leurs doctrines dites *philosophiques*, et par cela seul leur faire douter de la valeur de ces croyances ; et s'il n'était pas contraire aux dogmes reçus dans ces diverses sectes, de remonter à une source plus haute que la conscience *individuelle*, nos philosophes, nos publicistes reconnaîtraient sans peine qu'ils sont élèves d'un même maître.

Cette digression nous était utile : avant de compléter ce que nous avons à dire sur les mots *vice*, *vertu*, nous voulions montrer, par un exemple qui se passe sous nos yeux, que leur signification est déterminée nécessairement, sous peine d'erreurs semblables à celles que nous venons de signaler, non lorsque tel ou tel individu prétend fixer leur valeur en consultant seulement *sa conscience* (s'appelât-il Locke, Reid, Condillac ou Kant); mais lorsque cette révélation de la conscience *individuelle* est confirmée par *les besoins généraux de l'humanité*, suivant l'état de sa civilisation ; besoins que les masses expriment d'abord d'une manière si confuse, qu'ils sont entendus seulement par les hommes qui éprouvent pour elles la plus vive, la plus généreuse sympathie.

Aucun code de morale (car il nous répugne de nommer ainsi les conceptions mystiques de l'égoïsme, aux époques critiques, et l'humanité tout entière justifie assez notre répugnance), aucun code de morale n'a considéré l'individu comme *centre*, c'est-à-dire n'a prêché l'égoïsme ; toutes les institutions des époques organiques sont faites, au contraire, pour ramener le citoyen à la *circonférence*, dont il pourrait être distrait par des circonstances *particulières*; elles ont eu constamment pour but de lui rappeler ses DEVOIRS, en l'excitant à les remplir, ou bien en lui faisant craindre d'y manquer.

Ici, Messieurs, nous n'avons pas besoin de vous faire observer que notre intention n'est pas de commencer aujourd'hui devant vous, un cours régulier de morale, et que tout ce que nous avons dit jusqu'à présent est indépendant de la nature des devoirs sociaux imposés à l'homme, à l'une ou l'autre des diverses époques de son développement ; cependant il est important de vous rappeler à ce sujet quelques-unes des idées générales de notre école sur le développement de l'humanité, idées qui trouvent en ce moment leur application.

A chaque rénovation sociale, la sensibilité humaine développée écarte de la législation pénale ou rémunératoire certains faits qui ont cessé d'être nuisibles ou utiles ; mais en même temps elle y fait entrer d'autres faits, qui prennent alors ce caractère, c'est-à-dire qui deviennent l'objet de ses répugnances ou de son admiration.

Ainsi, sous l'empire du christianisme, ce ne fut pas seulement dans l'enceinte de l'Église que la *vertu* perdit ce caractère farouche de violence et de ruse qu'elle avait eu dans l'antiquité ; mais dans le guerrier lui-même elle revêtit une forme prodigieusement adoucie par l'amour ; et les mœurs brillantes de la chevalerie auraient repoussé comme félons et discourtois tous les héros d'Homère, que la Grèce et Rome admiraient comme les types sublimes de l'humanité.

Aux grandes époques de régénération il s'opère donc une transformation du système moral comme du système politique ; des mots anciens reçoivent une acception nouvelle, et des mots nouveaux apparaissent pour désigner des impressions également nouvelles. Cet avertissement nous paraît nécessaire pour éviter des objections qui tiendraient à ce que, sous les mots VICE et VERTU, on placerait des faits que le présent nomme ainsi, mais que l'avenir qualifiera autrement. Il nous suffit de dire que nous entendons désigner par là, d'une part, tous les faits qui paraissent devoir favoriser la marche de la société vers le but qu'elle se propose d'atteindre; de l'autre, ceux qui semblent au contraire faire obstacle à son développement. Par exemple, se faire un jeu de la mort, la braver en riant, sans passion, sans dévoûment; affronter le danger, uniquement pour montrer du COURAGE, vertu par excellence des temps anciens, pourra bien un jour être considéré comme une folie bravade, ridicule, ou plutôt même dangereuse, à une époque où il ne serait plus nécessaire que l'homme fût toujours prêt à la lutte, à la guerre. De même encore, on admirera sans doute toujours la FORCE, celle de WATT, par exemple, comme on admirait celle d'ACHILLE, mais ce ne sera réellement plus la même force; car elle s'exercera dans un but tout différent de celui qui l'excitait autrefois. Enfin, on poursuivra certainement toujours la LACHETÉ, par la honte, par le déshonneur; mais ce ne sera plus celle du passé; les oisifs, voilà les *lâches* de l'avenir; agrandir le domaine scientifique ou industriel de l'homme, perfectionner ses sentimens, n'en doutons pas, Messieurs, voilà la *force* et le *courage*, la VERTU de l'avenir; voilà par quels moyens on pourra un jour mériter encore la *noblesse* PERSONNELLE et la *gloire*.

La législation, avons nous dit, se divise en législation pénale et rémunératoire; la double sanction, renfermée dans l'institution des *peines* et des *récompenses*, correspond à la division qui s'établit dans les actes humains, selon leur moralité, en *vices* et *vertus*. Ajoutons maintenant que le corps judiciaire est alors l'organe au moyen duquel la société exprime le *blâme* ou la *louange*.

Bien que ces deux parties de la législation semblent devoir être traitées en même temps, nous tâcherons, autant que possible, de borner notre examen à l'une d'elles, et vous allez facilement en sentir la raison. Tous les travaux des légistes et des publicistes, malgré les efforts de Beccaria et de Bentham, qui ont osé, sans succès, il est vrai, aborder directement la question sous le double point de vue, n'ont eu réellement pour objet que la législation *pénale*; ce qui était bien naturel, puisque la seule institution qui, pendant plusieurs siècles, avait eu une existence morale d'une force prodigieuse, perdait chaque jour de son influence, sans être remplacée par une institution analogue qui pût attacher une sanction de quelque poids aux arrêts de la justice humaine, et qui pût surtout prononcer la *réhabilitation* du coupable, et décerner des couronnes au génie.

Tristes divinités de la doctrine de l'individualisme, deux êtres de raison, la *conscience* et l'*opinion publique*, reçurent bientôt les hommages que l'humanité refusait à l'Église, et alors toute la législation rémunératoire se réduisit à un seul dogme que les métaphysiciens expriment ainsi : « L'homme vertueux est récompensé par *sa conscience*; » tandis que les publicistes critiques, disent : « L'*opinion publique* récompense l'homme de bien. » Ce qui, comme nous l'avons dit plus haut, conduit au même résultat politique, l'opposition à toute tentative d'organisation d'un *centre de direction* des intérêts moraux de l'humanité, la haine du pouvoir.

Avant de nous renfermer dans l'examen de la législation pénale, seul moyen d'ordre que la politique critique ait pu concevoir, précisément parce qu'il est privé, autant que possible, de moralité, arrêtons-nous un instant, Messieurs, sur cette lacune immense que présente l'organisation sociale de nos jours, et qui donne tant d'avantage aux attaques des hommes rétrogrades qui rêvent le retour vers les institutions du passé; nous y reviendrons encore, après vous avoir indiqué nos vues sur l'avenir moral de l'humanité : mais un coup d'œil sur la dégradation sociale, sous ce rapport, préparera, dès à présent, ce que nous aurons à vous dire plus tard.

Remarquez, Messieurs, que cette lacune dont nous vous parlons, ce veuvage de la société, privée de la force morale qui soutient le faible, qui double la puissance du génie, qui seule peut réconcilier le coupable repentant, avec la société qu'il a blessée, remarquez, disons-nous, que cette lacune ne se fait pas sentir seulement par l'absence de la partie de la législation que nous avons nommée rémunératoire. La distinction généralement admise entre la *justice* et l'*équité* nous en donne la preuve; après avoir répudié l'ordre moral, l'ordre légal, privé de son appui, est resté sans force pour repousser l'injure que renferme cette distinction. Mais ce n'est pas tout, une nouvelle injure, une injure plus patente lui était réservée : cette injure, compensation sévère des efforts faits par les légistes pour détruire les fondemens politiques de l'ordre moral du passé, mais juste punition de leur imprévoyance à reconstruire un nouvel édifice, l'institution du *jury* est venue la prononcer.

Et en effet, Messieurs, le jury n'est-il pas une conséquence de la *défiance* inspirée, soit par l'immoralité présumée de la loi, soit par la crainte de la corruption ou du moins de l'ignorance dans la magistrature ? On a voulu être jugé par ses *pairs*, aussitôt qu'en morale, comme en politique, on n'a plus reconnu de *supérieur*. On a voulu alors, par un heureux instinct dont l'homme ne se dépouille jamais entièrement, redonner aux paroles de la loi la puissance d'*opinion* qu'elles avaient perdue; vains efforts, l'urne d'où sortent régulièrement quelques noms inconnus n'est pas la source pure d'où s'écoulent les eaux de la réconciliation, ni même celles de la réprobation sociale.

Et cependant, Messieurs, telle est la seule garantie réclamée aujourd'hui en faveur de l'ordre moral, dans la législation; peu d'esprits s'abusent assez pour ne pas reconnaître que de pareilles institutions sont bien pauvres, bien froides, bien décolorées. Pour peu qu'on ait réfléchi un seul instant, ne fût-ce que pour les critiquer, aux jugemens prononcés par l'Église chrétienne, à l'époque de sa puissance, à cette *canonisation* qui recommandait à tous les fidèles, à toute la postérité, les vertus du chrétien; à cette *excommunication* qui mettait le coupable, même pendant sa vie, dans un douloureux purgatoire; osons-le dire, à ces *indulgences*, tant que l'église n'en fit pas un honteux trafic, on ne saurait se défendre d'un sentiment de pitié pour la société qui ne craint pas de célébrer la destruction de ces grands moyens d'ordre, sans songer à les remplacer pour l'avenir, et l'on conçoit le regard de mépris ou de désespoir que jettent sur elle les fortes intelligences de nos jours; on comprend de Maistre, rappelant le passé de tous ses vœux, de tous ses efforts, comme on sent Goethe ou Byron, couvrant d'un suaire de mort, entourant d'une atmosphère empoisonnée les ruines sur lesquelles nous végétons misérablement.

Non, Messieurs, l'humanité n'est pas à jamais condamnée à cet état de nullité morale, et par conséquent d'immoralité; car l'homme ne peut rester long-temps livré à lui-même, sans tomber dans l'égoïsme. Un jour viendra où les paroles prononcées par les organes de la justice sociale, porteront dans tous les cœurs une véritable joie ou bien une profonde douleur; un jour viendra où les hommes dévoués à l'humanité pourront prétendre à une nouvelle couronne de sainteté, où le vice sera puni par le douloureux spectacle des souffrances qu'il fait éprouver à la vertu, un jour viendra enfin où le repentir pourra connaître l'espérance.

Que cette dernière idée soit surtout présente à vos esprits, Messieurs, et vous apprécierez à leur juste valeur les efforts impuissans des légistes philanthropes, lorsqu'ils cherchent à rétablir le calme dans les cœurs que leur imprévoyance a laissé pervertir. C'est par les bagnes qu'ils semblent vouloir commencer la régénération morale de la société; tous s'élèvent avec force contre cette éternité de souffrances qui accompagnent l'homme, une fois flétri par le terrible et misérable instrument de la justice sociale, flétrissure qui lui ferme pour toujours les voies du repentir et de la réconciliation : tous gémissent de l'état d'abjection auquel le contact continuel du crime entraîne des hommes faibles, sans soutien contre le spectacle des désordres de l'égoïsme; et aucun d'eux n'a pensé que ces êtres, dont ils déplorent le malheur, sortent eux-mêmes de nos villes civilisées, où ils manquaient aussi d'appui, et où ils ont laissé une foule d'âmes, faibles comme les leurs, qui viendront bientôt à leur suite, se perdre, s'abîmer dans les prisons, et peut-être dire leur dernier adieu à la terre du haut de l'échafaud.

Mais rentrons dans la question spéciale que nous avons promis de traiter; nous voulons parler de la théorie des peines, et de l'organisation du corps institué pour *appliquer* cette théorie aux divers faits sociaux.

Nous vous avions déjà dit plusieurs fois, mais nous ne saurions trop le répéter, que l'une des grandes lois du développement de l'espèce humaine consiste dans la décroissance constante du règne de la force, ou mieux encore (pour que ce mot de *force* ne produise pas une contradiction apparente avec la croissance politique de l'industrie), du règne de la violence et de l'*exploitation de l'homme par l'homme*. Appliquée au sujet qui nous occupe, cette loi nous montre, d'une part, que le vice revêt des formes de moins en moins brutales; et de l'autre, que la pénalité prend un caractère plus humain. Sous ce rapport, quels que soient les progrès qui aient été faits jusqu'à nous, on tomberait donc dans une grave erreur, si, en nous entendant prononcer le mot *répression*, on se figurait que nous entendons par là les formes employées, soit par les Chinois ou les Grecs, lorsqu'ils réprimaient, par exemple, les progrès de la population, en exposant les enfans ou en faisant la chasse aux esclaves, soit par l'Église chrétienne, lorsque, sur son déclin, elle réprimait l'impiété par des *auto-da-fé*.

Non, Messieurs, quoiqu'il nous soit impossible de déterminer à l'avance le *détail* des moyens répressifs employés dans l'avenir, on nous prêterait gratuitement une contradiction manifeste avec nos principes mêmes, si l'on supposait que nous pussions admettre, dans un ordre social où nous ne reconnaissons, comme condition de pouvoir, que la moralité, la capacité et le travail, l'existence d'une magistrature qui n'éprouverait pas, à un haut degré, la sympathie *même* pour le coupable, et qui ne verrait pas, dans sa punition, une *correction salutaire*, un véritable moyen d'ÉDUCATION, plutôt qu'une *vengeance*. Cette méprise serait d'autant plus impardonnable, si elle s'appliquait à la répression des délits *moraux*, et par exemple à ces questions si inflammables aujourd'hui, à la liberté de l'enseignement, à celle de la presse, et plus encore à celle des cultes; mais, puisqu'on désire savoir toute notre pensée à cet égard, la voici :

Nous *pensons* que, dans une société constituée comme nous prévoyons que le seront celles de l'avenir, les peines infligées aux propagateurs de doctrines anti-sociales auront *surtout* pour but *de les soustraire* à l'animadversion publique : en sévissant contre eux, le pouvoir ira, pour en atténuer la rigueur, au-devant de la haine populaire, si facile à s'exalter contre les hommes, contre les choses qui blessent les sentimens des masses. Mais, pour comprendre cette idée, n'oubliez pas, Messieurs, que notre première hypothèse, *comme notre seul but*, est de parvenir à l'organisation d'un pouvoir *aimé*, *chéri*, *vénéré*. Or, quelles que soient vos préoccupations momentanées, pourriez-vous penser, en présence du dogme de la perfectibilité, généralement senti, que l'espèce humaine, après avoir si long-temps éprouvé le *respect* qui attache le faible au fort, l'*admiration* qui courbe l'intelligence devant le génie, l'*amour* qui se dévoue avec joie pour l'homme à la vie duquel semblent liées les destinées d'un peuple, celles du monde entier; pourriez-vous penser, disons-nous, que l'humanité fût à jamais déshéritée de ces nobles élémens de son bonheur? S'ils avaient dû périr, c'était sans doute au moment où l'anarchie révolutionnaire semblait les avoir chassés pour toujours du cœur de l'homme, et n'est-ce pas alors que nous les avons vus revivre, du moins en partie, pour donner à la France cette force prodigieuse qui, pendant vingt années a autant étonné qu'effrayé l'Europe?

Rassurez-vous donc, Messieurs, sur la rigueur des peines dans l'avenir; lorsque le pouvoir qui les inflige jouit de la confiance et de l'amour des peuples, soyez-en sûrs, on célèbre plus souvent sa *clémence*, qu'on ne gémit de sa *sévérité*.

Maintenant que vous connaissez toute notre pensée sur la gravité des peines, nous fixerons votre attention sur le but social qu'elles *doivent* atteindre, c'est-à-dire sur l'*utilité* que la société peut attendre d'elles, et par conséquent sur le caractère dont elles doivent être revêtues.

Dans un moment où, comme nous l'avons déjà dit, tout moyen direct d'éducation est à peu près nul dans les mains du pouvoir, c'est-à-dire aux époques où il n'a réellement ni capacité, ni mission pour *enseigner* les peuples, la législation pénale est la seule arme qu'il possède, non pour entraîner la société dans la route du *bien*, c'est-à-dire vers son *avenir* qui est ignoré; non pour l'empêcher, par une sage prévoyance, d'embrasser celle du *mal*, c'est-à-dire, de retourner vers la barbarie du *passé*, mais uniquement pour effrayer le vice (que l'on ne conçoit alors que sous ses formes les plus grossières), par le spectacle de la punition des coupables. Ce moyen d'éducation, le plus faible de tous aux époques organiques, puisqu'il n'agit qu'*indirectement*, est le seul qui reste aux époques critiques; aussi a-t-il paru d'une grande importance aux modernes publicistes qui ont cherché à découvrir la valeur morale de la législation. Ces publicistes, il est vrai, sont peu nombreux aujourd'hui, et BENTHAM, qui se place sans contredit au premier rang parmi eux, n'a pu s'empêcher de reconnaître que, sous ce rapport, nous n'étions pas plus heureux que les Grecs et les Romains, dans le choix des peines, et que le catholicisme seul avait su tirer parti de ce terrible moyen de frapper les esprits. Cette remarque aurait pu le mettre sur la trace d'une foule de vérités que ses dispositions critiques lui ont fait négliger, et que nous allons essayer de développer devant vous.

Oui, l'église catholique a su employer, *même* la législation *pénale*, comme moyen d'éducation populaire; elle l'a su, parce que *tout* fut pour elle moyen d'*éducation*, tant qu'elle eut foi dans la mission que le Christ lui avait donnée d'*enseigner le monde* : et quoiqu'elle ait laissé aux puissances de la terre le soin d'appliquer les peines *temporelles*, là encore elle exerçait son influence en leur donnant le caractère *moral* qui leur manque aujourd'hui. Ces lugubres cérémonies réduites maintenant, pour ainsi dire, à l'appareil d'une opération chirurgicale, semblent aussi brutes, aussi privées de vie, qu'il est possible de les concevoir. Eh bien! non, Messieurs, un souffle les anime encore : Voyez cet homme qui apparaît sur l'échafaud, entre le bourreau et la victime; il porte avec lui, sur le théâtre de la mort, l'*espérance* et l'*amour*; n'est-ce pas là toute la vie?

Ne nous étonnons donc pas, comme Bentham, de la nullité morale de notre pénalité; disons avec lui que la plupart des châtimens de notre législation, ceux du moins où le sang ne coule pas, sont de vraies *parodies judiciaires*.

Nous connaissons maintenant la cause de cette pauvreté, par conséquent nous sommes bien près des moyens de la faire disparaître; nous savons que là où il n'existe pas de croyances morales communes, représentées par les hommes qui en sont le plus vivement animés, là aussi la force brutale est le seul moyen d'ordre à l'usage du pouvoir. Ainsi, et chose digne de remarque, c'est au moment où les peuples sont éblouis par la crainte du despotisme, de l'arbitraire, qu'ils consentent le plus facilement à laisser, dans les mains d'une autorité dont ils se défient, l'arme la plus terrible du despotisme, la force matérielle ! Nous signalons cette inconséquence, pour faire sentir encore une fois le vice de logique qui préside *heureusement* à tous les actes d'une époque critique.

Disons-le donc hautement, et avec une entière franchise, lorsque l'enseignement des sentimens sociaux est réduit à une action *répressive*, c'est-à-dire, lorsqu'il n'existe que dans la législation *pénale;* quand le BOURREAU est le seul professeur de morale breveté par l'autorité, alors seulement peut régner le despotisme, alors seulement la société peut être soumise au plus réel, au plus avilissant de tous les esclavages.

N'abandonnons pas ce sujet sans tirer une leçon importante de l'opinion du grand légiste anglais. Vous entendez chaque jour répéter à satiété que l'esprit humain ne doit plus se payer de solutions incomplètes, de faits contradictoires avec les principes, de ces explications incompréhensibles d'effets sans cause, en un mot, que tout ce qui lui paraît prodige, miracle, n'est que l'expression de son ignorance, et enfin, que cela n'est pour lui que l'indication des travaux à faire pour découvrir la vérité, obscurcie par des phénomènes mal observés. Nous exprimons ici une croyance scientifique trop populaire aux époques critiques pour que nous puissions craindre d'être contredits sur ce point. Eh bien ! Messieurs, comment BENTHAM s'explique-t-il que les Grecs, les Romains, et nous, soyons également impuissans à tirer un parti utile de la pénalité, tandis que le catholicisme, au contraire, s'en servait avantageusement pour inspirer la crainte ou les espérances dont il voulait pénétrer les âmes? Le problème eût été intéressant pour l'homme qui aurait voulu établir un lien entre l'antiquité et nous; BENTHAM passe à côté sans l'examiner; et il est impossible de ne pas être convaincu, connaissant ses opinions politiques, qui sont, avec un peu plus de logique, celles de tous nos publicistes, que cette supériorité du catholicisme, par rapport à nous et aux Romains, est un véritable *miracle incompréhensible* pour lui comme pour tous les hommes soumis à l'empire de la critique. Comment s'avouer, en effet, que ce moyen âge, *si barbare*, connaissait les grands secrets de la conduite des peuples? Comment s'avouer, qu'il se servait avec art de moyens qui produisaient sur les masses un effet, pour ainsi dire, calculé à l'avance, tandis que nous, prodige de civilisation, nous ignorons ce que c'est que la civilisation, ou du moins, nous ne savons rien faire pour faciliter son développement?

Le même embarras se présente, nos expériences personnelles nous permettent de l'affirmer, dans toutes les questions générales pour peu qu'on essaie de résister à l'aveuglement de l'éducation que nous a léguée le XVIII⁰ siècle; abandonnez pour un instant les antipathies qui vous éloignent du moyen âge; oubliez provisoirement que la doctrine des directeurs sociaux à cette époque de la vie humaine, vous répugne, et il vous sera impossible de ne pas reconnaître une harmonie très-remarquable entre cette *doctrine* et les *actes* du pouvoir à cette époque; or c'est précisément l'harmonie entre la *pensée* et les *actes* qui constitue l'état sain de l'esprit humain, comme leur désaccord est l'attribut de la folie; et l'aveu de BENTHAM, sur la comparaison du moyen âge avec l'époque actuelle, est une des preuves les plus claires du cercle vicieux dans lequel les doctrines critiques tiennent l'humanité renfermée.

Il nous reste à vous entretenir de la magistrature, c'est-à-dire du choix des hommes chargés de faire application de la doctrine morale aux cas exceptionnels *vicieux*, car nous ne nous occupons ici que de la législation *pénale*.

Établissons d'abord une sous-division qui nous permettra de négliger une partie de la question dont nous ne pourrons utilement nous occuper qu'après vous avoir exposé directement les idées de l'école sur l'avenir moral ou plutôt sentimental de l'humanité.

Les cas exceptionnels vicieux se divisent en trois classes qui correspondent au triple point de vue sous lequel l'homme et l'humanité peuvent être envisagés. Nous voulons parler de ces trois aspects que nous désignons par ces trois mots : *beaux-arts*, *science* et *industrie*. Il y a donc trois espèces de délits, délits (1) contre LES SENTIMENS, ou contre les relations MORALES des hommes entre eux, délits à l'égard de la *science*, et délits contre l'*industrie* ; la même division existe dans les actes vertueux qui se présentent comme progrès des *sympathies* de sociabilité, découvertes *scientifiques*, et enfin conquêtes de l'*industrie* ; mais, sous ce dernier rapport, nous n'avons, pour le moment, aucun développement à donner.

D'après cette classification, la magistrature, au point de

---

(1) Rappelons, comme nous l'avons déjà indiqué plus haut, que commettre un *délit*, c'est toujours commettre un acte dont la tendance est *rétrograde* ; c'est reproduire une habitude du passé ; c'est, en d'autres termes, prouver que l'éducation n'a pas atteint son but : le *coupable* n'est donc, pour nous, qu'un fils du *passé*, et tous les efforts du *présent* doivent tendre à en faire un enfant de l'*avenir*.

vue de la pénalité, est donc divisée en trois ordres, aussi bien que le code pénal, et ces trois ordres correspondent aux trois grands ordres sociaux, qui ne sont pas, pour nous, la *monarchie*, l'*aristocratie* et la *démocratie*, mais bien les ARTISTES, les *savans* et les *industriels*; et, nous le répétons, nous nous servons provisoirement de ce mot *artiste*, parce que celui que nous voudrions employer serait sans doute mal compris aujourd'hui.

Maintenant : dans ces trois grandes classes de la société, quels sont les individus qui doivent juger si certains faits sont vicieux, c'est-à-dire s'ils blessent les sentimens, s'ils nuisent aux progrès ou à l'enseignement de la science, enfin s'ils sont contraires au développement de la richesse et à sa répartition suivant la capacité des travailleurs.

Vous sentez, Messieurs, que le degré d'abstraction auquel nous venons de nous livrer ne suppose pas qu'il n'y ait point de faits anomaux *complexes*; certaines *causes*, dans les formes de l'ordre judiciaire actuel, sont du ressort de deux degrés différens de juridiction; il en sera de même dans l'avenir; mais l'abstraction n'en était pas moins nécessaire, précisément pour établir les attributions *spéciales* de chaque tribunal.

D'après ces préliminaires, vous voyez que nous devons élaguer, pour le moment, ce qui est relatif à l'ordre sentimental, et nous borner à l'examen des deux autres classes.

Nous aussi, Messieurs, nous dirons avec les publicistes critiques qu'on doit être jugé par ses pairs, pourvu qu'on entende uniquement par là qu'un délit industriel doit être jugé par les industriels, un délit contre la science par les savans ; mais de là au *jury par le sort* il y a loin, et pour éviter qu'on ne nous y conduise, nous nous hâtons d'ajouter : que si l'on doit être jugé par ses pairs, c'est à condition que, parmi ces *pairs*, ce seront les *supérieurs* qui jugeront; sans cela ce premier principe est plutôt une cause de désordre qu'une garantie d'ordre; puisqu'en l'adoptant, on déclare qu'on peut laisser au *hasard* le soin de décider si l'immoralité, l'ignorance, l'incapacité *jugeront*.

Pour *juger* un fait particulier, il faut être placé à un point de vue plus élevé que celui où se trouvait l'auteur de ce fait; il faut embrasser plus de choses, plus d'intérêts que lui : pour apprécier si un fait est *anomal*, il faut connaître le fait *général* qui y correspond.

Qui donc pourrait exercer la magistrature scientifique, par exemple, si ce ne sont les hommes qui connaissent le mieux les besoins généraux de la science ? Et ne vous hâtez pas de conclure de ces paroles que notre désir soit de voir donner à l'Académie française, à celle de médecine, ou à la Faculté de droit, ou enfin à quelque institution actuelle que ce soit, une pareille prérogative; non, Messieurs, si nous attendons une régénération sociale, ces institutions, qui ne sont que des spécialités, infiniment petites même, de notre organisation, en subiront radicalement la conséquence. Toutefois nous reconnaissons que les hommes s'élèvent souvent au niveau des circonstances pour lesquelles ils ne se croyaient pas faits, et cela arrive surtout lorsque les habitudes de toute leur vie les conduisent naturellement, *instinctivement*, pour ainsi dire, à la nouvelle mission qu'on leur confie. Un exemple récent vous fera sentir toute la vérité de cette proposition; nous voulons parler des tribunaux de commerce.

Aucun des principes que nous avons émis tout à l'heure n'est contraire à la composition des tribunaux de commerce : cette institution nous paraît même, ainsi que la création tout entière du code de commerce, le seul témoignage de l'élément progressif renfermé dans notre législation : et nous n'entendons pas dire par là que le code et les tribunaux de commerce ne recevront pas de grandes modifications dans l'avenir, mais seulement qu'ils contribueront eux-mêmes, plus efficacement que toute autre partie de notre appareil judiciaire, à la réforme générale de notre législation : aussi a-t-on vu, chose miraculeuse pour un légiste ! des hommes, livrés d'ailleurs à des travaux étrangers, en *apparence*, à la législation, prononcer sur les questions les plus délicates d'intérêt commercial, avec une promptitude et en même temps une justesse inconnues aux autres tribunaux. L'étonnement au reste était bien naturel, puisqu'il tient à la fausse idée que doit faire naître nécessairement dans les esprits le spectacle d'une législation qui (le droit commercial excepté) se rapporte à des faits qui sont en dehors des connaissances et des habitudes de chaque citoyen.

On a donc reconnu que la magistrature commerciale pouvait être confiée à des industriels, en considérant toutefois ce tribunal comme un premier degré de juridiction; mais, il faut l'avouer, on s'est conduit à leur égard comme si on s'était défié de leur force; on peut s'en convaincre en réfléchissant à l'importance des faits qui restent encore du ressort de la législation civile, et qui se rapportent cependant d'une manière directe, soit à la production, soit à la répartition de la *richesse sociale*, ou, en d'autres termes, aux opérations et à l'organisation de la société, envisagée du point de vue *industriel*. Ainsi les questions relatives à la propriété foncière, celles qui servent à régler la distribution et la transmission des instrumens de travail, c'est-à-dire les baux, actes de vente, héritages, dots, n'étant encore résolues que comme conséquence des doctrines sociales du *passé*, sont restées dans le domaine de la législation dite *civile*. Mais si vous vous rappelez les séances dans lesquelles nous vous avons parlé de la constitution de la propriété, vous concevrez comment la législation d'une société INDUSTRIELLE embrasserait aussi bien le réglement de la propriété *foncière*, que les actes relatifs à la propriété *commerciale*, particulièrement mobilière aujourd'hui. Et alors, profitant de l'essai qui aura été fait de tribunaux de commerce, pour en instituer d'autres plus élevés et revêtus de leur véritable nom, *tribunaux industriels*, tous les faits *nuisibles* au progrès de la *richesse*, c'est-à-dire au développement de l'*industrie*, seraient jugés précisément par les hommes qui contribuent efficacement à ses progrès : et qu'on ne nous oppose pas l'ignorance dans laquelle sont aujourd'hui presque tous les industriels quant à ce qui concerne les lois civiles, puisque cette ignorance ne prouve pas autre chose, si ce n'est que le code *civil* ne convient pas à la *cité* actuelle, et qu'il n'a pas été conçu d'après une vue générale des besoins réels de notre époque, ni surtout de ceux de l'avenir; mais d'ailleurs, ne faisons pas sonner trop haut la science des légistes et l'ignorance des industriels, car s'il s'agissait de prononcer sur l'utilité de la presque totalité de nos lois, en ce qui concerne la prospérité *matérielle* de la société, le jugement des industriels aurait au moins autant de poids que celui des légistes, puisque ce sont eux qui souffrent à chaque instant des vices de la loi, tandis que ces vices sont précisément l'élément dans lequel vivent les légistes, et où ils trouvent une réputation et surtout une clientelle.

Mais ce qui caractérise particulièrement le progrès dont nous voyons une preuve dans la législation commerciale (heureux développement des efforts faits par l'industrie, depuis les premiers établissemens des communes, pour se constituer un jour puissance sociale), c'est l'aspect sous lequel les juges industriels envisagent habituellement toute contestation; autant la *forme* est importante devant d'autres juges, autant ceux-ci s'attachent au *fond*; là où les légistes cherchent à mettre en saillie les faits de *division*, les juges commerciaux s'efforcent de découvrir les élémens de *conciliation*: enfin l'arbitrage amiable, le renvoi devant experts, et les connaissances personnelles des juges sur les matières en discussion, sont des garanties beaucoup plus grandes de la bonté des jugemens commerciaux que la faculté d'appel; et ceci nous semble vrai à tel point, qu'on aurait, sans contredit, sur les matières industrielles, plus de jugemens équitablement infirmés, si l'appel avait lieu contrairement à ce qui se fait aujourd'hui, c'est-à-dire des juges civils aux juges commerciaux.

Remarquez encore, Messieurs, que les motifs qui servent de base à l'institution du jury ne sauraient avoir ici leur application, précisément parce que les juges de commerce ne prononcent que sur un ordre de faits qu'ils doivent, selon toute probabilité, connaître beaucoup mieux que des jurés nommés au hasard.

Nous nous sommes étendus sur les tribunaux de commerce, pour répondre à un doute qui doit s'élever dans presque tous les esprits auxquels on expose une doctrine sociale nouvelle; car la chose la plus difficile à concevoir, dans ce cas, c'est l'opération qu'il faudrait faire subir au *présent*, pour lui donner le caractère qu'on annonce devoir être celui de l'*avenir*; et cependant, LEIBNITZ et bien d'autres l'ont dit: Le présent est gros de l'avenir; par conséquent si le nôtre doit se réaliser, c'est qu'il existe en *germe*, mais inaperçu, dans les faits qui sont sous nos yeux; nous l'avons déjà découvert devant vous, *sous le rapport de l'organisation industrielle*, dans les développemens du crédit, par les banques et la mobilisation de plus en plus rapide des titres de propriété, même immobilière; dans la baisse constante de l'intérêt; dans la chute, lente il est vrai, mais inévitable des préjugés commerciaux qui séparent les peuples; enfin dans la part de plus en plus importante que prennent à la gestion des affaires politiques les hommes qui sont à la tête de l'industrie; il nous restait donc à vous entretenir, sous le même rapport, du germe progressif que renferme la partie de la législation actuelle, destinée au réglement de la propriété et à la répression des atteintes dont elle peut être l'objet.

Nous avons dit que pour juger un fait, pour le qualifier comme délit, il fallait connaître ce qui n'est pas délit, c'est-à-dire le réglement d'ordre, ou, si l'on veut, le code industriel, ou scientifique, ou sentimental de la société, et nous en avons déduit cette conséquence, qu'on devait être jugé par ses supérieurs dans la hiérarchie à laquelle on appartenait. Nous dirons de la même manière que toutes les modifications à ces divers codes ne sauraient être faites que par ces hommes supérieurs, et nous aurons exprimé par là ce que nous entendons par le *pouvoir législatif*, fait si important aujourd'hui, et cependant si mal compris.

La détermination des conditions de capacité, pour faire les lois comme pour les appliquer, est la base de toute bonne législation et de tout ordre social, puisqu'elle suppose qu'on veut confier la *rédaction* du réglement d'ordre, et le soin de le faire *observer*, aux individus qui sont le plus capables d'en *apprécier la justice et l'utilité*. Si cela est vrai, Messieurs, il est difficile de ne pas s'étonner, lorsque nous voyons nos publicistes nous vanter la profondeur de leurs doctrines politiques, et chercher en même temps la garantie de la capacité législative, dans le fait que l'on peut considérer comme étant, en lui-même, le plus étranger à cette capacité, et en général à toute capacité. De ce que certains hommes ont, d'après les conditions de l'état de barbarie où nous sommes encore, le pouvoir de vivre largement sans rien produire, sans travailler, dans la plus complète oisiveté, nos publicistes paraissent en conclure que c'est parmi ces *oisifs* que doivent se trouver nécessairement les hommes qui connaissent le mieux les intérêts d'une société *que le travail seul fait vivre;* nous sommes loin de dire qu'ils se trompent en mesurant, *aujourd'hui*, au mètre des contributions, la capacité législative; mais il faut avouer, qu'on nous passe l'expression, que c'est jouer de bonheur. Lorsque la guerre était le véritable soutien du corps social, et que la terre était la propriété du guerrier; lorsque les habitudes militaires étaient celles qui convenaient le mieux à tout le monde, et que les seigneurs étaient les plus parfaits modèles de ces habitudes, un comte était le juge *naturel* de ses vassaux, et la logique était aussi satisfaite que la société tout entière de ce dogme de la législation *féodale;* mais aussitôt que les comtes et les barons eurent détruit leurs tourelles et laissé rouiller leurs épées, dès que la propriété de la terre ne fut plus qu'un brevet *d'oisiveté facultative*, et non celui d'une *fonction sociale obligatoire*, les conditions de capacité législative durent bientôt se déplacer. Cependant, avant qu'elles aient trouvé leur nouvelle base, nous avons vu un moment où des législateurs improvisés se précipitèrent de toutes parts sur le fauteuil du tribun, restauré involontairement par les parlemens qui avaient détruit la justice seigneuriale ou militaire : ces envahissemens ne furent pas de longue durée, et bientôt il suffit d'un homme et de quelques baïonnettes pour forcer ces législateurs intrus à abandonner la place. Mais cet homme, ignorant aussi l'*avenir*, se reporta violemment vers le *passé*, et replaça la législation sur les fondemens de la *féodalité*, c'est-à-dire sur la propriété *par droit de naissance*.

Depuis lors quelques heureuses innovations ont été faites, qui confirmeront ce que nous vous avons déjà dit sur le germe d'*avenir* que renferme le *présent*.

La *patente*, c'est-à-dire le seul brevet que la société sache délivrer aujourd'hui à l'homme qui la nourrit, a été comptée dans le cens électoral; et sur les listes du jury figurent maintenant les professeurs, médecins, avocats, ce qui introduit une condition *intellectuelle* et personnelle, très-vague il est vrai, là où il n'y avait qu'une condition purement *matérielle*, complétement indépendante de l'individu.

Si la terre était aujourd'hui l'apanage de l'industriel, selon le degré de la capacité *personnelle*, comme elle a été celui du guerrier, selon son titre *héréditaire*, on concevrait comment une société *pacifique* pourrait adopter un principe qui était à l'usage d'une société *militaire*, parce que, dans ce cas, comme dans celui de la féodalité, il y aurait réunion d'hommes ayant *un but commun*, il y aurait, en un mot, *société;* et les comtes et barons de l'industrie, *organisés hiérarchiquement d'après le mérite*, seraient les juges naturels des intérêts *matériels* de cette société, comme les seigneurs, au moyen âge, étaient les juges *naturels* de la société militaire.

En vous reportant à ce que nous vous avons dit dans d'autres séances sur la constitution de la propriété, il vous sera maintenant facile de concevoir l'organisation de la magistrature industrielle.—Chacun des ateliers spéciaux (et par ce mot d'atelier nous n'entendons pas une chambre, ou même une maison à quatre étages, mais bien une commune, un village, une ville, une nation tout entière, puisque la société, quelque nombreuse qu'elle soit, a toujours une fonction industrielle à exécuter), chacun des ateliers spéciaux ou chaque *municipalité* industrielle a besoin d'un règlement d'ordre, et par conséquent d'hommes chargés de le faire observer ou de le modifier, suivant les exigences du travail, c'est-à-dire d'hommes capables d'apprécier si certains faits nuisent à la production, et quels sont ceux qui lui sont avantageux. Voilà les hommes qui composent la magistrature industrielle.

N'oubliez pas, Messieurs, pour que ce mot de magistrature ne fasse pas naître dans vos esprits de fausses idées, ou plutôt ne réveille pas celles que l'état actuel de la société y a mises, que l'avenir, suivant nous, ignorera ces discussions interminables et pleines de haine relatives à la *propriété*. Si une contestation s'élevait entre des industriels, sur leurs droits à l'emploi de tel instrument, de tel atelier, l'institution chargée de la direction des travaux matériels serait l'arbitre naturel qui expliquerait les termes obscurs de la charte d'*inféodation*, délivrée par elle à chaque producteur à l'époque de son *investiture* industrielle. De même, le sort des veuves et des mineurs, assuré par la protection *communale*, et non par la prévoyance directe et si souvent aveugle des *individus*, n'exigera aucune garantie contre des tiers. Enfin, la transmission de la propriété, soit entre vifs, soit après décès, n'ayant lieu alors que sous la forme d'un *bail* nouveau, consenti en faveur d'un nouveau *gérant*, les ventes, licitations, testamens, transferts, nantissemens, hypothèques, expropriations, etc., seront inconnus.

Ainsi disparaîtront de l'état social futur cette nuée d'archivistes, les notaires, et cette armée de combattans, les avocats, avoués, gens d'affaires, occupés aujourd'hui sans relâche à maintenir, attaquer, défendre des *droits* qui ne donneront plus lieu qu'à une *décision arbitrale* des chefs de l'industrie; car c'est à cela seul que se réduiront la législation et la procédure relatives à la propriété, puisque la distribution des produits, de même que les discussions sur la *propriété* des *ateliers* d'industrie, c'est-à-dire sur l'administration et l'exploitation des *immeubles*, ne pourront jamais ressortir d'un autre tribunal.

Mais ici, Messieurs, se reproduira, nous le savons d'avance, cette objection formidable dont nous nous sommes déjà occupés en vous parlant de l'organisation des banques : formidable, parce qu'elle emploie des termes qui produisent l'effet d'une tête de Méduse et jettent l'épouvante dans tous les esprits. Voici venir, dira-t-on, les *corporations* et tout leur cortége, la jurisprudence consulaire, syndicale, les prud'hommes et toutes les vieilleries dont la révolution nous a délivrés à jamais. Songez, Messieurs, qu'avec une pareille manière d'argumenter, il n'y aurait aucun moyen d'*ordre* possible aujourd'hui; car tous ceux que l'homme peut concevoir ont eu leurs *analogues* dans le passé, quoiqu'ils aient été employés alors dans un autre but. Nous connaissons fort bien les entraves dont les anciennes corporations entouraient l'industrie; mais ces entraves, véritables lisières des industriels dans l'enfance de leur existence sociale, n'empêchent pas, lorsqu'ils ont gagné leur majorité, qu'ils ne doivent se *soutenir* les uns les autres; car tous ne sont pas *également* forts, également éclairés. De ce qu'il y a eu des institutions nommées *corporations*, dont les formes nous répugnent, il ne faut donc pas en conclure que les industriels doivent nécessairement ne pas former *corps*; enfin, de ce que l'ancienne association des travaux ne convient plus, il ne s'ensuit pas nécessairement qu'un *sauve qui peut* général, nommé *concurrence*, soit le superlatif du bien-être industriel.

Remarquez que cette disposition à ne pas entendre un homme, parce qu'il est vêtu d'une manière qui paraît gothique au premier abord, est de tous les préjugés celui qui est le plus à craindre, lorsqu'on porte soi-même un vêtement, non pas *gothique*, mais taillé sur le patron *antique*; non pas féodal, mais grec ou romain. Repoussons donc ce dangereux préjugé, Messieurs, et tâchons de regarder d'abord sans passion aussi bien l'*ordre* ancien que la *liberté* actuelle; et si, comme nous, vous vous décidez pour l'*ordre* Saint-Simonien, c'est parce que vous aurez reconnu, comme nous, qu'en lui seul peut exister la vraie *liberté*.

Cette promesse de notre part ne vous suffira pas, sans doute, et vous attendez de nous des assurances plus positives de notre peu d'affection pour le passé : en effet, nous pourrions, en toute conscience, vouloir le rétablir sans nous en douter, et en croyant faire du neuf. Eh bien ! Messieurs, Saint-Simon a fait du *neuf;* il nous a réellement annoncé une *bonne nouvelle;* vous en serez persuadés comme nous, en examinant si le but qu'il assigne à la société future est réellement neuf; c'est-à-dire si le principe régénérateur ou coordonnateur de tous les faits de cette société renouvelée est différent des principes qui ont présidé à l'organisation du moyen âge, et à celle des sociétés antiques.

Si cette différence existe, quand bien même nous annoncerions pour cet avenir des corporations, une hiérarchie, des directeurs de l'activité morale, scientifique ou industrielle; quand nous parlerions de noblesse, dussions-nous même articuler ces mots terribles, clergé, prêtre, comme nous avons déjà osé prononcer devant vous ceux de confession, excommunication, canonisation, vous ne voudrez pas vous laisser prendre à l'écorce des choses; vous chercherez à pénétrer jusqu'au fond, et vous verrez alors qu'il ne s'y trouve ni corporation *fiscale* du XVII° et du XVIII° siècle, ni hiérarchie féodale fondée par la *guerre* et pour la guerre, ni fiefs, ni fonctions, ni blason héréditairement transmissibles; enfin vous n'y trouverez pas surtout des directeurs sociaux, prêtres et guerriers, constamment en *lutte*, et portant involontairement la confusion dans une société qui hésitait encore à se dépouiller de sa barbarie primitive, c'est-à-dire de l'*antagonisme*, de l'esclavage et de la guerre, pour embrasser franchement et sans retour la ligne pacifique de l'*association universelle*.

Tout ce que nous vous avons dit jusqu'à présent devra donc être reproduit sommairement devant vous, en donnant aux idées déjà énoncées une couleur générale, reflet du PRINCIPE le plus large sur lequel sont fondées toutes nos vues d'avenir. Ce PRINCIPE, c'est celui qui, à chaque époque de civilisation, détermine l'affection du citoyen pour la société, pour l'univers entier, dont il fait partie, et les lui fait chérir partout, parce que partout il retrouve ce PRINCIPE manifesté sous mille formes différentes; c'est à lui que l'industriel, que le savant et l'artiste rapportent tous leurs actes, toutes leurs pensées, parce que lui seul *sanctionne* ou condamne définitivement; parce que lui seul nous présente le monde et l'humanité, non comme un obscur chaos, mais comme l'exécution d'un plan, d'une volonté harmonieusement conçue, qui impose à l'homme des *devoirs* dont l'accomplissement doit faire son bonheur.

Oui, Messieurs, le PRINCIPE social de l'avenir, découvert par SAINT-SIMON, l'AME de la société nouvelle, en d'autres termes, ses SENTIMENS seront différens de ceux du passé; et pour en donner une preuve qui seule suffira pour vous en convaincre, dites-nous si nous ne blessons pas constamment, par nos paroles, les consciences des hommes du passé; examinez si la guerre que nous faisons à tous les priviléges de la naissance, par exemple à la transmission de la richesse par héritage, de même que notre opposition si prononcée contre le régime militaire, ne sont pas des condamnations directes, non-seulement de la féodalité, mais des sentimens qui semblent seuls aujourd'hui devoir unir les hommes?

Nous ne craignons pas de le dire, Messieurs, les défenseurs de l'héritage, quand bien même ils condamneraient le droit d'aînesse et les majorats, sont encore soumis à l'empire des doctrines dont nous avons été complétement affranchis par SAINT-SIMON.

Mais, nous le répétons, ce ne sera qu'après vous avoir parlé des *sentimens*, et de la morale qui en est la théorie, que nous pourrons aborder directement les *antipathies* nées de la position critique où se trouve notre siècle; antipathies qui portent à voir le despotisme et l'arbitraire partout où il y a une *direction* : comme si nous ne savions pas nous-mêmes, par notre propre expérience, qu'on se laisse toujours conduire, entraîner avec joie, quand on marche sur les traces des hommes qu'on vénère et qu'on aime. L'humanité ne tirera-t-elle jamais des âmes privilégiées, des cœurs brûlans, des hautes intelligences, tout le parti qu'elle peut en attendre? Les laissera-t-elle surgir au hasard, au risque de les voir s'éteindre dans les langueurs d'une oisiveté *héréditaire*, ou dans les travaux abrutissans auxquels condamne la misère? Non, Messieurs, nous nous lasserons de tous les principes politiques qui n'ont pas directement et uniquement pour but de remettre dans les mains du dévoûment et du génie la destinée des peuples. Nous repousserons notre craintive *défiance*, quand nous réfléchirons un seul instant, avec calme, aux pitoyables résultats qu'elle produit; et nous reviendrons avec joie à cette haute vertu, si méconnue, nous pouvons même dire si méprisée aujourd'hui, à cette vertu si facile et si douce, entre des êtres qui ont un but *commun* qu'ils désirent tous atteindre; si pénible, si révoltante, lorsqu'elle plie devant l'*égoïsme*; nous reviendrons avec amour à l'OBÉISSANCE.

TREIZIÈME SÉANCE.

INTRODUCTION A LA QUESTION RELIGIEUSE.

Messieurs,

En exposant devant vous la plupart des principales idées de Saint-Simon, nous avons eu particulièrement pour but de vous faire sentir que la société devait être organisée d'après une *prévoyance* générale, et incessamment conduite, dans son ensemble et dans ses détails, d'après cette prévoyance.

Dans nos dernières séances, nous vous avons parlé des moyens de direction sociale, et d'abord de l'*éducation*, le premier et le plus puissant de tous : nous vous avons dit qu'elle était destinée, d'une part, à mettre les volontés *individuelles* en harmonie avec le but *général*, pour les faire concourir sympathiquement vers ce but; de l'autre, à distribuer entre les membres de la société les connaissances spéciales nécessaires pour exécuter les divers ordres de travaux, pour accomplir les diverses fonctions que comporte l'état de la civilisation.

Nous vous avons également parlé d'un autre grand moyen de direction sociale, la *législation*, qui, aux époques organiques, est à la fois *pénale* et *rémunératoire* ; nous avons montré que, privée aux époques critiques, comme tous les faits sociaux, de la sanction morale qui seule peut lui donner une valeur *positive*, elle est réduite à un rôle *négatif*, c'est-à dire à la *répression* purement matérielle et toute brutale des anomalies vicieuses ou rétrogrades.

Toutes ces idées, avons nous dit, sont demeurées incomplètes, parce qu'il nous était impossible de vous les présenter dans leur ensemble, tant que nous ne serions pas placés avec vous à un point de vue assez élevé pour apprécier toute leur importance, tant que nous n'aurions pas abordé un immense problème qui comprend tous les autres, et dont la solution donne un nouvel aspect à tous les faits humains.

On pourrait nous demander pourquoi notre premier soin n'a pas été de poser et de résoudre ce grand problème, que nous prétendons indispensable à l'intelligence de tous les autres.

C'est à dessein que nous ne l'avons pas fait. Dans la disposition morale de notre époque, nous avons pensé que pour fixer convenablement l'attention des esprits sur le problème dont il est question, et dont les termes seuls, aujourd'hui, sont de nature à soulever les plus fortes antipathies, nous devions d'abord développer les idées de notre maître, jusqu'à la limite où la nécessité de l'examiner se ferait sentir par tout le monde.

Ce problème peut être posé ainsi : l'humanité a-t-elle un avenir religieux? Et dans le cas de l'affirmative : la religion doit-elle se réduire à une conception, à une contemplation purement individuelle? Doit-on ne la concevoir que comme une pensée intérieure, isolée dans l'ensemble des sentimens, dans le système des idées de chacun, sans influence sur ses actes sociaux, sur sa vie politique; ou bien cette religion de l'avenir ne doit-elle point se produire, comme l'expression, comme l'explosion de la pensée collective de l'humanité, comme la synthèse de toutes ses conceptions, de toutes ses manières d'être; ne doit-elle pas prendre place dans l'ordre politique, et le dominer tout entier? Telles sont, Messieurs, les importantes questions que nous avons à examiner; tel est le vaste champ dans lequel nous avons à entrer, que nous ne prétendons pas pour le moment explorer dans toute son étendue, mais que nous parcourrons au moins dans ses directions principales.

Il fallut du courage sans doute aux hommes qui naguère osèrent, les premiers, troubler l'humanité dans sa possession religieuse, alors que tous, princes et sujets, artistes et savans, guerriers et industriels, reconnaissaient unanimement l'existence d'un Dieu, d'un ordre providentiel.

Les temps sont bien changés!

Nous ne prétendons pas assurément faire preuve d'héroïsme, en venant vous entretenir des bases d'une religion nouvelle: toutes les opinions, nous le savons, peuvent, dans ce siècle indulgent ou plutôt indifférent, se produire sans danger, surtout lorsqu'elles paraissent ne point sortir encore de l'étroite enceinte d'une école philosophique; mais ce que nous savons aussi, c'est que nous nous adressons à des hommes qui se croient supérieurs parce qu'ils sont incrédules, et qui réservent le sourire du mépris pour toutes les idées religieuses, qu'ils relèguent dans les siècles de ténèbres, dans ce qu'ils appellent la barbarie du moyen âge et l'enfance du genre humain. Ce sourire, Messieurs, nous ne craignons pas de le braver : les sarcasmes voltairiens, le superbe dédain du matérialisme moderne, peuvent bien refouler dans les cœurs cette vague sentimentalité qu'on y voit poindre quelquefois aujourd'hui ; ils peuvent bien effrayer et confondre cette espèce de *religiosité* individuelle qui cherche vainement des formes pour se produire, mais ils sont sans puissance pour ébranler une conviction profonde.

Oui, Messieurs, nous venons ici nous exposer à ces sarcasmes, à ce dédain ; car, à la suite de Saint-Simon, et en son nom, nous venons proclamer que l'humanité a un avenir religieux ; que la religion de l'avenir sera plus grande, plus puissante que toutes celles du passé ; qu'elle sera, comme celles qui l'ont précédée, la *synthèse* de toutes les conceptions de l'humanité, et de plus, de toutes ses manières d'être ; que non-seulement elle dominera l'ordre politique, mais que l'ordre politique sera, dans son ensemble, une institution religieuse ; car aucun fait ne doit plus se concevoir *en dehors de* Dieu, ou se développer *en dehors de sa loi* ; ajoutons enfin qu'elle embrassera le monde entier, parce que la loi de Dieu est universelle.

Telles sont, Messieurs, les propositions auxquelles l'école de Saint-Simon est arrivée sur le grand problème qui nous occupe en ce moment, et dans la vérité desquelles elle a une confiance si entière, ou plutôt une foi si vive, qu'elle ne croit courir aucun risque en reconnaissant que si on parvenait à en démontrer la fausseté, on renverserait en même temps tout l'édifice qu'elle a élevé.

Nous le répétons, nous sommes loin de prétendre épuiser, dans une première séance, un sujet aussi vaste. Tenant compte de la préoccupation des esprits, à une époque où l'on regarde les questions religieuses comme jugées sans retour, il ne s'agit pour nous, en ce moment, que de combattre cette défaveur anticipée, que de détruire les argumens qui se présentent comme des *fins de non-recevoir* contre l'examen même de ces questions vitales.

La religion, nous dit-on de toutes parts, est un fruit de l'enfance des sociétés, un produit des temps où l'imagination était leur unique flambeau : à quoi bon s'en occuper aujourd'hui ? Les progrès de la *science*, ses étonnantes découvertes, ont, à cet égard, émancipé l'esprit humain, et doivent le préserver à jamais de retomber dans cette illusion des premiers âges ; la *science* a sapé la religion jusque dans ses fondemens ; elle a réduit les prêtres à leurs véritables rôles, celui de dupe ou celui d'imposteur ; elle a démontré que leur enseignement n'était qu'une pure illusion lorsqu'il n'était pas un long mensonge.

Que signifie donc, Messieurs, pour ceux qui l'emploient avec tant d'assurance et de superbe, ce mot magique, la *science*? La science ! mais laquelle ? Est-ce l'astronomie, la physique, la chimie, la géologie ou la physiologie ? Nous aussi, Messieurs, nous avons fouillé dans les sciences pour savoir ce qu'elles apprenaient : nous ne sommes sortis, il est vrai, de leurs profondeurs, ni païens, ni catholiques ; mais cette agrégation confuse de connaissances isolées entre elles, sans lien, sans unité, ne nous a fourni aucune preuve, aucun argument de quelque valeur contre ces deux grandes bases de tout édifice religieux ; Dieu et un PLAN PROVIDENTIEL.

Les sociétés européennes, il est vrai, sont devenues irréligieuses, tel est au moins le caractère général qu'elles présentent aujourd'hui dans leurs sommités; mais ce n'est point la science, ou plutôt ce ne sont pas les *sciences*, pour parler la langue anarchique de notre époque, qui ont produit ce phénomène passager; ce sont les idées philosophiques des trois derniers siècles, idées dont nous aurons tout à l'heure à déterminer l'origine et le caractère. Les savans, sans doute, ont contribué, pour leur part et avec ardeur, à la destruction des idées religieuses, mais ce n'est pas comme savans et par suite de leurs travaux antérieurs à ce titre qu'ils ont été conduits à diriger leurs recherches dans ce but, à donner une interprétation irréligieuse aux faits qui tombaient sous leur observation; c'est en qualité de disciples, et de disciples fervens de la philosophie critique; et pour peu qu'on y réfléchisse, on verra en effet qu'il ne leur a fallu rien moins que la *foi* philosophique qui les animait, pour trouver, par exemple, dans leurs systèmes sur les productions spontanées, une démonstration sans réplique contre l'existence de Dieu; pour trouver surtout, comme ils l'ont prétendu, une preuve de désordre dans l'existence de faits qu'ils ne pouvaient classer et dont ils ne s'expliquaient point les fonctions; ce qui n'aurait dû pourtant, à ce qu'il semble d'abord, leur prouver que leur ignorance. Ce n'est donc point dans leurs travaux *positifs* que les savans, comme ils paraissent le croire, ont puisé leur foi irréligieuse, s'il est permis de s'exprimer ainsi; c'est dans une *hypothèse*, l'hypothèse critique qui a proclamé, sous une forme ou sous une autre, implicitement ou explicitement, qu'aucun amour, qu'aucune intelligence, qu'aucune force ne gouvernaient le monde; que tout y était livré au hasard; que l'homme, produit fortuit de quelque fermentation générale, était sans destinée dans le chaos qu'il habitait; chaos qui, sans doute un jour, devait aveuglément l'anéantir, comme un autre jour il l'avait aveuglément créé.

Non, Messieurs, ce ne sont point les sciences qui ont produit l'irréligion dont nous sommes témoins, et si l'on veut bien réfléchir à leur nature, on verra que le tribut apporté par les savans à cette œuvre est le résultat d'une violation manifeste de leur mission, de celle qu'ils se donnent, qu'ils s'attribuent eux-mêmes avec un juste orgueil. Et, en effet, que se proposent-ils? que prétendent-ils? quel est leur but? Coordonner les phénomènes suivant les *lois* qui régissent l'univers; faire rentrer, autant que possible, toutes ces LOIS *isolées* dans une LOI *unique*.

Mais, Messieurs, remarquez toute la valeur de ce mot *loi*; réfléchissez à cette disposition qui porte les savans à *lier* tous les phénomènes, disposition sans laquelle aucune science ne serait possible. Quoi! pour pouvoir étudier le monde, le savant, avant toutes choses, serait-il obligé *de croire* qu'un certain ordre y préside? que tout ce qui l'entoure n'est pas un immense chaos? que ses prévisions ne seront pas toutes trompées par une fatalité secrète, insondable? Oui, Messieurs, telle est la *foi* indispensable au savant; il faut qu'il adopte pour première *hypothèse*, que tout est lié dans l'univers, s'il veut tirer une conclusion quelconque de ses observations.

Mais quand bien même les savans, par cette hypothèse inévitable, ne rendraient pas, à leur insu, un éclatant témoignage à l'existence d'une PROVIDENCE, on pourrait au moins, en se fondant sur la méthode qu'ils prétendent exclusivement employer, et à laquelle ils rattachent le caractère *positif* de leurs travaux, récuser leur autorité en matière religieuse : que prétendent-ils en effet? Se borner à observer des phénomènes, à les classer impartialement, *passivement*, dans l'ordre où ils se passent, sans s'inquiéter d'ailleurs de leur *cause* et de leur *fin* dans leurs rapports avec l'homme et sa destinée : il est donc évident, dans l'état actuel des prétentions des savans, que toute investigation de leur part, sur le terrain de la religion, ne peut être qu'une véritable divagation, une contradiction formelle aux règles qu'ils se sont tracées, et dont ils se glorifient.

Qu'on se place à un point de vue religieux, mais plus élevé, plus large qu'aucun de ceux auxquels l'humanité ait atteint encore, et, bien loin que la science conserve ce caractère d'athéisme qu'on considère comme lui étant essentiel, elle ne se présentera plus que comme l'expression de la faculté qui a été donnée à l'homme de connaître successivement et progressivement les lois par lesquelles Dieu gouverne le monde, en un mot, le PLAN PROVIDENTIEL. Quelles que soient les découvertes sur lesquelles l'athéisme menacé fonde aujourd'hui peut-être ses espérances, aucune ne saurait échapper à cette formule : *Telle est la manière dont* Dieu *se manifeste*.

Non, Messieurs, la science n'est pas destinée, ainsi qu'on semble le croire, à être l'éternelle ennemie de la religion, à rétrécir continuellement son domaine, pour arriver un jour enfin à l'en déposséder complétement ; elle est appelée au contraire à étendre, à fortifier sans cesse son empire, puisqu'en définitive chacun de ses progrès doit avoir pour résultat de donner à l'homme une idée plus grande de Dieu et de ses desseins sur l'humanité. Et n'est-ce point ainsi que l'ont sentie ses plus illustres chefs, ceux même dont les savans de nos jours se font gloire de suivre les traces ? Voyez Newton, s'élevant jusqu'à la pensée de la gravitation, et s'inclinant humblement devant le Dieu dont il vient de découvrir la volonté; écoutez Kepler rendre grâces à Dieu, dans un hymne plein d'enthousiasme, de lui avoir révélé la simplicité et la grandeur du plan sur lequel il a établi le mécanisme universel; entendez Leibnitz, le plus grand homme dans l'ordre de la science, selon l'expression de de Maistre, déclarant que s'il attache du prix aux travaux scientifiques, c'est surtout pour avoir le droit de parler de Dieu; et vous reconnaîtrez que plus la science s'élève, plus elle se rapproche de la religion; et qu'enfin l'inspiration scientifique, à son plus haut degré d'exaltation, se confond avec l'inspiration religieuse.

Nous avons dit, Messieurs, que c'était à la philosophie critique qu'il fallait remonter, pour s'expliquer les divagations athées de la science. Essayons de déterminer l'origine de cette philosophie, de cet état moral des sociétés, qui n'est point un phénomène nouveau dans le monde.

Déjà, dans nos premières séances, nous vous avons montré à diverses reprises l'humanité traversant successivement des époques *organiques* et des époques *critiques*; les unes, pendant lesquelles elle marche avec régularité, sous l'empire d'une croyance commune, vers un but ardemment désiré; les autres, où toutes ses forces sont employées à détruire les principes et les institutions qui dirigeaient précédemment la société.

Nous avons dit alors, sans donner plus de développement à cette idée, que les époques critiques avaient toujours été *irréligieuses*; il est facile d'expliquer ce caractère qui les domine.

L'œuvre de la destruction, jusqu'ici, a toujours été une œuvre spéciale, provoquée par un malaise actuel, et entreprise sans vue de réorganisation, sans vue au moins capable de servir dans ce but. Lorsqu'arrive le temps des époques *critiques* ou de destruction, c'est que des faits, *nouveaux* se sont produits; c'est que la société éprouve de. besoins *nouveaux*, que ne comporte pas et que ne peut comprendre le cadre trop étroit, et devenu inflexible, de la croyance établie et de l'institution politique qui la réalise. Cependant ces faits nouveaux, ces exigences d'avenir, cherchent à se faire jour, à prendre place; d'abord ils viennent se briser contre l'ordre ancien; mais, par leur choc répété, ils finissent par l'ébranler et par le renverser luimême. La société alors ne présente plus que l'image d'une guerre acharnée, d'une anarchie profonde, au sein de laquelle les sentimens haineux semblent les seuls qui puissent se développer. Bientôt les esprits, effrayés de la confusion qui les frappe, ne pouvant encore apercevoir l'ordre qui doit s'établir, n'éprouvant que de la répugnance pour l'ordre qui vient de périr, et dans lequel ils ne voient qu'une longue et oppressive déception, ne tardent point à arriver à cette idée, que le monde est livré au désordre; qu'il est le jouet du hasard, d'une aveugle fatalité. C'est alors, quand toutes les espérances, qui d'abord avaient animé la lutte, se sont évanouies, après quelques efforts impuissans pour ressaisir une harmonie nouvelle, que l'on voit l'homme se complaire dans la contemplation de tous les faits qui semblent mettre le désordre en évidence : s'il jette les regards sur le passé de l'humanité, s'il étudie l'histoire, c'est pour lui faire raconter des meurtres et des trahisons; c'est pour prêter aux actes de perfides intentions, aux événemens des causes basses ou mesquines; c'est pour combiner ses exemples de telle manière qu'il n'en ressorte aucun espoir d'avenir; et s'il jette les yeux sur le monde qui l'entoure, il voudrait d'abord le priver de vie, il voudrait le traiter comme un fait inorganique, comme un être sans moralité, c'est-à-dire sans destinée;

mais bientôt ce n'est plus même un ingénieux mécanisme qu'il observe; partout il voit l'image du désordre et de l'imprévoyance, et réfléchit sur tout ce qui l'entoure cette société qui lui répugne et qui le blesse; et de même que l'histoire de l'humanité ne lui présente qu'une suite de révolutions sanglantes, la nature ne lui apparaît que comme la région des tempêtes et des orages, des volcans et des inondations : c'est partout le désordre qu'il voit; et Mirabeau ou Byron lui semblent seuls parler la langue du génie.

Or, Messieurs, lorsque l'homme en est arrivé à cet état moral, qui est la conséquence nécessaire des époques critiques, Dieu se retire de son cœur, car Dieu et l'ordre sont pour lui deux conceptions identiques; mais dès que Dieu cesse d'habiter le cœur de l'homme, toute moralité aussi s'en retire, car il n'y a de moralité pour lui qu'autant qu'il se conçoit une destination, et il ne peut s'en concevoir qu'en Dieu.

Ce spectacle affligeant que nous avons sous les yeux ne se présente pas, aujourd'hui, pour la première fois; l'époque qui sépara le polythéisme du christianisme nous en offre un semblable : n'est-ce pas déjà un motif pour espérer qu'aux croyances épuisées du catholicisme vont bientôt en succéder de nouvelles ?

Nous venons de dire que la conséquence nécessaire des époques organiques était le relâchement, ou plutôt le brisement de tout lien moral; nous avons besoin d'expliquer notre pensée à cet égard.

Nous avons montré précédemment que les époques critiques se divisent en deux périodes distinctes : l'une, formant le début de ces époques, pendant laquelle la société, ralliée par une foi vive aux doctrines de destruction, agit de concert pour renverser l'ancienne institution religieuse et sociale; l'autre, comprenant l'intervalle qui sépare la destruction de la réédification, pendant laquelle les hommes, dégoûtés du passé et incertains de l'avenir, ne sont plus unis par aucune foi, par aucune entreprise communes : ce que nous avons dit de l'absence de moralité aux époques critiques, ne doit s'entendre que de la seconde des deux périodes qu'elles comprennent, mais non point de la première, non point des hommes qui y figurent et qui, par une sorte d'inconséquence, prêchent la haine par amour, appellent à la destruction en croyant édifier, provoquent le désordre parce qu'ils désirent l'ordre, établissent l'esclavage sur l'autel qu'ils élèvent à la liberté. Ceux-là, Messieurs, sachons les admirer, plaignons-les seulement d'avoir été soumis à la mission terrible qu'ils ont remplie avec dévoûment, avec amour pour l'humanité; plaignons-les, car ils étaient nés pour aimer, et toute leur vie a été consacrée à la haine. Mais ne perdons pas de vue que la pitié qu'ils nous inspirent doit être une leçon pour nous; qu'elle doit augmenter les désirs, confirmer les espérances qui nous attachent à un meilleur avenir, à un avenir dans lequel les hommes qui savent aimer trouveront sans cesse à exercer leur amour.

Non, Messieurs, les hommes qui ont délivré l'humanité des croyances, des institutions qui arrêtaient sa marche, après l'avoir favorisée, ne pouvaient être dépourvus de moralité; de la hauteur où vous place la doctrine de Saint-Simon, jetez vos regards sur la carrière de ceux qui viennent d'accomplir, pour la dernière fois, cette terrible tâche, et vous verrez qu'après tout ils n'ont fait que mettre la dernière main à l'œuvre commencée par le christianisme, et témoigné par leurs actes de leur foi dans la parole divine qui annonçait, il y a dix-huit cents ans, à des esclaves, le jour de la fraternité humaine.

Nous venons de montrer que les sciences ne pouvaient opposer aucun argument de quelque valeur aux idées religieuses; que ceux qu'on prétendait puiser en elles étaient en contradiction évidente avec leur nature, avec leur destination, avec les idées qui leur servaient de base; que c'était seulement à l'influence de la philosophie critique, aux antipathies soulevées par elle contre le catholicisme, qu'il fallait attribuer l'athéisme des savans de nos jours, et non point à leurs travaux spéciaux, ainsi qu'on a coutume de le faire. Mais ce n'est point assez, sans doute, d'avoir récusé le témoignage porté au nom de la science contre la religion : quelle que soit, en effet, la source d'où découle l'athéisme, on peut au moins nous l'opposer comme un fait, et nous demander si c'est vainement que ce fait s'est produit, et s'il n'est point assez imposant, soit par le nombre, soit surtout par l'autorité des hommes en qui il se témoigne, pour démontrer l'impossibilité d'un nouvel avenir religieux.

Nous le savons, Messieurs, pour les hommes supérieurs de notre temps, la foi vive n'est plus qu'un aveugle fanatisme, les croyances religieuses ne sont plus que d'absurdes superstitions; mais ce que nous savons aussi, c'est qu'en même temps que ce changement s'est opéré dans les sociétés modernes, l'égoïsme y est devenu dominant; que les plus nobles sentimens y sont chaque jour flétris du nom de préjugés; ce que nous savons encore, c'est que, malgré les travaux des philanthropes économistes, l'immense majorité de l'espèce humaine ne peut voir, dans la minorité, que des oisifs qui l'exploitent et non des protecteurs, des chefs qui la soutiennent et qui la guident; et c'est parce que nous savons tout cela, que nous ne désespérons pas de l'avenir religieux de l'humanité; car nous croyons, non-seulement au retour, mais encore au progrès des sympathies générales, du dévoûment, de l'association.

Sans doute les idées *chrétiennes* ont perdu leur puissance, et nous ne chercherons pas à dissimuler ce fait, en montrant les temples remplis encore aujourd'hui de fidèles; mais, Messieurs, vous n'avez point oublié que lorsque Jésus parut sur la terre, la foi au paganisme était aussi ébranlée dans le monde; que les premières familles de Rome refusaient déjà leurs filles pour remplir les fonctions de vestales, fonctions réservées de tout temps à la plus haute noblesse qui s'en montrait si jalouse; et que, pour que ce sacerdoce pût se maintenir quelque temps encore, il fallut qu'un édit d'Auguste en ouvrît les rangs aux filles d'affranchis.

Eh bien! chez nous aussi les supériorités sociales ont déserté les rangs du clergé qui naguère étaient le rendez-vous de toutes les hautes capacités. Les élèves de Voltaire ont ri des prêtres, Cicéron ne se moquait-il pas des augures? Nous avons des sceptiques, des épicuriens, mais ceux de Rome valaient les nôtres : nous fuyons l'Église pour courir au théâtre, et nous agissons en cela comme les Romains, lorsqu'ils volaient au cirque.

Mais, direz-vous peut-être, nous n'avons au moins ni magiciens, ni sorciers, ni devins, la crédulité du peuple est moins grande aujourd'hui; il repousserait des croyances que des barbares ont pu admettre.

Mais d'abord, il ne s'agit pas, pour l'avenir, des croyances qui ont entraîné les peuples il y a dix-huit siècles, ni surtout de conserver les formes que ces croyances ont alors revêtues; ensuite, et nous réclamons ici votre attention, il n'est pas juste de nous faire passer pour plus incrédules que nous ne sommes : sous ce rapport notre richesse est assez grande. Nous n'avons, dites-vous, ni sorciers, ni magiciens, et vous concluez que nous ne sommes pas crédules : fausse conclusion; ce fait prouve simplement que la sorcellerie et la magie sont des moyens trop grossiers pour tromper les hommes de nos jours, que notre charlatanisme est plus relevé, nos jongleries plus fines et plus délicates. Et ici, Messieurs, les exemples ne nous manqueraient pas; nous pourrions vous montrer assez de tréteaux, de chaires, ou de tribunes, entourés d'un public toujours ébahi et souvent dupé; nous pourrions citer ces chaudes convictions de commande, qui font prendre trop fréquemment pour un citoyen dévoué un bourgeois égoïste. La foi ne manque jamais à l'humanité; jamais il ne faudra mettre en question si elle est disposée à croire, pas plus qu'il ne faudra demander si elle pourra un jour renoncer à aimer : à cet égard, il ne s'agit que de savoir quels sont les hommes et les idées auxquels elle accorde sa confiance, quelles sont les garanties qu'elle exige avant de s'y abandonner.

Soyez-en sûrs, Messieurs, nous sommes aussi crédules que les Romains; rougissons de notre crédulité si elle nous livre sans défense à l'égoïsme, mais remercions Dieu de ce don précieux, si c'est lui qui nous fait embrasser avec confiance les inspirations du dévoûment.

Notre incrédulité n'est donc pas un obstacle à l'apparition de nouvelles idées religieuses, c'est bien plutôt dans notre crédulité qu'elles en trouveraient un.

En réfutant d'abord cette opinion, nous ne devons pas nous dissimuler qu'il en existe une autre à peu près contraire, qui mérite examen, et que nous avons dû négliger en repoussant la première.

Ainsi, on pourra nous dire que nous peignons, à tort,

l'époque actuelle de couleurs anti-religieuses; que la société renferme un assez grand nombre d'hommes doués, à un haut degré, d'une véritable piété; et pour nous combattre, on reprendra l'exemple que nous venons de citer nous-mêmes, on nous montrera les portes des églises assiégées par des flots de fidèles.

Quant à la première partie de l'objection, nous répondrons d'abord : que l'importance que nous attachons à ce qui mérite le nom de système religieux nous empêche d'en attribuer aucune aux contemplations, plus ou moins mystiques, qui absorbent, aux dépens de l'humanité, quelques individus qui se sont fait des croyances *à eux*, et qui, par un effort d'abstraction, paraissent avoir oublié qu'ils ne sont pas seuls au monde. Que si on entend parler des hommes qui se rattachent encore à des croyances formulées et publiques, aux *sectes* diverses du catholicisme et du protestantisme, nous dirons que les catholiques gallicans ou jansénistes, ultramontains ou jésuites, que les protestans, luthériens ou calvinistes, sociniens, épiscopaux ou presbytériens, indépendans, quakers, méthodistes, etc., etc., n'ont pour point de ralliement que des dogmes tellement insignifians à leurs propres yeux, malgré le prix qu'ils semblent y mettre, que les différences qui existent entre ces dogmes, différences qui les séparent complétement dans leurs pratiques *religieuses*, n'en introduisent aucune dans leur conduite individuelle ou *politique* : qu'ils sont d'accord, non-seulement entre eux, mais même avec les athées, sur les faits qui intéressent le plus l'humanité; que leurs prétendues croyances *religieuses* tendent plutôt à les *séparer* de la société qu'à les y *relier*; et qu'enfin, à ne considérer ces croyances que sous le rapport pratique, c'est-à-dire sous le rapport moral ou politique, elles se résolvent en un véritable athéisme; car leurs opinions religieuses n'ayant, pour ainsi dire, qu'une valeur purement *spéculative*, sont en cela à peu près étrangères à la société, et les en séparent plutôt, disons-nous, qu'elles ne les unissent à elle; elles renferment donc plutôt un germe d'athéisme qu'elles ne sont l'expression d'un sentiment vraiment religieux.

Mais nous appellerons votre attention sur la seconde partie de l'objection que nous venons de poser. Oui, Messieurs, les temples se remplissent encore; et, sans nous arrêter à faire la part des individus qui sont croyans par ton, par désœuvrement ou par calcul, ce fait ne nous prouve-t-il pas l'impuissance des prétentions de la critique, lorsqu'elle a cru pouvoir détruire le besoin le plus irrésistible de l'humanité? N'a-t-elle pas employé, pour arriver à ce but, tous les moyens dont les forces humaines pouvaient disposer? N'a-t-elle pas fermé les églises? N'a-t-elle pas substitué aux livres saints toute la bibliothèque du XVIII⁰ siècle? Eh, Messieurs, si les temples du polythéisme s'étaient fermés un siècle avant la venue de Jésus, les Grecs et les Romains seraient retournés au fétichisme, plutôt que de vivre sans croyances religieuses et sans culte; de même, les peuples de nos jours reviendraient au polythéisme, si la parole du Christ cessait de leur être prêchée. Nous ne craignons donc pas de le dire avec vous, tout ce qui n'est pas athéisme aujourd'hui est ignorance et superstition : mais si nous voulons guérir l'humanité de cette plaie, si nous voulons qu'elle délaisse des croyances et des pratiques que nous jugeons indignes d'elle, si nous voulons enfin qu'elle abandonne l'Église du moyen âge, ouvrons-lui celle de l'avenir. Tenons-nous prêts, comme le dit de Maistre, pour un événement immense dans l'ordre divin, vers lequel nous marchons avec une vitesse accélérée qui doit frapper tous les observateurs; disons comme lui : il n'y a plus de religion sur la terre, le genre humain ne peut demeurer dans cet état; mais, plus heureux que DE MAISTRE, nous n'attendons plus *l'homme de génie* qu'il prophétisait, et qui devait, selon lui, révéler prochainement au monde *l'affinité naturelle de la religion et de la science;* SAINT-SIMON a paru.

QUATORZIÈME SEANCE.

OBJECTIONS TIRÉES DE LA PRÉTENTION DES SCIENCES
POSITIVES A L'IRRÉLIGION.

Messieurs,

Les questions que nous agitons aujourd'hui devant vous sont tellement en dehors des habitudes de notre époque, que les hommes qui s'en occupent paraissent étrangers à notre siècle de lumières : on s'inquiète peu de savoir s'ils lui sont étrangers, parce qu'ils sont en avant de lui, et, il faut l'avouer, on a de justes motifs pour les considérer de prime abord comme arriérés.

La plus grande partie des obstacles que rencontreront en vous les idées de Saint-Simon, tiendront à une cause qui nous est connue, parce que nous-mêmes avons été long-temps soumis à son influence : aussi n'attendons-nous pas du cercle qui nous entoure une seule objection, de quelque valeur, que nous n'ayons faite lorsque nous avons abordé la doctrine de Saint-Simon. Nous voulons essayer de vous guérir des préjugés dont, plus que d'autres peut-être, nous avons été profondément infectés; et nous savons que cette cure, toujours délicate, est impossible quand le malade n'a pas confiance dans les lumières du médecin : par conséquent, tant que vous croirez trouver en défaut la science Saint-Simonienne, tant que vous pourrez nous accuser de présenter sous un faux jour les faits qui nous servent d'argumens, nous devrons nous efforcer de vous prouver que c'est le point de vue où vous êtes placés qui vous empêche de le bien envisager; que c'est la doctrine à laquelle vous obéissez qui défigure, en le décolorant, le sublime tableau du développement de l'humanité.

Nous nous félicitons du résultat de nos réunions depuis six mois, puisque après les avoir presque toutes consacrées à vous développer notre méthode historique, à vous montrer comment on pouvait, dans le passé de l'humanité, lire son avenir, les discussions en sont arrivées au point que vous cherchiez à vous servir de nos propres armes pour nous combattre. Vous savez maintenant que la chaîne des destinées humaines est continue; que l'avenir, quel qu'il soit, ne saurait être que le développement des faits du passé; que par là, seulement, on peut donner un caractère *positif* au dogme de la perfectibilité, pressenti par quelques intelligences supérieures, vers la fin du dernier siècle, et au commencement de celui ci; enfin vous êtes convaincus que toute prévision qui ne serait pas appuyée sur une tendance de l'humanité, rigoureusement constatée, devrait être repoussée comme le fruit d'une imagination malade, faible et rêveuse.

Nous le répétons, Messieurs, ce premier résultat de nos efforts est pour nous d'une haute importance; vous avez maintenant à votre disposition l'instrument avec lequel il faut fouiller les annales du genre humain : il ne nous reste plus à discuter avec vous que les applications de cette méthode.

Toutefois, Messieurs, remarquez qu'un pareil instrument vous paraîtrait et vous serait réellement inutile, si vous n'étiez pas convaincus, *à l'avance*, que le terrain à exploiter renferme une mine d'or, c'est-à-dire que le *développement* de l'humanité est un *progrès* constant : vous ne vous donneriez pas même la peine d'étudier de cette manière le passé, d'interroger ainsi l'histoire, si vous ne pensiez pas devoir conclure, de cette richesse *croissante* jusqu'à présent, qu'un nouveau filon, plus riche encore, doit être mis à jour par vos travaux; si vous ne sentiez pas vivement que l'humanité n'a pas atteint le terme de ses progrès, si vous n'étiez pas enfin pénétrés du *désir* et de l'*espérance* de lui faire faire encore un pas vers son bonheur.

Eh bien, ce n'est pas tout, le *sentiment* qui vous dirige serait impuissant, l'instrument que vous possédez serait inutile, si vous ne mettiez pas un certain *ordre* dans vos travaux, si vous marchiez au hasard dans le labyrinthe de l'histoire; il vous faut un fil conducteur, il faut que vous sachiez encore *à l'avance* comment classer tous ces matériaux que vous avez sous les yeux, afin de distinguer ceux qui appartiennent à des portions du sol qui sont épuisées, et ceux, au contraire, qui doivent vous conduire vers les parties qui renferment de nouvelles et plus abondantes richesses : alors, mais alors seulement, vous marcherez avec autant d'ardeur que d'assurance.

C'est pour atteindre ce but que nous avons cherché, dans nos premières réunions, à vous faire sentir que pour *comprendre* l'humanité, de même que pour *connaître* l'homme, il fallait étudier ses *sentimens*, ses *raisonnemens* et ses *actes*, et, traduisant ces trois mots, qui appartiennent à toutes les philosophies du passé, en langage Saint-Simonien, nous vous avons désigné les faits historiques qui devaient être soumis à l'observation, nous vous avons dit qu'il fallait étudier le développement *poétique* ou religieux, *théorique* ou scientifique, *pratique* ou industriel des sociétés humaines.

Beaux-arts, science, industrie, voilà donc la trinité philosophique de Saint-Simon, que nous avons opposée à celle de Platon : voilà ce qui différencie, pour nous, la philosophie *positive* de notre siècle, de la philosophie, dite *métaphysique*, créée il y a plus de deux mille ans. Cette différence qui, au premier coup d'œil, peut ne pas paraître considérable, est immense, Messieurs, parce qu'elle nous donne le secret de l'*humanité*, tandis que Platon n'avait pressenti que celui de l'*homme*, et encore d'une manière imparfaite, puisqu'une vue générale des rapports de l'homme à l'humanité tout entière lui manquait complétement. Cette différence est immense, puisque la philosophie de Saint-Simon doit servir de base à une morale *sociale*, tandis qu'on n'a pu établir sur celle de Socrate, développée par Platon, qu'une morale *individuelle*, qui n'a pas été perfectionnée depuis dix-huit siècles, et qui ne saurait l'être, sans la conception nouvelle des destinées de l'humanité.

— Nous vous engageons à méditer cette idée, parce que, dans notre dernière réunion, l'une des objections qui nous ont été faites, puisait toute sa force dans la prétendue *perfection* philosophique de la doctrine de Platon, doctrine que l'on considérait, d'ailleurs, à juste titre, comme un germe que devait bientôt vivifier le christianisme. Notre admiration pour Socrate et pour les deux hommes qui se sont partagé le travail d'élaboration de sa doctrine, est aussi grande que possible; mais, en nous apprenant ce qu'ils ont fait pour le progrès de l'humanité, Saint-Simon nous a montré tout ce qu'ils avaient laissé à faire ; et il y aurait une contradiction manifeste dans l'esprit d'un homme qui reconnaîtrait que la science *sociale* est parvenue, *de nos jours seulement*, à ce qu'on nomme l'état positif, et qui en même temps prétendrait que les doctrines philosophiques de la Grèce n'ont pas été dépassées : en effet, si une pareille révolution dans la manière dont l'espèce humaine envisage les faits qui la touchent le plus n'a été ni constatée, ni même prévue par Platon, ne faut-il pas en conclure que l'analyse, faite par ce philosophe, des procédés de l'esprit humain, aussi bien que ses vues morales, politiques et religieuses, ont dû nécessairement se ressentir de cette omission, ou plutôt de cette ignorance ; tandis que les vues morales, politiques et religieuses de Saint-Simon doivent témoigner de l'influence de cette nouvelle conception ? Qu'on ne se fasse donc plus une arme contre nous de la perfection *transcendante* de la doctrine platonicienne, sous prétexte que cette doctrine philosophique, la plus parfaite que l'homme aurait pu concevoir, n'a produit par son développement *que le christianisme* ; qui, une fois détruit, ne permettrait plus d'espérer ou de craindre pour l'humanité l'apparition de nouvelles croyances religieuses. Non, Messieurs, Saint-Simon est venu semer sur notre terre, bouleversée par les révolutions des trois derniers siècles, un nouveau germe philosophique dont l'avenir cueillera les fruits.

Lorsque nous vous avons dit qu'il fallait étudier le développement sentimental, scientifique et industriel de l'espèce humaine, vous avez dû voir que nous avons fait tous nos efforts pour nous placer sur le terrain où se trouvent aujour d'hui les hommes occupés de travaux sérieux : nous nous serions bien gardés d'entrer en matière en vous faisant appliquer la méthode historique à la série du développement *sentimental* de l'humanité; nous vous avons parlé principalement, nous pourrions presque dire *uniquement*, des progrès scientifiques et industriels des sociétés, et nous n'avons osé exprimer le progrès sentimental que sous ces termes : décroissance de l'exploitation de l'homme par l'homme, et croissance de l'esprit d'association. Nous savions que beaucoup d'entre vous se révolteraient contre la méthode même, si nous présentions d'abord ceux de ses résultats qui blessent le plus vivement les préjugés de notre éducation critique, et nous n'avions pas besoin de prononcer le mot religion pour produire cet effet.

Aujourd'hui, le problème que soulève ce mot doit cependant être résolu : quelles que soient vos dispositions personnelles à l'égard des idées religieuses, il vous est impossible, en lisant l'histoire, de ne pas observer la place considérable qu'elles occupent dans le développement de l'humanité; vous ne pouvez pas vous dissimuler que des faits de la plus haute importance peuvent être rattachés à elles, et former une série, dont la loi fournirait une indication utile pour concevoir, sous ce rapport, l'avenir de l'humanité. Vous avez bien su découvrir les progrès constans de la classe industrielle et la décroissance de l'esprit et des habitudes militaires; vous pouvez vous démontrer de même la croissance ou la décroissance du sentiment religieux.

Mais ici, Messieurs, se présente une objection qui, si elle était fondée, nous dispenserait de perdre notre temps à examiner un problème insoluble. On peut nous dire qu'il n'est possible d'observer que ce qui est du domaine de l'observation, et que les croyances religieuses n'étant que des conceptions hypothétiques plus ou moins ingénieuses, fruits d'imaginations à peu près évaporées, ne sauraient être soumises à un examen scientifique rigoureux, et ne peuvent, par conséquent, jamais donner lieu à l'établissement d'une série régulière. On pourrait dire encore que le sentiment religieux étant l'apanage des esprits faibles, il importe peu de savoir quel rôle joueront de pareils esprits, lorsque les lumières et la raison, qui se développent sans cesse, les auront mis à leur place, c'est-à-dir dans les derniers rangs de l'ordre social.

Remarquez, qu'avec ces fins de non-recevoir, on aurait le singulier privilége de juger la question, tout en disant qu'on ne veut pas l'examiner. Est-il bien certain, par exemple, que les hommes faibles, dans le passé, aient été ceux qui se sont le plus distingués par la puissance qu'exerçaient sur eux les idées religieuses? N'est-il pas évident, au contraire, que ce sont ces derniers qui ont eu la force d'entraîner l'humanité dans la voie progressive qu'elle a parcourue?

Mais la première objection est plus spécieuse; si les idées religieuses sont en dehors de l'observation, pourquoi en effet vouloir les observer? — Qu'entend-on, Messieurs, par ces paroles? qu'est-ce que des idées qui sont en dehors de l'observation? sont-ce les choses que l'on ne saurait ni voir, ni toucher, ni sentir, ni entendre, ni goûter? A ce titre, nous devrions nous dispenser de parler du passé tout entier. Non, dira-t-on, les faits observables sont des faits certains, qui ne sont pas susceptibles de contestation, soit qu'ils se passent sous nos yeux, soit qu'ils nous soient affirmés d'une manière irrécusable. Eh bien ! qu'y a-t-il de plus certain, par exemple, que les faits représentés par ces mots : fétichisme, polythéisme, christianisme? quelles idées pouvons-nous plus facilement étudier que les idées d'Homère, de Moïse, de saint Paul ; quel phénomène est plus réel, pour l'homme même qui n'a pas d'idées religieuses, que l'existence de certains individus dont ces idées font le bonheur ?

Supposez, pour un instant, que vous n'éprouviez aucun des sentimens d'affection et d'amour qui occupent tant de place dans la vie de la plupart des hommes : vous concevrez cependant qu'il vous serait rigoureusement possible de constater les effets de ces divers sentimens sur les individus qu'ils animent. Et, par exemple, de ce que la musique ne vous causerait aucun plaisir, il n'en résulterait pas que le plaisir qu'elle procurerait à d'autres fût un fait inobservable pour vous. Tout ce que vous pourriez faire, en pareille circonstance, serait de gémir sur votre organisation imparfaite, défectueuse, qui vous priverait d'une foule de jouissances et de vives émotions ; mais vous ne prétendriez pas pour cela que le sentiment de la musique ne fût pas très-susceptible d'être observé, au moyen des actes qu'il produit, quoique, par lui-même, il n'agit pas sur vous : et surtout vous vous garderiez bien de dire que ce sentiment n'existe pas.

Nous ne vous demandons pas, *pour le moment*, Messieurs, d'être sensibles à la grande harmonie de l'univers ; cela n'est pas nécessaire, pour l'œuvre du calcul, pour l'opération rationnelle que nous avons à faire sur le passé : nous vous engageons, au contraire, à rester froids à l'égard des idées religieuses, à étouffer préalablement toute sympathie, *mais aussi toute antipathie* pour cet ordre d'idées ; car nous ne chercherons pas *d'abord* si ces croyances font réellement le bonheur de l'humanité, mais simplement si elles *tendent* à disparaître, ou si, au contraire, elles se sont étendues et affermies de plus en plus, à chacune des grandes révolutions subies par l'espèce humaine. D'ailleurs, (nous ne saurions trop vous le répéter), nous ne prétendrons pas vous *démontrer* la réalité *matérielle* des faits admis par telles ou telles croyances religieuses; nous ne voulons pas vous faire *palper* les objets qui exciteront celles de l'avenir; nous ne voulons pas, en un mot, *prouver* Dieu, les axiomes ne se prouvent pas: de telles prétentions seraient d'autant moins fondées que nous sommes plus éloignés de l'idolâtrie, et que le sentiment religieux s'est développé davantage; nous ne voulons pas même, *en ce moment*, rechercher avec vous l'expression dont les dogmes religieux de l'avenir seront revêtus : nous nous bornerons à constater les faits historiques relatifs aux croyances successives de l'humanité, pour en déduire, ou la loi de leur disparition ou au contraire celle de leur croissance progressive.

Plus tard, lorsque nous aurons fait ce premier travail, lorsque nous vous aurons montré que chaque développement de l'humanité a été signalé par un développement, *en étendue et en intensité*, des idées religieuses; lorsque nous aurons, *d'après la méthode historique*, formulé la loi du progrès social sous ce rapport; lorsqu'enfin nous pourrons reconnaître que ces idées ont une *tendance* manifeste à s'étendre encore davantage, alors nous en appellerons à vous-mêmes, à vos propres sympathies. Si vous persistiez à croire que de pareilles idées sont funestes, qu'elles sont l'attribut de la faiblesse et de l'ignorance, dans ce cas vous devriez prononcer hardiment que l'espèce humaine, au lieu d'être perfectible, s'affaiblit et dégénère chaque jour davantage.

Nous pouvons le dire à l'avance, une pareille conclusion vous révoltera, Messieurs, car c'est précisément parce que vous êtes convaincus de la perfectibilité, que vous repoussez aujourd'hui les croyances religieuses, comme incompatibles avec cette idée; vous en dépouillez l'avenir, parce que vous les considérez comme un obstacle au plus grand développement des facultés humaines, avant d'avoir examiné si elles n'en ont pas toujours été, *et de plus en plus*, le plus puissant mobile.

Nous aurons donc à nous occuper de cette étude : nous verrons si, en effet, à toutes les époques où l'humanité a fait de grands progrès, à toutes les époques où de nouvelles formes sociales ont été revêtues par elle, le sentiment religieux n'a pas été l'excitant le plus vif pour déterminer les actes nécessaires à ces transformations. Nous examinerons en même temps si ce sentiment ne s'est pas accru dans la même proportion que les actes mêmes qu'il produisait; et si, par exemple, la foi chrétienne n'a pas été plus vive, plus agissante, et par conséquent plus civilisatrice que toutes les croyances qui l'avaient précédée.

En vérité, Messieurs, l'énoncé de ce problème ne nous paraît pas exiger une longue démonstration; nous ne croyons pas qu'il soit nécessaire de comparer minutieusement, sous toutes les faces, les sentimens du chrétien avec ceux d'un païen, même avec ceux d'un juif, ou bien encore avec ceux d'un adorateur de fétiches, pour reconnaître que la volonté de Dieu, révélée par Jésus, embrassait un ordre de faits bien plus large que celle révélée par Moïse à *un seul peuple*, pour la conduite de ce peuple *exclusivement* chéri. Nous ne pensons pas surtout qu'on puisse douter un instant de la supériorité des idées religieuses professées par l'Église, sur celles enseignées par les prêtres des divinités protectrices de Troie, d'Athènes, de Sparte ou de Rome même. Nous pensons enfin que tout le monde tombe facilement d'accord avec nous, lorsque nous comparons les efforts impuissans de JULIEN pour ressusciter le culte du paganisme, à ceux qui seraient faits aujourd'hui pour rendre au culte catholique la pompe et l'influence qu'il avait il y a plusieurs siècles : cependant, les préjugés critiques sont si difficiles à déraciner, que nous reviendrons souvent sur les faits du passé qui tendent à justifier les propositions que nous avons énoncées tout à l'heure.

Mais d'abord, arrêtons-nous quelques instans sur l'une des idées capitales de la doctrine, idée dont nous vous avons déjà souvent entretenus, et dont l'usage est indispensable ici : nous voulons parler de la division du passé en époques organiques et en époques critiques.

Cette première décomposition de l'histoire est déjà considérée, par la plupart d'entre vous, non-seulement comme possible, mais aussi comme très-utile, comme indispensable même, pour expliquer le progrès des sociétés humaines; progrès constant, souvent insensible, mais quelquefois aussi (rarement il est vrai) signalé d'une manière éclatante, par une lutte terrible entre des efforts *progressifs* et des résistances *rétrogrades*.

Il ne suffit pas, lorsqu'on adopte un pareil dogme, d'en faire l'application à quelques faits isolés du développement de l'humanité; il faut le considérer comme point de départ, dans toute vérification d'une vue d'avenir ; ainsi quand nous cherchons à résoudre ce problème : l'espèce humaine a-t-elle un avenir religieux ? nous sommes certains d'avance que puisque nous avons en vue un avenir *organique*, c'est dans l'enchaînement des états *organiques* de l'humanité que nous devons trouver nos preuves. Et en effet, il est évident, *par définition*, que chaque époque critique ayant eu pour but de détruire le système organique qui l'avait précédé, toutes ces époques doivent être vouées à l'athéisme, comme elles le sont à l'*égoïsme*, et en général à la négation de toute idée d'ordre, puisqu'elles viennent lutter contre les principes de *dévotion*, de *dévoûment*, de *devoir* (car tous ces mots ont la même origine), qui servaient de lien à la société qu'elles veulent détruire.

Vous devez sentir, Messieurs, d'après le rapprochement que nous venons d'établir, combien on serait exposé à commettre d'erreurs, si l'on négligeait de faire la distinction de ces deux états, si différens, de l'humanité; et réellement un pareil oubli n'a jamais lieu, même de la part des hommes qui sont le plus étrangers à notre doctrine; voyez en effet les sociétés européennes depuis trois siècles, se rattacher sympathiquement à la Grèce et à Rome, et passer avec mépris par-dessus le moyen âge : le XVIIIe siècle était en guerre contre le christianisme, il était donc tout naturel qu'il prît ses exemples, qu'il puisât ses forces dans les sociétés où s'éteignait le polythéisme, et que le criticisme fût pour lui l'état normal, l'état sain de l'humanité, comme l'organisme en était la maladie. La différence qui existe entre ses philosophes et nous ne tient donc pas à la division de la vie humaine en deux états, mais à notre manière d'envisager ces deux états; cependant, Messieurs, faisons abstraction, comme le dit un élève de Saint-Simon, des avantages ou des inconvéniens du système de l'avenir; *pour le moment,* la question principale, la question unique va être pour nous, comme elle l'a été constamment pour lui, celle-ci : Quel est, d'après l'observation du passé, le système social *destiné* par la marche de la civilisation à s'établir aujourd'hui? Réservons-nous d'ajouter bientôt, comme l'a fait immédiatement ce même élève de Saint-Simon, mais en changeant toutefois un de ses termes, que si c'est dans un tel esprit que ce nouveau système doit être *vérifié* (et non *déterminé*, comme le dit M. Comte), ce n'est pas sous une telle forme qu'il entraînerait la société à son adoption définitive, puisque cette forme serait impuissante pour refouler l'égoïsme, devenu prédominant par la dissolution de l'ancien système; puisqu'il faut tirer l'humanité de son apathie, puisqu'il faut, en un mot, *passionner* les masses pour les organiser. Nous le répétons donc, *pour le moment*, peu nous importe de savoir si l'humanité est à la veille de recouvrer la santé, ou au contraire de tomber malade; ce que nous voulons découvrir, c'est quel sera le jeu de ses organes dans l'avenir; ne nous inquiétons donc pas encore ici du sort plus ou moins heureux dont elle jouira. Sain ou malade, cet être exécutera des *fonctions*, ce sont ces fonctions qu'il s'agit de prévoir, soit pour appliquer des médicamens, soit pour prescrire des règles d'hygiène.

Vous le voyez, pour nous placer sur le terrain des objections qui nous sont faites, nous nous dépouillons *un instant*, autant que possible, de toute sympathie pour les époques organiques, et de toute antipathie à l'égard des époques critiques; nous ne sommes ni religieux, ni athées, ni dévoués, ni égoïstes; mais nous vous demandons, Messieurs, le même abandon de vos sentimens, la même *indifférence*; efforcez-vous de vous abstraire, au point de ne conserver en vous qu'une seule des facultés de l'homme; réduisez-vous, pour un instant, à n'être que des *instrumens passifs d'observation*, oubliez que vous *aimez* mieux la philosophie et la politique des Grecs et des Romains que celles de l'Église et de la féodalité; tâchez de rester juges impartiaux entre de Maistre et Voltaire; examinez seulement si la marche du passé ne nous annonce pas une réconciliation prochaine entre les génies de ces grands hommes, comme le christianisme a opéré celle qui a eu lieu entre les élèves de CATON ou de Julien, et ceux d'ÉPICURE et de LUCRÈCE. Voyez, en d'autres termes, si nous ne sommes pas (suivant l'expression de M. BALLANCHE), à la fin d'une de ces crises *palingénésiques* où s'opère le passage d'une époque critique épuisée, à une époque organique nouvelle, c'est-à-dire où la société, fatiguée de vivre sans lien moral, sait en découvrir un nouveau, plus fort que celui qui a été détruit, et auquel la critique elle-même consent peu à peu à se soumettre.

Mais, Messieurs, une autre objection nous est faite, et nous devons nous hâter d'y répondre directement, parce que, fondée *en apparence* sur une rigoureuse application *de la méthode de* SAINT-SIMON à l'étude du développement de l'humanité, elle ruinerait toutes nos prévisions d'avenir religieux.

D'abord félicitons-nous encore ici de voir nos adversaires invoquer le nom de notre maître : Saint AUGUSTIN le remarquait aussi de son temps, c'était en se rangeant sous l'étendard du CHRIST, que les philosophies païennes portaient encore quelques derniers coups à l'église; c'était avec une partie isolée, et par conséquent mal comprise, de la doctrine, qu'on attaquait l'ensemble, l'unité de cette doctrine; les chrétiens n'avaient déjà plus de philosophes à combattre lorsqu'ils foudroyaient encore l'hérésie ; notre tâche sera bien avancée quand nous n'aurons plus à lutter qu'avec des admirateurs du génie de notre maître, avec des disciples de ses élèves.

On nous dit que la science sociale, parvenue par SAINT-SIMON à l'état positif, a fait ainsi un pas que toutes les sciences ont fait avant elle. On ajoute que toutes les sciences, en effet, ont été à l'état *théologique*, puis à l'état *métaphysique*, et sont successivement parvenues à l'état *positif* : que dans le premier cas, c'était au moyen de causes *surnaturelles* que l'homme liait les phénomènes ; que dans le second, il les unissait au moyen d'abstractions personnifiées, qui n'étaient plus tout-à-fait *surnaturelles* et qui n'étaient pas encore *naturelles* ; qu'enfin arrive l'état positif, dans lequel les faits sont liés d'après des idées ou lois, *suggérées* et *confirmées par les faits mêmes*, d'où l'on conclut que la théologie doit disparaître de l'avenir qui ne reconnaîtra plus de Dieu.

Avant d'examiner si cette objection est fondée historiquement, ce que nous admettons avec une réserve, pesons bien, Messieurs, la valeur des mots qui l'expriment, et, par exemple, qu'est-ce que des idées *suggérées par les faits et vérifiables par eux ?* Si, comme nous l'avons dit plus haut, vous voyez un homme, un peuple religieux, ce fait ne vous *suggère-t-il* pas cette idée : voilà des hommes qui croient en Dieu ; et si vous voulez *vérifier* cette idée, les faits ou les hommes qui vous l'ont *suggérée* ne sont-ils pas là pour l'attester ?

Maintenant qu'est-ce que des causes *surnaturelles* et des causes *naturelles ?* Si la croyance en Dieu fait agir un homme, une nation, toute l'humanité, quand bien même vous ne partageriez pas cette croyance, ne vous paraîtrait-elle pas la cause *tout-à-fait naturelle* d'une foule d'actes ? Serait-elle plus surnaturelle que l'appétit le plus grossier, que l'électricité, que l'attraction ?

Eh bien ! jetez les yeux sur le passé ; l'homme ne vous y apparaît-il pas comme un être éminemment religieux ? Y a-t-il un fait plus *positif* que celui-là ? N'est-ce pas le fait général, *fort naturel*, qui explique, qui coordonne le mieux tous les actes, qui vous permet le mieux de les lier ?

Mais, Messieurs, la division trinaire du développement

scientifique, fort exacte quand elle est renfermée dans certaines limites que nous allons poser, est fausse, incomplète, quand on en fait l'application avec laquelle on nous combat. Nous aussi nous prétendons que la *science* (en donnant ce nom à l'ensemble des connaissances humaines) passe par trois grands états différens : dans le premier, elle présente un assemblage confus de phénomènes isolés; chaque fait est l'explication, la *raison*, la cause de lui-même; dans le second, elle se compose de groupes plus ou moins nombreux de faits, soumis à des *lois* distinctes, mais indépendantes les unes des autres, et luttant presque toujours ensemble; le troisième enfin est l'association complète de tous les faits observables, obéissant à une loi unique; en d'autres termes, nous reconnaissons que la science est passée, en même temps que l'humanité, par le fétichisme, le polythéisme et le monothéisme; et cette manière d'envisager ses progrès s'applique au développement de l'espèce humaine, depuis les temps les plus reculés jusqu'à nous.

La classification qu'on nous oppose n'est applicable, au contraire, qu'à un état donné de civilisation; elle n'est que l'explication du mouvement de l'esprit humain, dans le passage d'une époque organique à l'époque critique qui la suit; et encore est-il nécessaire de modifier les termes sous lesquels elle est présentée. Elle indique les pas faits par la science, depuis le moment où, repoussant un dogme qui ne la comprend pas, c'est-à-dire qui ne lui a pas donné naissance, elle se dépouille peu à peu d'une théologie arriérée, et prépare les matériaux d'un dogme nouveau; ainsi, l'on peut dire que dans toute époque organique la science a été théologique, puisque c'était dans le temple et par les prêtres qu'elle était cultivée. Elle est devenue en partie *théologique* et en partie *athée*; elle s'est divisée en science sacrée et science profane, chaque fois qu'on a commencé à *protester*, hors du temple, et souvent même dans le temple, contre les anciennes croyances : enfin elle est devenue complétement *athée*, et alors le nom de *négative* lui conviendrait mieux que celui de *positive*, lorsque l'anarchie qui rongeait l'Église existait aussi dans l'Académie, c'est-à-dire lorsque la science disparaissant, il ne restait plus que des sciences,

C'est dans un pareil état que se trouvent aujourd'hui les connaissances humaines ; elles y étaient également parvenues à l'époque où Lucrèce construisait mécaniquement un monde, à l'époque où Aristote faisait, en dehors du polythéisme, un travail encyclopédique où toutes les sciences se trouvaient, pour ainsi dire, matériellement accolées, mais non pas *unies*.

Ces deux manières d'envisager le développement de la science s'appliquent, comme vous le voyez, Messieurs, au double aspect sous lequel se présente à nos yeux l'humanité. Tantôt nous pouvons l'observer passant, par toute la suite des siècles, de l'infinité des causes à une cause unique et infinie ; tantôt aussi nous la voyons, pour accomplir ce long développement, s'arrêter à certaines croyances, les abandonner peu à peu pour en reprendre bientôt de nouvelles. Dans cette succession d'époques religieuses et irréligieuses, la science, qui n'est que l'une des manières d'être de l'homme, a suivi ce mouvement; elle a passé de la théologie à l'athéisme; de la synthèse pure à l'analyse seule; d'un ordre incomplet et provisoire, à une anarchie moins durable encore. En ne tenant pas compte de ce double aspect, on tombe dans l'inconvénient de confondre des faits *alternatifs* avec des faits *constamment progressifs* ; de mettre dans une même série des faits hétérogènes; de prendre un progrès transitoire, opéré par la critique, pour un fait croissant, tandis qu'il doit disparaître complétement à l'époque organique suivante.

Nous venons de prononcer deux mots, synthèse et analyse, qui nous rappellent encore une objection qui nous a été faite, et dont la réfutation va servir au développement des idées qui précèdent. Toujours armé de Saint-Simon, on nous cite le passage suivant du nouveau christianisme : « Depuis l'établissement du christianisme jusqu'au XVe
» siècle, l'espèce humaine s'est *principalement* (n'oubliez
» pas ce mot, Messieurs) occupée de la coordination de
» ses sentimens généraux, de l'établissement d'un prin-
» cipe universel et unique, et de la fondation d'une insti-
» tution générale, ayant pour but de superposer l'aristo-
» cratie des talens à l'aristocratie de la naissance, et de
» soumettre *ainsi* tous les intérêts particuliers à l'intérêt
» général. Pendant toute cette période, les observations
» directes sur les intérêts privés, sur les faits particuliers et
» sur les principes secondaires ont été négligées; elles ont été
» décriées dans la masse des esprits, et il s'est formé une
» opinion prépondérante sur ce point, que les principes se-
» condaires devaient être déduits des faits généraux et d'un
» principe universel; opinion d'une vérité *purement spécu-*
» *lative*, attendu que l'intelligence humaine n'a point les
» moyens d'établir des généralités assez précises pour qu'il
» soit possible d'en tirer, comme conséquences directes,
» toutes les spécialités. »

Arrêtons-nous un instant ici, car ces mots *purement spéculative* ont donné lieu à une grave erreur : oui, Messieurs, c'est une opinion *purement spéculative* que de prétendre qu'il faille déduire logiquement *tous* les faits parti-

culiers d'un principe général, car en agissant ainsi, tout ce que l'humanité fait en un jour ne s'accomplirait pas dans la durée de tous les siècles; cette opinion reste spéculative, tant qu'elle ne marche pas de front avec une autre idée; aussi Saint-Simon se hâte-t-il de développer l'influence de cette seconde idée fondamentale, pour faire sentir ensuite la nécessité de les employer *également l'une et l'autre*, dans l'avenir. Écoutons-le, il continue : « Depuis la disso-
» lution du pouvoir spirituel européen, résultat de l'*insur-*
» *rection* de Luther, depuis le XV⁰ siècle, l'esprit humain
» s'est détaché des vues les plus générales; il s'est livré aux
» spécialités; il s'est occupé de l'*analyse* des faits particu-
» liers, des principes *secondaires*, des intérêts *privés* des
» différentes classes de la société..... *pendant cette période,*
» *l'opinion s'est établie*, que les considérations sur les faits
» généraux, sur les principes généraux, sur les intérêts gé-
» néraux de l'espèce humaine, n'étaient que des considéra
» tions vagues et *métaphysiques*, ne pouvant contribuer
» efficacement aux progrès des lumières et au perfectionne-
» ment de la civilisation. »

« Ainsi, l'esprit humain a suivi, depuis le XV⁰ siècle,
» une marche opposée à celle qu'il avait suivie jusqu'à cette
» époque; et certes les progrès importans et positifs qui en
» sont résultés dans toutes les directions de nos connais-
» sances, prouvent irrévocablement combien nos aïeux du
» moyen âge s'étaient trompés en estimant d'une utilité mé-
» diocre l'étude des faits particuliers, des principes secon-
» daires, et l'analyse des intérêts privés. »

« Mais (Messieurs, faites attention à ce *mais*), il est éga-
» lement vrai qu'un très-grand mal est résulté pour la so-
» ciété de l'état d'abandon dans lequel on a laissé, depuis
» le XV⁰ siècle, les travaux relatifs à l'étude des faits géné-

» raux, des principes généraux et des intérêts généraux.
» Cet abandon a donné naissance au sentiment d'*égoïsme*,
» qui est devenu dominant chez toutes les classes et dans
» tous les individus. Ce sentiment, devenu dominant dans
» toutes les classes et dans tous les individus, a facilité à
» César les moyens de recouvrer une partie de la force po-
» litique qu'il avait perdue avant le XV° siècle. C'est à cet
» égoïsme qu'il faut attribuer la maladie politique de notre
» époque, maladie qui met en souffrance tous les travail-
» leurs utiles à la société; maladie qui fait absorber par les
» rois une très-grande partie du salaire des pauvres, pour
» leur dépense personnelle, pour celle de leurs courti-
» sans et de leurs soldats; maladie qui occasionne un pré-
» lèvement énorme de la part de la royauté et de l'aristo-
» cratie de la naissance sur la considération qui est due
» aux savans, aux artistes et aux chefs de travaux indus-
» triels, pour les services d'une utilité directe et positive
» qu'ils rendent au corps social. »

Maintenant, Messieurs, quelle conclusion Saint-Simon tire-t-il de cette large vue du moyen âge et des trois derniers siècles de critique? La voici:

« Il est donc bien désirable que les travaux qui ont pour
» objet le perfectionnement de nos connaissances relatives
» aux faits généraux, aux principes généraux et aux intérêts
» généraux, soient promptement remis en activité, et soient
» désormais protégés par la société, *à l'égal* de ceux qui
» ont pour objet l'étude des faits particuliers, des principes
» secondaires et des intérêts privés. »

Vous le voyez, l'idée de Saint-Simon est précisément celle que nous vous exposions tout à l'heure, lorsque nous vous parlions des états organiques ou religieux de la science dans le passé, et de ses époques critiques ou irréligieuses; ce que Saint-Simon dit ici du moyen âge et de sa critique s'applique également à la république romaine et à l'empire; aux anciennes croyances de la Grèce et à leur critique se développant sous Périclès; comme elle embrasse les temps de spendeur de la loi de Moïse, et l'époque où les Hébreux se divisèrent en Pharisiens, Saducéens et Esséniens. Ce passage des faits généraux aux faits particuliers, des principes généraux aux principes secondaires, des intérêts généraux aux intérêts privés, est le même dans tout le passé que celui de la religion à l'athéisme; et la science, qui n'est pas autre chose que l'humanité envisagée dans les produits de l'une de ses facultés, n'a jamais été étrangère à ces alternatives, qu'elle a sans cesse formulées dans son langage par les mots de synthèse et d'analyse.

Eh bien! Messieurs, nous savons maintenant par Saint-Simon quelle a été l'utilité de ce mouvement alternatif; nous savons que si la contemplation des faits généraux, ou la disposition synthétique pure, n'est qu'une *vague métaphysique, purement spéculative*, c'est seulement lorsqu'on néglige les faits particuliers; l'avenir évitera donc, sous ce rapport, les fautes du moyen âge. Mais nous savons aussi que l'analyse est une cause de désordre, lorsqu'elle traite avec dédain les faits généraux, les habitudes synthétiques sans lesquelles toutes ses œuvres ne seraient qu'un immense chaos; l'avenir échappera donc aussi aux dangers de la critique, à la domination de l'égoïsme. Grâce à Saint-Simon, nous avons nettement conscience de la cause des progrès de l'humanité; il dépend donc de nous de constituer l'avenir sur des bases telles que ce progrès s'opère régulièrement et sans interruption.

Nous espérons vous avoir fait sentir le vice renfermé dans ces trois termes *théologique, métaphysique* et *positif,* appliqués à trois états de la science, soit qu'on ait en vue son développement complet, depuis l'origine de la société jusqu'à nous, soit qu'on envisage seulement les modifications qu'elle a éprouvées chaque fois que l'humanité elle-même s'est transformée tout entière, s'est régénérée. Dans les termes les plus généraux, la science a été, comme l'espèce humaine, fétichiste, polythéiste, monothéiste; et secondairement, à chaque perfectionnement de l'idée générale, elle a été religieuse, semi-religieuse et semi-athée, et enfin complétement athée. Aucune de ces deux formules ne saurait, comme vous devez facilement vous en apercevoir, conduire à cette conclusion : l'humanité n'a pas d'avenir religieux; elles confirment au contraire nos prévisions de la manière la plus positive; l'une, parce que du fétichisme au monothéisme la croissance du sentiment religieux en intensité et en étendue est évidente; l'autre, parce que si la science est aujourd'hui athée, nous ne devons attribuer ce fait qu'à l'époque critique dans laquelle nous sommes; époque qui, s'il faut en croire l'expérience du passé, nous annonce l'apparition prochaine d'un état social dans lequel la science reprendra le caractère religieux qu'elle a toujours eu dans les époques organiques.

Si les développemens que nous avons cru devoir donner à ces idées s'opposaient, par leur étendue, à ce que vous pussiez à l'instant même les saisir, nous vous engageons à fixer votre attention sur la forme plus précise que nous allons leur donner pour les résumer.

Dans toutes les époques organiques, la science est théologique; car toutes les découvertes scientifiques sortent du temple.

Lorsque des laïques (et nous appliquons ce nom à tout ce qui n'était pas de la caste sacerdotale de l'antiquité, comme à ce qui ne faisait pas partie du clergé au moyen âge), lorsque des laïques, disons-nous, ont fait faire des pas aux sciences, et que l'Église ne s'est pas assimilé leurs découvertes, c'est-à-dire lorsque le clergé n'a pas concentré dans son sein tous les flambeaux de l'intelligence humaine, alors les sciences ont pris un caractère *bâtard* d'athéisme et de religiosité; ce sont ces époques que l'on peut appeler à juste titre superstitieuses; car ce sont celles où les prêtres eux-mêmes tombent dans l'ignorance, et y entraînent avec eux les masses, tandis que les savans, soumis au joug de quelques-unes des anciennes croyances, ne portent pas encore tout-à-fait l'athéisme dans le domaine de la science.

Enfin, arrive un jour où des chaires philosophiques et scientifiques, élevées d'abord sous la dépendance de la chaire sacrée, osent se mettre en insurrection ouverte contre elle : alors celle-ci est muette; il ne sort plus du temple que des dogmes usés, qui sont flétris par le ridicule dès qu'ils osent se produire sous leur gothique parure.

Nous le répétons, ces trois aspects, si différens, de la science et du clergé, ne sont pas seulement observables dans le cours des derniers siècles : le même phénomène s'était déjà produit avant le christianisme, et les pontifes ou les sibylles du polythéisme, les rabbins de la Judée, aussi bien que les druides et les bardes, n'enseignaient plus rien au peuple depuis long-temps, lorsque l'Église chrétienne s'empara de la mission qu'ils avaient abandonnée; depuis long-temps leur influence scientifique était détruite, le clergé des gentils était détrôné, *comme le nôtre*, par des savans et des philosophes, par des athées, lorsqu'un nouveau clergé, écrasant l'athéisme sous le poids de ses propres armes, prenant dans ses mains puissantes et la science et la philosophie, les ramena dans un nouveau sanctuaire, d'où elles répandirent bientôt sur le monde entier, mais *principalement sur les esclaves*, la lumière dont le musée alexandrin distribuait naguère quelques faibles rayons aux jeunes oisifs de Rome et de la Grèce.

QUINZIÈME SÉANCE.

DIGRESSION SUR L'OUVRAGE INTITULÉ TROISIÈME CAHIER DU CATÉCHISME DES INDUSTRIELS, PAR AUGUSTE COMTE, ÉLÈVE DE SAINT-SIMON.

MESSIEURS,

On a invoqué contre nous, dans une de nos dernières séances, l'autorité d'un élève de SAINT-SIMON, qui, dans un travail publié par son maître, a exposé *scientifiquement* quelques parties de la doctrine; c'est en nous opposant des citations, sans doute fort remarquables, qu'on a protesté, au nom de M. COMTE et au nom de SAINT-SIMON lui-même, contre l'avenir religieux que nous vous annonçons, nous, disciples du même maître, et qui l'avons entendu révéler, de son lit de mort, sa pensée la plus vaste, le *nouveau christianisme*.

Le travail de M. A. COMTE, dont nous n'avions pas eu encore l'occasion de vous entretenir, a servi à plusieurs d'entre nous d'introduction à la doctrine de SAINT-SIMON :

qui, plus que nous, pourrait donc en apprécier toute la valeur? Si on le considère du point de vue où l'auteur s'est placé en le composant, et qui est de fonder la science politique sur les bases où sont assises aujourd'hui les sciences d'*observation*, aucune tentative de ce genre, aucun essai produit par la capacité scientifique pure ne lui est comparable.

Mais si, du point de vue où SAINT-SIMON nous a élevés, nous nous proposons de rallier toutes les sciences par une nouvelle conception générale, de les tirer de l'état d'isolement et d'égoïsme où elles sont plongées, aussi bien que les hommes qui les cultivent; si, envisageant la marche progressive de l'humanité, à la fois sous trois aspects, les BEAUX-ARTS, les SCIENCES et l'INDUSTRIE, nous DÉSIRONS ardemment *connaître* et *réaliser* l'ordre universel sur cette terre; alors, l'homme qui s'absorbe dans son amour pour la *science*, qui oublie presque, en faisant l'histoire de l'humanité, de parler du progrès de ses *sympathies*, nous paraît placé à un point de vue tout-à-fait secondaire; et si cet homme, plus aveuglé encore par sa *prédilection* pour les travaux *rationnels*, veut déshériter l'avenir de ce qui sera son bonheur et sa gloire; s'il s'efforce de prouver que le *dévoûment* sera subordonné au froid *calcul*; que l'*imagination* ne prendra son essor que lorsqu'une lente et tardive *raison* aura bien voulu le lui permettre; que les paroles du *poète* ne sortiront de sa bouche qu'après avoir été commentées, pesées, hachées, au mètre, au poids, au scalpel de la *science*, nous disons: cet homme est hérésiarque, il a renié son maître, il a renié dans son maître l'humanité.

Toutefois nous le répétons, Messieurs, nous sommes joyeux de voir que les objections contre notre doctrine s'appuient enfin sur le terrain par lequel plusieurs de nous sont passés pour arriver jusqu'à notre maître : nous en sommes joyeux, puisqu'il vous sera plus facile, après ce premier pas, de découvrir où est l'*unité* de la doctrine, où est l'hérésie.

Posons d'abord l'objection, elle est ainsi conçue :

Il n'y a pas d'avenir religieux pour l'humanité, car Saint-Simon lui-même a dit, par son élève, A. Comte, que toutes les sciences ayant successivement passé par trois états, l'état *théologique*, l'état *métaphysique* et l'état *positif* qui est leur état définitif, il en devait être de même de la science des phénomènes sociaux, et qu'ainsi l'avenir social serait entièrement dégagé de toute théologie.

Admettre le contraire, continuait-on, ce serait, sans le savoir, tendre à rétrograder; ce serait revenir, par les idées religieuses, au point de départ, et rendre inévitable le retour de cette époque *critique*, dont nous souffrons tous aujourd'hui, et dont il est si désirable de sortir : car l'histoire nous montre toutes les époques théologiques destinées à la critique des époques suivantes.

Voici, Messieurs, les paroles de M. Comte à ce sujet :

« Par la nature même de l'esprit humain, chaque bran» che de nos connaissances est nécessairement assujétie
» dans sa marche à passer successivement par trois états
» théoriques différens : l'état *théologique* ou fictif; l'état
» *métaphysique* ou abstrait; enfin, l'état *scientifique* ou po» sitif.

» Dans le premier, les idées *surnaturelles* servent à lier
» le petit nombre d'observations isolées dont la science se
» compose alors. En d'autres termes, les faits observés
» sont *expliqués*, c'est-à-dire *vus à priori*, d'après des

» faits *inventés* (1). Cet état est nécessairement celui de
» toute science au berceau. Quelque imparfait qu'il soit,
» c'est le seul mode de liaison possible à cette époque. Il
» fournit, par conséquent, le seul instrument au moyen
» duquel on puisse raisonner sur les faits, en soutenant
» l'activité de l'esprit, qui a besoin par-dessus tout d'un
» point de ralliement quelconque. En un mot, il est in-
» dispensable pour permettre d'aller plus loin.

» Le second état est uniquement destiné à servir de
» moyen de transition du premier vers le troisième. Son
» caractère est bâtard; il lie les faits d'après des idées qui
» ne sont plus tout-à-fait *surnaturelles*, et qui ne sont pas
» encore entièrement *naturelles*. En un mot, ces idées
» sont des abstractions personnifiées, dans lesquelles l'es-
» prit peut voir à volonté ou le nom mystique d'une cause
» surnaturelle, ou l'énoncé abstrait d'une simple série de
» phénomènes, suivant qu'il est plus près de l'état théo-
» logique ou de l'état scientifique. Cet état métaphysique
» suppose que les faits, devenus plus nombreux, se sont
» en même temps rapprochés d'après des analogies plus
» étendues.

» Le troisième état est le mode définitif de toute science
» quelconque; les deux premiers n'ayant été destinés qu'à
» le préparer graduellement. Alors les faits sont liés d'a-
» près des idées ou lois générales d'un ordre *entièrement*

---

(1) Si M. Comte avait *observé* que le phénomène qu'il signale ici se produit même dans la science la plus positive, chaque fois que, sous forme d'abord hypothétique, une *conception* nouvelle s'introduit dans cette science, toutes ses conclusions contre ce qu'il appelle l'état théologique ou fictif seraient tombées, puisque l'hypothèse est toujours le premier pas qu'il faut faire pour procéder à chaque nouvelle coordination de faits.

» *positif*, suggérées et confirmées par les faits eux-mêmes,
» souvent même elles ne sont que de simples faits assez
» généraux pour devenir des principes. On tâche de les
» réduire toujours au plus petit nombre possible, mais
» sans jamais *imaginer* rien *d'hypothétique* qui ne soit de
» nature à être vérifié un jour par l'observation, et en ne
» les regardant, dans tous les cas, que comme un moyen
» d'expression générale pour les phénomènes.
  » En considérant la politique comme une science et lui
» appliquant les observations précédentes, on trouve qu'elle
» a déjà passé par les deux premiers états, et qu'elle est
» prête aujourd'hui à atteindre au troisième. »

M. A. Comte présente la même idée sous une autre forme.

« L'imagination domine sur l'observation dans les deux
» premiers états de toute science; l'état positif vers lequel
» elles tendent définitivement est celui dans lequel l'ima-
» gination ne joue plus qu'un rôle *subalterne* par rapport
» à l'observation. »

Rapprochant cette idée de celle que vient d'exprimer l'auteur, relativement aux lois qui, dans chaque science, servent à coordonner les faits observés, on arrive à cette conclusion, c'est qu'il n'y a d'admissible définitivement, dans le domaine de l'intelligence humaine, que les faits observés (expérimentés serait plus rigoureux), et que l'imagination n'a plus d'autre rôle à remplir que celui d'inventer des nomenclatures plus ou moins commodes, ou des faits pouvant servir de principe provisoirement, mais vérifiables un jour eux-mêmes par l'observation.

Cette dernière expression, de l'idée de M. A. Comte, montre bien effectivement le degré où s'arrêtent aujourd'hui les savans dans leurs conceptions philosophiques, et c'est ce qu'il est aisé de vérifier en parcourant les préfaces des principaux ouvrages publiés récemment sur diverses théories physiques.

Mais qu'entend-on par, vérifier un jour le principe, l'hypothèse admise provisoirement? Si l'on avançait seulement que l'hypothèse et la théorie qui en découle seront ébranlées le jour où de nouveaux faits observés sembleraient en contradiction avec elle, et qu'alors, après avoir épuisé tous les moyens de justification dont la théorie sera susceptible dans ses diverses applications, il faudra s'occuper de *découvrir* une théorie plus générale, de concevoir une *hypothèse* plus large, rien ne serait plus vrai et plus conforme à tous les faits qui témoignent des progrès de la science humaine, aussi bien qu'à la nature même des procédés de l'esprit dans l'individu. Mais si les faits observés ne peuvent être liés que par un principe, susceptible lui-même d'être un jour *vérifié* de la même manière que les faits auxquels il préside (et c'est bien là que M. Comte voit une différence entre les principes naturels et les principes surnaturels), on confond, sans le vouloir, le domaine de l'*expérience*, avec celui de l'*observation*, on finit par réduire la certitude à la sensation *immédiate* et extérieure, et l'on ne trouve le moyen de lier, même provisoirement, que les faits susceptibles d'être *expérimentés*.

Ainsi, par exemple, nous croyons, avec tous les savans, que les phénomènes des marées sont causés par l'action combinée du soleil et de la lune, et c'est effectivement avec cette donnée qu'on arrive aux formules consignées dans la mécanique céleste; mais n'est-il pas évident que cette hypothèse ne pourra jamais être vérifiée de la même manière, par exemple, que la hauteur de la marée dans le port de Brest, à un jour indiqué?

N'en est-il pas de même du mouvement de la terre, dont la découverte excita une si grande alarme au sein d'un clergé sur son déclin, dont l'autorité était ébranlée depuis plus d'un siècle? *l'expérience* prouve bien que cette hypothèse s'applique aux faits qui se passent sous nos yeux, mais l'hypothèse elle-même peut-elle s'expérimenter ?

N'en est-il pas de même, surtout, des observations transmises par le passé, sur les divers états de la société humaine? Et si le globe présente, sur plusieurs points, les analogues de ces divers états qui se sont évanouis, qui sont *invérifiables* pour nous actuellement, cette analogie, que nous acceptons pour nous aider à perfectionner les relations humaines, devrait-elle être repoussée, par cela seul qu'elle est invérifiable par *l'observation?*

A mesure que le champ de chaque science s'étend au-delà de l'expérience immédiate, la conception qui lui sert de lien devient de moins en moins vérifiable, dans le sens positif du mot; et quant au *provisoire* qui est son caractère, ce provisoire, à son tour, disparaît devant l'étendue de la généralité des faits compris dans l'hypothèse, étendue et généralité qui deviennent sans limites, lorsqu'aucune science n'est conçue isolée, lorsque toutes les sciences aboutissent à un seul dogme qui assigne un rang à chacune d'elles, lorsque tous les phénomènes des corps bruts et des corps vivans sont conçus comme rattachés à une destination commune : alors l'hypothèse suprême devient le premier de tous les axiomes, et l'homme dit : Dieu existe.

Mais ce qu'il faut surtout remarquer avant d'aller plus loin, c'est que l'hypothèse, dont on ne peut se passer pour raisonner sur les faits observés, quel que soit d'ailleurs son caractère, est toujours une *conception* qui précède le *raisonnement* (1), et qui ne le suit pas.

On ne peut *raisonner* sur les faits observés qu'au moyen d'une idée préalablement *adoptée*, à laquelle ou au moyen de laquelle on veut les comparer; on ne cherche à *démontrer* que les théorèmes qu'on s'est *posés*.

Ainsi, ce n'est pas le rang que tient à chaque époque, dans la science, l'hypothèse, par rapport à l'observation, qui caractérise les divers états de la science; mais c'est le CARACTÈRE DE L'HYPOTHÈSE ELLE-MÊME. Chaque science a pour tendance de rapporter tous les faits de la spécialité qu'elle embrasse à un seul principe, c'est-à-dire à une seule *hypothèse*, au moyen de laquelle ces faits sont coordonnés; or, tantôt toutes ces hypothèses spéciales se rattachent à une hypothèse générale dont elles sont des dépendances; elles sont alors des expressions variées de l'hypothèse générale qui sert de *dogme*, c'est-à-dire de base à la science générale, au *savoir* humain; elles la reflètent dans les routes diverses que l'esprit de l'homme doit parcourir, pour que les travaux les plus *individuels* convergent toujours vers le but *social* : c'est ce qui arrive à tous les états organiques ou *religieux* de l'humanité : tantôt, au contraire, l'anarchie qui existe dans la société apparaît dans le champ scientifique; l'arbre de la science est mort, toutes ses branches se détachent du tronc qui leur donnait la vie; les

---

(1) Nous disons qui précède le raisonnement et non l'*observation*, parce qu'à toutes les époques la *perception* des faits, ou en d'autres termes le milieu dans lequel nous vivons, est bien une condition indispensable de la production des hypothèses, des raisonnemens, aussi bien que des actes, mais là n'est pas la difficulté. (Voir la troisième leçon.)

sciences spéciales, isolées, n'ont plus de liens qui les unissent; de même les savans s'isolent, ils ne réalisent plus de travaux généraux qui exigent le concours de nombreux efforts; l'égoïsme enfin les domine, parce qu'ils ne se sentent plus de destination commune; chaque spécialité se fractionne de plus en plus; autant d'hommes, autant de systèmes, et par conséquent pas de science; et de même encore, sous un autre aspect, autant d'hommes, autant de croyances religieuses, et par conséquent pas de religion.

Aux époques organiques, disons-nous, toutes les sciences se rattachent à la science générale, au *dogme;* du moins telle est la tendance du développement scientifique de l'humanité; mais les dogmes qui se sont succédés jusqu'à ce jour ont été progressifs, puisque c'est par SAINT-SIMON seul que l'humanité acquiert la conscience de sa destinée. Il en est résulté que de tous ces dogmes successifs il n'en est aucun qui ait eu toute la généralité, l'*universalité* qu'il prend aujourd'hui. Aucun d'eux, après avoir régné sur les esprits assez long-temps pour que la société, sous son abri protecteur, se soit mise en mesure de faire un nouveau progrès, n'a donc pu comprendre et régir des faits imprévus par sa loi, des sciences entières qui s'étaient développées *hors du temple* qu'il habitait. Bientôt les croyances générales sont troublées, et le dogme, déjà vieilli, ne *sait* plus les calmer, car elles marchent en avant de lui, sur un terrain qu'il n'a pas exploré; au trouble succède la résistance, la haine, la lutte, et dans cette lutte c'est encore au nom d'une nouvelle hypothèse, mais d'une hypothèse *anarchique*, que se réunissent d'abord les assaillans; c'est par un sentiment d'*indépendance* que les défenseurs du vieux dogme sont attaqués. Cependant une séparation s'opère entre les savans du dogme attaqué et les savans qui se réunissent sous la bannière de l'indépendance. Ici le fougeux Luther lève l'étendard de la révolte, et plus tard, Galilée donne un démenti formel au langage scientifique que le clergé chrétien ne croyait pas pouvoir abandonner sans déserter la foi du Christ.

Alors les sciences *spéciales* tendent à s'organiser *séparément;* *l'académie* comme l'Église est en proie à *l'hérésie*, au *protestantisme;* le savant n'a plus de maître, comme le croyant n'a plus de pape. En vain les chefs de cette science moderne, ceux qui l'enrichissent des plus grandes découvertes, tenteront-ils une transaction avec la croyance de leurs pères; en vain un Leibnitz passera-t-il une partie de sa vie à correspondre avec un Bossuet : l'ancien dogme est épuisé; il lui faut une transformation nouvelle; il doit subir directement l'épreuve d'une nouvelle conception générale, systématisant toutes ces sciences éparses, tous ces travaux isolés, qui s'éloignent de plus en plus de remplir un rôle *social*, et entraînent inévitablement leurs auteurs dans l'abîme de *l'égoïsme*. Tel est, en effet, le dernier terme que la critique rencontre toujours. Parvenues à ce terme, ce serait en vain qu'on chercherait dans les sciences dites *positives* (1), et dans la *méthode* qui a facilité si puissamment leur *désunion*, la conception régénératrice qui leur rendra *l'ensemble* et la vie, et donnera aux savans une conscience nouvelle du haut ministère qu'ils doivent remplir. Et cependant, à la fin de ces époques d'anarchie que nous venons de dépeindre, quelques esprits, fatigués du désordre, mais igno-

---

(1) Elles sont ainsi nommées alors par opposition avec l'ancien dogme, qui a cessé d'être considéré comme tel.

rant l'ordre nouveau que l'humanité n'appelle pas encore, essaient de ramener l'unité dans les travaux de l'intelligence; leurs efforts sont impuissans, car ils ne *révèlent* pas à l'homme ce qu'il cherche; ils ne savent que lui *rappeler* ce que jadis il a déjà su. Ainsi des théories matérialistes ou spiritualistes renouvelées d'Épicure et de Lucrèce, de Platon et de Proclus, de véritables réimpressions, augmentées de quelques commentaires que des progrès de *détail* ont rendus nécessaires, sont les produits de ces vaines tentatives; mais elles annoncent au moins que le génie des découvertes ne tardera pas à paraître. Où prend-il naissance, ce génie? Dans l'inspiration des destinées sociales; c'est à elles seules qu'est réservée la glorieuse mission de révéler aux hommes ce que tous *désirent*, ce que tous *appellent*, ce qu'un seul, parmi eux, sait *exprimer* le premier. Profondément ému des douleurs de l'humanité, brûlant d'y mettre un terme, il l'entraîne hors d'un monde qu'elle ne conçoit plus, qu'elle ne comprend plus, qui la blesse, où elle se déchire elle-même. A sa parole, ce monde, déjà réduit en poussière, disparaît; un monde nouveau est *créé*, car dans ces régions nouvelles règnent l'ordre et l'harmonie : tous ces phénomènes, qui chaque jour s'isolaient, s'*individualisaient* de plus en plus, unis par une chaîne commune, concourent à un même but; tous sont *dépendans* les uns des autres, tandis que tous, naguère, empreints des passions qui agitaient les savans eux-mêmes, semblaient marcher, comme eux, vers l'*indépendance*.

Messieurs, que notre rationalisme se confonde d'admiration et d'amour devant cette divine faculté de l'homme, au moyen de laquelle il lie ce qui était désuni, rappelle l'amour et l'ordre, là où régnaient la discorde et la haine; qu'il adore cette faculté qui *crée* des relations nouvelles, des rapports d'attraction, d'affinité, là où l'homme ne voyait que répulsion, antagonisme; cette faculté vraiment *génératrice*, primordiale, qui se manifeste à nous de toutes parts dans les progrès de l'humanité.

Ainsi les hommes ont été tous ennemis les uns des autres, mais un jour ils seront tous frères; chaque phénomène a eu sa cause, ou mieux encore, a renfermé en lui la propre cause de son être; mais tous n'auront un jour qu'une seule cause, qu'une seule fin; les familles, les cités, les nations ont été isolées; mais il n'y aura qu'une seule famille humaine, qu'une seule cité, qu'une seule patrie; de même, chaque phénomène a eu sa science, chaque groupe de phénomènes sa spécialité; mais il y aura une science *universelle*, lien de toutes les sciences spéciales, de tous les phénomènes, donnant à tous une cause et une fin communes.

Eh bien! ces progrès dans l'ordre politique, comme dans l'ordre scientifique, sont dus à la même faculté, au génie, à l'inspiration, à l'amour de l'ordre, de l'unité, c'est-à-dire à la *sympathie*, car c'est elle qui nous *attache* au monde qui nous entoure, c'est elle aussi qui nous fait découvrir le *lien* qui existe entre toutes les parties de ce monde dans lequel nous vivons, et nous révèle ainsi en lui une vie semblable à la nôtre.

Telle est la mission des hommes que, par égard pour les préjugés du siècle qui nous écoute, nous avons nommés *artistes* (1); les artistes, pour nous, sont les hommes qui

---

(1) Si l'on a lu avec attention les diverses parties de la doctrine, déjà exposées dans ce volume, on concevra que deux noms conviennent particulièrement, *dans le passé*, à la fonction dont nous parlons ici; ces noms sont ceux de *poètes* et de *prêtres*, correspondant, l'un aux époques critiques,

ont sans cesse imprimé à l'humanité le mouvement progressif qui l'a fait parvenir de l'état de la plus grossière brutalité jusqu'au degré de civilisation que nous avons atteint ; et, en ce moment même, les hommes qui méritent ce nom sont ceux à qui a été dévoilé le secret des destinées sociales, et, ce secret ne leur a été dévoilé que parce que leur amour pour l'humanité leur faisait un besoin impérieux de le découvrir. Mais c'est seulement lorsque les artistes ont parlé, lorsqu'ils ont percé le voile qui nous sépare de l'avenir, que la science, partant de cette révélation comme d'une grande hypothèse, la *justifie* par l'enchaînement auquel, sous l'empire de cette hypothèse, elle soumet les faits du *passé*, et par les prévisions que cette nouvelle conception d'ordre universel lui permet de formuler pour *l'avenir*.

M. COMTE n'envisage point ainsi le rôle des artistes. Ce sont les savans qui, selon lui, transmettent aux artistes le plan, froidement combiné, de l'avenir social, pour le faire adopter par les masses. Alors, dit-il, les artistes peuvent employer tous les moyens que leur imagination leur suggère : leur allure peut être, et doit être, dès ce moment, dégagée d'entraves. Il ajoute même que le secours des artistes est indispensable, parce que l'œuvre *impartiale* des savans, qui doivent rechercher et trouver la loi du développement de l'humanité, d'après les faits historiques, *ne produirait dans leur esprit qu'une conviction opiniâtre, sans pou-*

---

l'autre aux époques organiques ; et en effet, la mission du poète, comme celle du prêtre, a toujours été d'entraîner les masses vers la réalisation de l'avenir qu'il chantait ou qu'il prêchait, dont eux-mêmes étaient les plus puissans interprètes parce qu'ils en étaient le plus fortement animés : *l'avenir* confondra ces deux fonctions en une seule ; car la plus haute *poésie* sera en même temps la *prédication* la plus puissante.

voir toutefois refouler l'ÉGOÏSME, qui n'est pas moins prédominant chez eux que dans tout le reste de la société.

Il est difficile, dans ce système, de comprendre comment les artistes pourront d'abord, eux-mêmes, se *passionner* pour les *démonstrations* glaciales de la science, et toutefois, c'est bien là la première condition qu'ils doivent remplir, pour communiquer ensuite aux masses le feu qui les embrasera. D'un autre côté, on ne voit pas pourquoi les industriels ne saisiraient pas, au moins aussi promptement que les artistes, les résultats obtenus par l'élaboration des savans, puisqu'ils doivent les réaliser dans la pratique; mais dès lors que deviendrait l'intervention obligée des beaux-arts?

Il est temps de résumer notre opinion sur le travail de M. A. COMTE. Ce savant a parfaitement représenté le développement de la science, *dans la transition de chaque époque organique à l'époque critique qui la suit immédiatement.* Il aurait pu dire que les sciences, *religieuses* lorsqu'elles sont *unies* par une conception générale de la destinée humaine, ce qui a lieu dans la vigueur des époques organiques (1), deviennent peu à peu complétement irréligieuses, lorsque la critique est parvenue à son maximum; mais cette remarque ne s'applique en aucune façon aux transformations que subissent les doctrines organiques elles-mêmes, c'est-à-dire aux progrès des sympathies ou de la sociabilité hu-

---

(1) Nous verrons plus tard pourquoi le catholicisme a considéré certaines sciences comme profanes : il ne faudrait pas en conclure que la manière même dont ces sciences étaient envisagées ne fût pas une conséquence du dogme; au contraire, cette conséquence est facile à constater, lorsqu'on réfléchit que les sciences *physiques* devaient être exclues d'un temple où chaque jour résonnait l'anathème contre la *chair.*

maine. Envisagée sous ce point de vue, la science, comme l'humanité tout entière, a passé successivement par le fétichisme et le polythéisme, pour arriver au monothéisme, qui lui-même signale dans son développement trois grandes époques organiques, le judaïsme, particulièrement matériel, le christianisme, particulièrement spirituel, et celle que nous annonçons, où la matière et l'esprit, l'industrie et la science, le temporel et le spirituel, seront soumis l'un et l'autre à l'empire d'une loi d'*amour*. Cette dernière époque, devant unir tous les élémens du passé, entre eux et avec l'avenir, par une seule et même conception, est vraiment *définitive*, et par conséquent à l'abri de toute critique future, considération qui répond à la dernière partie de l'objection qui nous a été faite.

Quant à la subalternité des *hypothèses*, nous croyons avoir fait assez comprendre combien sont vaines, à cet égard, les prétentions des *raisonneurs* les plus *positifs*; mais quelle plus grande preuve, en ce moment, que le livre même de M. Comte? — Il conçoit (ou plutôt il accepte, car son maître le lui a révélé), un nouvel aperçu des sociétés humaines, une nouvelle classification des faits historiques, c'est-à-dire des divers modes de l'activité de l'homme et de la société ; Saint-Simon lui fait voir tous les élémens de la civilisation, divisés en beaux-arts, sciences, industrie; M. Comte proclame, après lui, que l'espèce humaine, dans son développement, est assujétie à une loi invariable; il ajoute même, que *si l'on n'admet pas cette idée* il faut renoncer à se rendre compte du développement de la société. Ce n'est pas tout, cette loi même, cherche-t-il à la *démontrer?* Non, il se contente de l'exprimer ainsi : « Lorsqu'en suivant une institution et une idée so-
» ciale, ou bien un système d'institutions et une doctrine

» entière, depuis leur naissance jusqu'à l'époque actuelle,
» on trouve qu'à partir d'un certain moment leur empire a
» toujours été en diminuant, on *peut* conclure que cette
» institution, cette idée, est appelée à disparaître; et réci-
» proquement. »

On peut conclure? Mais pourquoi cette conclusion? Pourquoi ce qui a diminué jusqu'ici ne va-t-il pas prendre une marche ascendante? Pourquoi encore ne serions-nous pas arrivés à un moment de repos, où cette décroissance s'arrêtera? Pourquoi enfin cette *foi* dans la persévérance des efforts de l'humanité? Ah! ne craignez pas de la confesser, cette *foi*; dites hautement que vous êtes *confiant* dans votre amour pour vos semblables; dans leur amour pour vous; dites que vous *croyez* à la *volonté* progressive de l'humanité; dites que vous *croyez* que le monde, où cette volonté s'exerce, en favorise lui-même les développemens; dites encore que vous *croyez* qu'un lien d'amour unit étroitement, et d'une manière indissoluble, l'homme à ce qui n'est pas lui, et que ces deux parties d'un même tout s'avançant ensemble vers une commune destinée, s'aident mutuellement de leur amour, de leur sagesse et de leurs efforts. Alors cette *loi* que vous venez d'exprimer; cette loi que le savant n'a pas créée, et qu'il ne saurait même justifier que par sa *foi* en elle; cette hypothèse d'ordre que *conçoit le génie*, et qui sert de *base à la science;* cette loi universelle qui régit l'homme et le monde; cette volonté puissante qui les entraîne sans cesse vers un meilleur avenir, nommez-la sans crainte : c'est LA VOLONTÉ DE DIEU.

DOUZIÈME SÉANCE.

LETTRE SUR LES DIFFICULTÉS QUI S'OPPOSENT AUJOURD'HUI A L'ADOPTION D'UNE NOUVELLE CROYANCE RELIGIEUSE.

Je souffre avec toi, mon ami, des difficultés que tu éprouves, quand tu t'efforces de délivrer ton frère des préjugés critiques qui enveloppent sa forte capacité : c'est une conversion bien digne d'exciter ton zèle, car elle aurait certainement d'heureux résultats pour la doctrine, et aussi pour ce cher frère qui jouirait comme nous des espérances que SAINT-SIMON nous a fait concevoir, du bonheur qu'il nous a donné. Dis-moi tout ce que tu feras pour atteindre ce but; de mon côté, je vais essayer de te donner quelques avis sur la manière dont tu dois diriger tes attaques, parce que j'ai fait tous les pas que ton frère serait obligé de faire, pour quitter la route *étroite* dans laquelle j'ai été engagé comme lui.

En te parlant de moi, ce sera ton frère que j'aurai en vue.

Tu le sais, je ne fus pas long-temps à m'apercevoir de l'insuffisance des études polytechniciennes; je sentis assez promptement leur peu d'étendue; et l'économie politique, la philosophie, les travaux de CABANIS, GALL, DESTUTT DE TRACY, BENTHAM, me firent reconnaître que les mathématiques, et en général les sciences *dites positives*, n'étaient que des préparations à de plus hautes études. Mon admiration presque exclusive pour les hommes que notre siècle appelle les *savans* par excellence, ceux qui s'occupent de la matière et du mouvement, fut ébranlée; ou du moins, abandonnant les *corps bruts*, je me mis avec ardeur au courant des idées générales sur les *êtres organisés*.

Là encore j'étais au milieu des *brutistes*; je pris comme eux un scalpel, et je me mis à *anatomiser*, à disséquer le corps social. Les économistes surtout m'avaient séduit; ils travaillaient sur la matière, j'avais toujours du *positif* sous les yeux. Cependant je sentais une lacune, un vide immense à remplir : les rêveries de M. Say sur les *produits immatériels*, l'effort malheureux qu'avait tenté Storch pour analyser ces produits, et composer une théorie des richesses morales et intellectuelles, m'avaient dérouté : d'ailleurs je voyais avec quelque défiance les écarts d'une science qui, jusque-là, n'avait guère eu la prétention d'embrasser que les faits qui se résolvent en produits matériels. Je fis alors tous mes efforts pour raccorder ces vues bâtardes d'économie *morale*, avec celles de la physiologie, également *morale*, et celles de la philosophie *toujours morale*, professées par les hommes que je t'ai nommés tout à l'heure; mais je m'aperçus sans peine que les principes ou les *dogmes* auxquels j'arrivais ainsi, n'avaient pas le pouvoir de m'inspirer une généreuse confiance, et que j'étais insensiblement conduit au *doute* sur presque toutes les questions fondamentales.

Le *doute* ou l'indifférence est une maladie de langueur qu'il est impossible de supporter long-temps; car l'homme est un être éminemment sympathique, qui ne saurait, sans mourir, rester complétement froid à l'égard de ce qui l'entoure : il n'aurait, dans un pareil état, aucun motif de relation, aucun mobile d'action, que ceux qui seraient nécessaires à l'entretien de ses forces physiques; il serait réduit à l'état de bête brute, ou mieux encore, il serait *désorganisé*, et complétement semblable au minéral; sa vie présenterait un phénomène analogue à celui de la *cristallisation*.

Le *doute* me pesait donc; je m'en débarrassai, en renonçant *(à mon insu)*, aux habitudes scientifiques qui m'y avaient conduit. Élevé par nos *brutistes* dans une *indifférence* complète pour la recherche des causes, je *niai* l'existence de ces causes. Mes maîtres m'avaient dit, et moi-même je répétais sans cesse, que la science devait s'arrêter là où les phénomènes ne sont plus observables; eh bien! j'oubliai ce grand principe, et je cherchai à *démontrer* la non-existence des choses qu'il m'était impossible *d'expérimenter*.

Je me rappelle avec quelle complaisance j'osais croire que je *prouvais* l'absurdité de toutes les croyances qui établissent un lien entre l'existence *finie* de l'homme et l'existence *infinie* de l'univers; avec quelle rigueur mathématique je croyais pouvoir *nier* l'immortalité par exemple, comme si mon compas géométrique ou mon scalpel avaient prise sur l'éternité, enfin comme si un cadavre m'avait répondu: *tout est fini*. Heureusement je m'arrêtai : pour mon bonheur SAINT-SIMON me retint sur les bords du gouffre où je me plongeais; il vint m'arracher à la *dissolution morale complète* dont j'étais menacé.

Peut-être ne comprendras-tu pas d'abord, mon ami, pourquoi je dis qu'un gouffre s'ouvrait sous mes pas, et qu'en abandonnant le *doute* de l'impassibilité, pour *nier* une des deux *hypothèses* qui le résolvent, tandis que j'adoptais l'autre, je m'avançais vers une dissolution morale complète : rien n'est plus vrai cependant, et ma démoralisation aurait été d'autant plus grande, que j'aurais eu une plus forte capacité. Les hommes vulgaires sont les seuls qui puissent obéir à de bons *sentimens* que leur *raison* repousse; ils ont, si je peux m'exprimer ainsi, le cœur *organique* et l'esprit *critique*; ils éprouvent des sentimens qui les unissent, qui les lient à tout ce qui les entoure, et ils obéissent en même temps à un rationalisme qui les en détache, qui les isole, qui les ramène toujours à leur individualité. Nous les voyons parens dévoués, amis assez sûrs, citoyens presque chauds, patriotes tièdes; ce sont des philanthropes qui ont besoin de bals et de spectacles pour faire l'aumône.

Oui, mon ami, l'athéisme conduit à l'immoralité, parce que cette sublime synthèse, *Dieu existe*, est de la même nature que celles qui servent de base à toutes les idées morales; d'où il résulte qu'en la niant, avec un peu de rigueur logique et de persévérance, on doit aller fort loin dans les voies de l'égoïsme.

Si tu n'aperçois pas, du premier coup d'œil, l'union intime qui existe entre le grand axiome de la science de l'univers et ceux de la science de l'homme, si tu crois que la morale repose sur des bases plus solides, plus matérielles que le sentiment religieux, examine les ouvrages des hommes qui ont *analysé* la morale, *calculé* le dévoûment, et dis-moi si ces rigoureux logiciens, si ces sévères matérialistes, qui se moquent des rêveries du sentiment, ne se sont pas aussi payés de pures hypothèses : demande-leur à quoi sert la morale. A resserrer le lien social, répondront-ils : mais pourquoi une société unie? pourquoi même l'état sauvage, célébré par Rousseau? pourquoi enfin l'espèce humaine? Que me fait à moi la force du lien qui unit les hommes? que me fait leur existence, la mienne? que m'importe de donner le jour à des enfans qui, bientôt sans doute, le verront se lever avec la même indifférence que j'éprouve en le regardant finir.

Ainsi parlerait un être qui se serait fermé le vaste champ de l'hypothèse; mais cet être impassible, froid comme marbre, existe-t-il? L'imagination, le sentiment lui manquent; rien ne l'émeut; il n'aime, il ne désire, il n'espère rien; est-ce donc là un homme?

Maintenant, écoute les faiseurs d'hypothèses : l'un, c'est Byron, Goethe, ou tout autre démon critique; ce n'est pas dans le *chaos*, c'est dans l'enfer qu'il se plonge; ce n'est pas la monotone uniformité des choses humaines qui le frappe; son âme n'est pas assoupie dans l'indifférence; les ennuis du doute ne l'ont pas engourdie; son choix est fait entre les deux hypothèses; c'est le *désordre* qu'il chante; c'est pour peindre le vice, le crime, que son imagination trouve des couleurs.

L'autre au contraire, croit à un heureux avenir; il espère, et il brûle de communiquer ses chères espérances : c'est l'*ordre*, c'est l'harmonie qui fait battre son cœur; il la désire, et ce désir domine tellement sur ses espérances, qu'il donnerait jusqu'à sa vie, si cette harmonie vers laquelle tendent ses vœux le lui ordonnait.

Oui, mon ami, ces mots, *ordre, religion, association, dévoûment*, sont une suite d'hypothèses correspondantes à celles-ci : *désordre, athéisme, individualisme, égoïsme*. Tu trouveras peut-être que je traite bien mal la série organique, en lui donnant le même fondement qu'à la série critique, en les rattachant l'une et l'autre à deux *conjectures*; rassure-toi. Si je dis que deux *hypothèses* existent, j'affirme au même instant que l'humanité repousse l'une avec horreur, et embrasse l'autre avec amour; j'affirme qu'elle s'attache irrésistiblement à celle de ces deux hypothèses qui lui promet un heureux avenir; j'ose dire enfin qu'elle réserve aux élèves de SAINT-SIMON, *s'ils lui rendent l'espérance*, une couronne plus belle encore que celle dont elle a paré la tête des premiers chrétiens.

Mais que viens-je de dire ? *Une couronne, la gloire, l'immortalité*, voilà notre religion, s'écriera ton frère, avec tous les athées de notre époque; et ils se précipiteront avec ardeur pour témoigner de leur croyance : tous les sentimens généreux, comme l'a dit CHATEAUBRIAND, se réfugieront sous les drapeaux; le soldat républicain mourra aussi pour *sa foi*, il saura aussi ce que valent les souffrances du martyre.

Telle est l'heureuse contradiction que je te signalais tout à l'heure : on renie DIEU, le grand DIEU, le seul DIEU, celui qui VIT en toutes choses; mais on se voue au culte de divinités secondaires; on se dit athée, on est païen; la *liberté*, la *raison*, la *patrie*, ont des autels, ou du moins règnent au fond des cœurs; tandis que la grande *patrie*, la seule où réside une *liberté* véritable, parce que l'*intelligence* et la *force* y sont soumises à l'AMOUR, ne reçoit aucun culte.

Mais revenons à moi, mon ami; je peux dire aussi revenons à toi, à ton frère, à nous tous, enfans du XVIII.e siècle, car les mêmes épreuves nous sont réservées.

J'avais donc quitté le froid scepticisme pour faire des hypothèses; involontairement les causes m'occupaient; je voyais qu'elles avaient éternellement intéressé les hommes : qu'ils avaient toujours dit avec VIRGILE : *Felix qui potuit rerum cognoscere causas*; enfin, que l'existence de DIEU et l'immortalité de l'âme, sans cesse adoptées ou rejetées, ne pouvaient être considérées comme des questions oiseuses, indifférentes au bonheur de l'humanité. Sans doute les esprits faibles, les hommes médiocres, ceux surtout que d'étroites spécialités absorbaient, ont pu passer, sans s'y arrêter, devant ces immenses problèmes; mais les grands hommes, au contraire, sous les noms philosophiques de *spiritualistes* ou *matérialistes*, ou bien sous les noms religieux de croyans ou d'athées, n'en ont-ils pas fait, pour ainsi dire, l'occupation et le but de toute leur vie ? Ont-ils pu échapper à la nécessité de se prononcer pour l'affirmative ou la négative.

Eh bien ! je fis mon choix; Leibnitz, Pascal, Newton ne m'arrêtèrent pas; je ne me bornai pas à dire avec Montaigne, que sais-je ? je répétai le fameux *post mortem nihil*, et je me débattis tant que je pus, pour en donner des preuves.

Relis les lettres que je t'écrivais à cette époque; comprends-tu, mon ami, comment moi, qui crois dire ce que je pense, ce que je sens, j'ai pu faire des plaidoyers aussi vidés de conviction et de foi ? La raison en est simple, c'était dans la science que je cherchais mes preuves, et, je te l'ai déjà dit, ce qu'on appelle la science, aujourd'hui, n'a pas prise sur ces questions; elle ne peut considérer leurs solutions que comme des axiomes, car elles sont au-dessus d'elle.

Au reste, ces efforts d'athéisme me rendirent service, car je ne tardai pas à reconnaître l'impuissance des *vérifications* de la science, pour, ou contre les idées Dieu et immortalité. Saint-Simon acheva ma conviction; et lorsque pénétré de sa doctrine, je me sentis assez fort pour prouver à tous les savans du monde qu'ils ne sauraient rien dire de satisfaisant contre les croyances religieuses, et qu'ils se mettent eux-mêmes en révolte contre leur propre méthode, dont ils font tant de bruit, lorsqu'ils osent faire la guerre à Dieu, le grand pas était fait, j'avais reconquis ma qualité d'homme, j'avais donné à la science sa véritable place, je pouvais *croire* aux *inspirations* de mes *sympathies.*

Admirable progrès, dira ton frère; se féliciter d'entrer dans le domaine des illusions, de croire à ce qui ne saurait être matériellement vérifié, de se bercer de rêveries, de s'enfoncer dans le vague; les savans auront-ils donc aussi leur *romantisme!*

Eh! qu'est-ce donc que la science *classique?* Malgré ses progrès qu'on nous vante, a-t-elle su, depuis dix-huit siècles, faire un traité de morale qui approchât, même très-faiblement, de l'Évangile? Pour nous reprocher de nous abandonner aux illusions *de nos sympathies*, il faudrait que les savans nous prouvassent que l'homme, s'il est calculateur, raisonneur, n'est pas *aussi* une créature sympathique, susceptible du dévoûment le plus passionné, le plus *irréfléchi* même : nous, au contraire, nous disons qu'il se passionne *et* réfléchit, qu'il prévoit, invente, découvre, imagine *et* vérifie; qu'il conçoit des *désirs et* calcule les moyens de les satisfaire.

Mais, allons plus loin : Pourquoi parler avec dédain, avec mépris, de ces *illusions?* « Parce qu'elles ont fait le malheur du monde, disent les critiques; parce qu'elles ont imposé d'absurdes, d'horribles croyances; parce qu'elles ont donné la puissance à quelques fourbes privilégiés, qui s'en servaient pour exploiter les masses; parce qu'elles ont excité des guerres cruelles entre les peuples. » Eh bien! soit; repoussons donc toutes les croyances du *passé*; elles ont, dites-vous, maintenu l'antagonisme; elles ont permis l'exploitation de l'homme par l'homme; elles ont sanctifié l'esclavage et la guerre ; c'en est assez pour qu'elles nous fassent horreur; car nous *croyons* à l'association définitive du genre humain, nous *espérons* cet heureux avenir, nous *sentons* qu'il nous est destiné, et nous ferons tout pour l'atteindre. Poursuivez donc les sympathies égoïstes qui établissent la lutte et le désordre, nous nous joindrons à vous pour les combattre; mais respectez, adorez celles qui font *croire* aux hommes qu'ils ne trouveront le bonheur que là où règneront la paix et une délicieuse harmonie.

Tu le vois, je passe condamnation à l'égard des croyances du passé pour faire plus beau jeu à nos adversaires; mais est-il possible que ceux qui s'élèvent contre les illusions soient-eux-mêmes aveugles à ce point! Et qui donc a combattu constamment l'antagonisme? Qui a détruit les habitudes sanguinaires de l'enfance de l'humanité? Qui a soutenu le faible, aidé le pacifique à briser le joug de fer qui pesait sur lui? Quoi, nous nous plaisons à célébrer la gloire d'Aristote et la puissance du syllogisme, les travaux d'Archimède, les découvertes de Galilée et de Kepler, les calculs de Newton et de La Place, et nous ne saurions trouver dans nos cœurs que l'injure et la haine pour ces *rêveurs* sublimes, pour ces hommes divins qui n'ont eu qu'à proclamer leur foi dans un meilleur avenir, leurs croyances à de plus pures destinées, pour les entendre répéter avec enthousiasme par l'humanité entière, pour l'arracher à la barbarie, pour la rapprocher sans cesse de l'avenir.

Essayez donc, superbes contempteurs des *rêveries* religieuses, de rédiger, si vous pouvez, votre acte de foi, ou plutôt d'incrédulité, votre théorie morale, catéchisme des égoïstes; voyez si cent personnes seulement consentent à les apprendre *par cœur*, à les réciter et commenter chaque jour avec joie; faites encore un effort, entonnez un *Te libertatem laudamus*, mais tremblez si votre hymne a trouvé des échos.

C'est à toi seul, mon ami, que je peux dire de pareilles choses; Dieu me garde de parler aujourd'hui du *Credo*, du *Pater* et du *Te Deum* à ton frère ! à ton frère, qui connaît Homère et n'a pas lu la Bible; à ton frère qui sait par cœur Virgile et plusieurs passages de Cicéron, mais qui n'a pas ouvert Saint Paul ou Saint Augustin; à ton frère enfin qui a lu Helvétius, Dupuis, Volney et même Dulaure, mais qui ne connaît l'Évangile et le Catéchisme que par Voltaire, et se glorifiait l'autre jour devant toi de n'avoir jamais jeté les yeux sur de pareils livres.

Sourions à notre tour de pitié, ou plutôt gémissons ensemble, en voyant les tristes fruits de notre éducation classique, et l'orgueilleuse suffisance de ces hommes, si savans sur le passé de l'humanité, qui connaissent à fond *un* ou *deux* siècles de la Grèce et de Rome, et leur cher XVIIIe siècle, et qui n'ont, sur les rayons de leur bibliothèque (comme a dit de Maistre en parlant de celle de Voltaire), aucun des Grands livres des destinées humaines. N'est-ce pas le cas de dire comme saint Augustin, lorsqu'il répondait à Droscore qui le consultait sur quelques passages obscurs de Cicéron : « Thémistocle ne craignait pas de passer pour mal habile, lorsque, dans un festin, il s'excusa de jouer de quelque instrument, déclarant qu'il n'en savait pas jouer; et, comme on lui demandait ce qu'il savait donc, il répondit : *Je sais d'une petite République en faire une grande*. Eh bien ! où sont les Républiques plus fortement constituées que celle de Moïse, plus étendues que celle qui a été conçue par le Christ et réalisée par les travaux de son Église ? Qu'on nous montre, dans les innombrables constitutions recueillies par Aristote, dans l'utopie politique de Platon, dans celle de Cicéron, des dogmes qui aient su commander l'enthousiasme et le dévoûment, non pendant quelques jours, pendant quelques années, et à quelques hommes studieux, ermites retirés du monde, mais pendant une longue suite de siècles, mais partout, comme le surent les prières de l'Église, là où elles se firent entendre.

Pauvres médecins de l'humanité, vous ne l'avez jamais vue saine, et vous voulez la guérir ! Vous l'étudiez privée de chaleur, laissant échapper quelques cris de désespoir, derniers accens du génie; mais vous êtes sourds, vous êtes aveugles, lorsque, pleine de force et d'avenir, elle vous montre elle-même les sources de la vie, l'espérance et l'amour.

Ton frère, me dis-tu, vient de faire un prodigieux effort; il a consenti à ouvrir de Maistre; il t'a promis de lire La Mennais, et, dans l'intervalle de la loi départementale et du budget *qui l'absorbent*, il a consacré quelques instans à feuilleter Ballanche. C'est beaucoup, et je t'en félicite; mais je me trompe fort, ou cette première lecture laissera d'abord de bien faibles traces dans son esprit : ses préjugés conserveront presque toute leur force, si tu n'aides pas de quelques commentaires un travail qu'il fait avec répugnance, et qui, tu le sais, ne peut être que préparatoire, puisque la vue d'avenir manque presque entièrement chez tous les écrivains que je viens de nommer. Que l'esprit de Saint-Simon, de notre maître, soit donc toujours, par tes soins, entre ces auteurs et lui. Déjà, plus d'une fois, tu as été témoin de cette grossière méprise dont nous sommes l'objet; tu as vu bien des gens qui, nous entendant parler, comme nous le faisons, des idées religieuses et du christianisme, nous ont pris pour des chrétiens du XIIIe siècle. Parce que nous savons apprécier les prodigieux fondateurs de l'Église romaine et ses derniers défenseurs, peu s'en faut qu'on ne nous foudroie des noms de papistes, ultramontains, jésuites. Cette méprise, il est vrai, paraît inévitable, si nous en jugeons par l'expérience du passé, puisque les disciples du Christ et ceux des apôtres ont été long-temps encore nommés juifs, avant d'être désignés par le nom de chrétiens; nous devons aller toutefois au-devant de cette erreur, parce qu'elle tient à une mauvaise manière d'envisager et le christianisme, et l'avenir saint-simonien. Efforce-toi d'empêcher ton frère d'y tomber, en fixant son attention sur quelques-uns des points capitaux qui différencient les deux doctrines; fais-lui sentir... Mais je m'éloigne du but que je m'étais proposé en commençant à t'écrire, ou plutôt j'intervertis l'ordre que j'aurais dû suivre pour te raconter les combats que j'ai eu à soutenir contre le vieil homme pour me régénérer; je reviendrai aux lectures de ton frère, et surtout à la méprise que je te signalais tout à l'heure, à la confusion entre la doctrine de l'avenir et celle du moyen âge, parce que moi-même j'ai failli en être quelque temps victime.

Reprenons au moment où j'ai reconnu la nullité des *vérifications* scientifiques pour ou contre l'idée de Dieu.

Alors je commençai à faire un retour sur moi-même; je me demandai si une faculté nouvelle venait de m'être donnée, ou bien si simplement elle sommeillait, et avait été tirée de sa léthargie par Saint-Simon. Je voulus savoir si, au moment où je faisais moi-même une guerre acharnée aux idées religieuses, à mon insu je n'étais pas religieux; si je n'étais pas déjà aussi ABSURDE que me le paraissaient les hommes qui croyaient bonnement à l'immortalité, à un principe d'ordre, de vie, d'amour, indestructible, éternel. Bientôt se présentèrent à mon esprit tous ces grands mots qui avaient eu si souvent le pouvoir de faire battre mon cœur : liberté, devoir, patrie, conscience, gloire, humanité.

Humanité! d'où vient qu'en prononçant le nom de ce grand être collectif, en songeant à son heureux avenir, en voyant ses souffrances passées, en pesant les chaînes dans lesquelles il se débat encore, ma main tremblait, mon cœur brûlait d'agir? Quoi, je me passionnais pour un être qui vit dans le temps et dans l'éternité, dont l'origine et la fin m'étaient inconnues, qui réside partout et nulle part, pour un être qui a un inépuisable trésor de récompense pour les bons, c'est-à-dire pour ceux qui l'aiment, et qui punit les méchans, les égoïstes, par la malédiction de tous les siècles! Comment l'homme qui croyait au néant, au retour éternel à la terre, au sommeil sans réveil, sentait-il cependant palpiter son cœur en songeant à la manière dont la postérité pourrait un jour prononcer son nom? Que lui faisait donc la gloire? Pourquoi aurait-il voulu mourir comme Socrate? Pourquoi le sort du Christ, crucifié pour le salut de l'humanité barbare, pour l'émancipation de l'esclave, faisait-il couler ses pleurs? Devait-il rougir de sa faiblesse et cacher ses larmes? Devait-il craindre le sourire du sceptique et de l'athée? Non, mon ami, l'athée ne sourit pas en voyant cette chaleur, cet amour pour la divinité que j'adorais; mais l'homme vraiment religieux sourit, il regarde presque en pitié la petitesse de nos sentimens, *l'autel mesquin de la philanthropie.*

« Ouvrez les yeux, nous dira-t-il, voyez les limites bornées qui renferment votre Dieu. Quoi! vous avez un monde immense, infini, devant vous, et votre vue reste fixée sur la terre! Que dis-je, sur la terre? Sur l'une des espèces organisées qui la couvrent. Oui, certes, la noble créature au culte de laquelle vous vous êtes voués, est digne de compter sur votre amour; vous l'aimez, sans doute, parce que vous éprouvez une sainte admiration, en voyant la *générosité* des sentimens qui l'animent, la *régularité* de sa marche progressive, la *grandeur* de ses actes: vous l'aimez, parce que vous trouverez en elle AMOUR, SCIENCE et FORCE. Eh bien! examinez comment elle exerce *ce triple attribut* de sa puissance. La SCIENCE, elle l'emploie à découvrir, de siècle en siècle, *quelques-unes* des lois du monde; et, chaque pas, dans cette route sans limites, lui fait de plus en plus sentir l'étendue immense du champ qui reste ouvert devant elle. Sa FORCE, elle s'en sert pour modifier, combiner, transporter la matière; et ici encore, plus elle s'avance, c'est-à-dire plus elle semble se rapprocher de l'impénétrable secret de la création, plus elle sent son impuissance à le découvrir. Son AMOUR, la science et l'industrie viennent de vous montrer l'objet sur lequel il doit inévitablement s'exercer. Oui, c'est la SAGESSE ÉTERNELLE qui possède le *secret* du monde et nous appelle sans cesse à le CONNAÎTRE; c'est la BEAUTÉ PARFAITE qui se révèle à nous, en donnant à l'homme la *force* d'EMBELLIR le monde, et au monde la *propriété* d'EMBELLIR l'homme; c'est l'ÊTRE dont la BONTÉ INFINIE nous rapproche d'elle chaque jour, en nous faisant aimer de plus en plus TOUT CE QUI EST; c'est enfin la souveraine *science*, la souveraine *force créatrice*, le souverain AMOUR que votre DIEU lui-même, que l'humanité adore. Prosternez-vous donc avec l'humanité aux pieds de son DIEU, il est aussi le vôtre; chantez avec elle les louanges du maître aux lois duquel elle obéit avec amour. »

Que mon langage est faible, mon ami, quand je veux faire parler l'homme religieux! Ma parole, je le sens, n'est plus imprégnée des vapeurs empoisonnées de la critique; mais la crainte de frapper des oreilles contractées par les accens du glacial syllogisme, vient sans cesse la refroidir. Long-temps encore, peut-être, serons-nous obligés de traduire ce que je viens de te dire, en un idiome plus vulgaire, en langue dite *scientifique*; long-temps encore, quand nous voudrons prononcer ce nom qui a fait tressaillir de joie, de crainte, d'espérance, l'humanité tout entière, pendant plusieurs milliers d'années, ce nom que Newton n'entendait qu'avec un saint respect, nous serons contraints, pour éviter le rire de notre siècle moqueur, de *démontrer* mathématiquement, pour ainsi dire, et par un froid calcul de probabilité, que nos croyances sont celles que professera l'avenir.

Garde-toi donc de répéter à ton frère ce que je viens de te dire sur la philanthropie, ou du moins, sers-toi d'une autre forme qui conviendra mieux à ses habitudes intellectuelles, et qui n'est d'ailleurs qu'une autre expression de la même idée. Fais-lui comparer le fétichisme, le polythéisme, la religion juive et le christianisme; montre-lui enfin que le dieu des philanthropes, l'humanité, a toujours reconnu et adoré un Dieu de plus en plus supérieur à lui.

Qu'il réfléchisse un seul instant de bonne foi, en conscience, au genre d'émotion que lui fait éprouver son amour sincère pour l'humanité; sois-en sûr, il lui sera impossible de ne pas reconnaître qu'elles sont aussi *hypothétiques*, mais beaucoup *moins larges* que les émotions dites religieuses. Alors le philanthrope lui apparaîtra tel qu'il est, dévot de second ordre, à qui la poésie est refusée, qui est privé du sentiment des beaux-arts, et surtout de la parole sympathique qui électrise l'humanité.

Non, mon ami, ton frère n'y résistera pas : accable-le d'exemples que lui-même ne pourra récuser, car il aime la poésie, la musique, la peinture, l'architecture ; le théâtre l'émeut ; et la tribune populaire, animée par Démosthènes, Cicéron, Fox, Mirabeau et Foy, est le plus beau spectacle que son imagination puisse concevoir. Accable-le d'exemples, te dis-je, ils ne te manqueront pas ; demande-lui ce qu'ont fait Virgile, Ovide, Lucrèce, pour le bonheur du monde ; quels sont les sujets qui ont inspiré Handel, Mozart, Haydn, Cherubini, Rossini lui-même, quand ils ont fait leurs plus beaux ouvrages ; quels sont ceux pour lesquels Raphael, Michel-Ange, ont trouvé leurs plus belles couleurs ; qu'il t'indique un seul monument profane qui ne soit écrasé par nos pieuses basiliques ; et s'il ose se réfugier sur le théâtre, s'il te nomme Talma, avec l'enthousiasme de Cicéron pour Roscius, ménage-le, ne l'écrase pas en lui opposant ces sublimes *acteurs*, ces grands maîtres de la parole, ces divins orateurs qui révélaient aux peuples barbares les espérances chrétiennes ; ne profane pas les noms des saint Paul, saint Augustin, saint Chrysostôme ; prends le plus obscur des curés de village, pénétré de la morale évangélique, et parlant à des croyans comme lui ; alors, comptez ensemble, ton frère et toi, les actes moraux produits par l'influence de la chaire, ou par celle du tréteau décoré.

Ah ! mon ami, combien cette dernière idée me peine, ou plutôt, combien elle excite en moi de regrets et surtout de désirs ! moi aussi, comme ton frère, ému, tremblant, troublé, je pleure aux accens de Desdemone, de Tancrède ou d'Arsace ; mais des larmes coulent encore de mes yeux lorsque les siennes sont déjà taries. — Que font ici toutes ces femmes qui m'entourent? Parées comme en un jour de fête, viennent-elles, dans cette salle brillante, assister au triomphe de l'une d'elles? Est-ce la plus aimante que l'on va couronner? Oui, c'est la plus aimante, c'est la plus passionnée, c'est, de toutes les femmes, celle qui a la plus grande puissance sur les cœurs... Voilà donc la Sibylle de nos jours; voilà l'être qui possède le secret des nobles inspirations! Est-ce là, nous dirait un chrétien, la Vierge pure que vous adorez? Grand Dieu! dans quel temple l'avez vous placée!!!

Quittons ce sujet, il fait mal.

D'ailleurs, ce n'est pas sur ce triste terrain que tu auras le plus rude combat à soutenir; je t'ai parlé de la tribune plébéienne, et des orateurs dont la puissante voix, répétée par des échos fidèles, anime un nombreux auditoire, ou se répand au loin pour agiter les peuples : c'est là que ton frère, confiant dans la victoire, se défendra avec le plus de chaleur; c'est de là qu'il croira avoir foudroyé tous nos bataillons, en lançant sur Bossuet, Bourdaloue, ou Massillon, noble, mais impuissante arrière-garde du catholicisme en déroute, le colosse du XVIIIe siècle, Mirabeau. Ne t'arrête pas à le faire rougir de l'arme empoisonnée dont il se sert contre nous : non, ne l'attaque pas d'abord aux personnes; plus tard ton frère sentira qu'il existe un lien entre la moralité des actes et celle des doctrines : va donc droit à celles-ci, et place-toi sans crainte sur le terrain de ton adversaire.

Eh bien! quelles sont les œuvres de Mirabeau? Quelles sont celles de son siècle, qu'il représentait en tous points si dignement? Ils ont brisé le joug du passé; ils ont détruit l'empire de la théologie chrétienne et de la féodalité. Pour accomplir une pareille tâche, quelles passions ont-ils excitées dans les cœurs? La *défiance*, la HAINE, la VENGEANCE; que dis-je? la soif du sang même; voilà les échos que l'orateur devait fatiguer de ses cris, et qui répéteraient bientôt *liberté*, *égalité*, *fraternité*, OU LA MORT.

Voyons actuellement les chrétiens. Eux aussi avaient un passé à détruire; eux aussi ont fait la critique amère d'une théologie antique et des puissances de la terre. L'œuvre qu'ils venaient accomplir exigeait-elle moins de force, moins de génie? Était-il plus facile aux héritiers du siècle d'AUGUSTE qu'à ceux du siècle de LOUIS XIV de démolir le vieil édifice?

Ah! les apôtres avaient encore bien d'autres ennemis à combattre. Toutes ces innombrables sectes philosophiques, qui se disputaient l'empire du monde, et dont une seule touchait aux portes de l'avenir, devaient disparaître à leur voix; toutes devaient perdre leurs noms, pour se rallier à celui du CHRIST, en conservant toutefois, dans les hérésies, la marque de leur origine, jusqu'à ce que l'*unique* chaire de Saint PIERRE s'élevât sur les ruines du Lycée, du Portique et de l'Académie.

Écoutons donc ces citoyens rebelles, ces ardens révolutionnaires; eux aussi veulent la *paix des chaumières!* mais, pour l'obtenir, ils élèvent le *palais du seigneur*; eux aussi prêchent la lutte et la guerre; mais quel est l'ennemi qu'ils apprennent à l'homme à redouter et à combattre? C'est l'homme lui-même, c'est l'*égoïsme*; et, pour nous en faire triompher, les armes qu'ils mettent en nos mains ne sont pas la *défiance* et la HAINE, ils ne nous excitent pas à la VENGEANCE; c'est dans la *foi*, l'ESPÉRANCE et l'AMOUR qu'ils nous enseignent à trouver des forces.

Arrêtons-nous ici, mon ami, nous venons de découvrir

le secret de la puissance chrétienne, et la cause du règne éphémère de la critique. Nous savons pourquoi la destinée des orateurs athées est de passer du Capitole à la Roche Tarpéienne, de la *montagne* à l'échafaud, de l'apothéose à l'oubli; nous connaissons la véritable cause de l'ingratitude, si bien avouée et si peu comprise, des républiques; nous savons pourquoi elles immolent tant de victimes, autour desquelles résonne encore l'écho de la faveur populaire; mais nous sentons aussi pourquoi le jour de gloire du chrétien, le jour où il assurait à son nom l'immortalité, où il conquérait l'amour de la postérité, était celui où il cueillait la palme du martyre.

Quoi! dira-t-on, c'est en prêchant la foi, l'obéissance aveugle, qu'on renverse un pouvoir détesté, une autorité despotique! c'est en professant des doctrines si favorables au puissant qu'on prétend affranchir le faible! Arrive-t-on à la liberté par l'esclavage?

Mystère incompréhensible pour nos philosophes, qui étudient si soigneusement l'homme dans leur conscience, et qui n'écoutent pas la voix de la conscience humaine! paradoxe monstrueux pour nos publicistes, apôtres de l'*indépendance*, qui oublient que l'homme, que l'être social, *dépend* nécessairement de la société dont il fait partie! miracle pour tous, puisque tous savent, à n'en pas douter, que la parole soumise, humble et pacifique du Christ a réellement brisé les chaînes de l'esclave!

Pour nous, au contraire, plus de miracle, plus de mystère dans cette sublime manifestation de la bonté divine; nous remontons à la source pure où la philosophie et la politique chrétiennes ont puisé leur supériorité sur celles de la Grèce et de Rome, à cette source où Saint-Simon a su trouver de nouvelles eaux, cachées aux chrétiens mêmes, et qui nous donnent le pouvoir et le droit de condamner toutes les doctrines de nos jours, comme celles du passé.

Oui, mon ami, c'est en prêchant l'obéissance, mais l'obéissance à la volonté d'un Dieu d'*amour*, qu'on détruit en même temps et l'anarchie et le despotisme, c'est-à-dire l'égoïsme de l'ignorance comme celui de la science, les désirs impuissans, et cependant destructifs, de la faiblesse, comme les prétentions orgueilleuses de la force. Toute doctrine philosophique qui ne se propose d'atteindre que l'un de ces deux buts, est fausse, incomplète, inapplicable dans l'état organique de l'humanité; c'est de l'épicuréisme ou du stoïcisme, de l'égoïsme *matérialiste* ou *spiritualiste*; mais je te l'ai déjà dit, c'est toujours de l'égoïsme : celui-ci n'envahit jamais les masses; il reste à l'usage de quelques individus *concentrés en eux-mêmes*, dont il charme les contemplations *solitaires*; l'autre s'écoule à pleins bords sur l'humanité malade, à ces époques de crise, où, lasse d'une existence caduque, sans foi dans une vie meilleure, elle semble demander à la mort même un remède à ses maux.

Tu te rappelles la joie que nous éprouvâmes le jour où nous découvrîmes le vide de ces deux philosophies, et leur impuissance à gouverner le monde : alors Saint-Simon ne nous avait pas encore éclairés; et, serviles imitateurs des Grecs et des Romains, lorsque dégoûtés d'Épicure et de Zénon, ils volaient vers Alexandrie, faire de l'éclectisme avec les néoplatoniciens, nous quittâmes Helvétius et Rousseau pour Stewart, Reid et Laromiguière.

Certes, nous faisions là un grand pas, puisque nous cherchions à nous détacher de l'égoïsme, et cependant nous marchions encore dans ses voies : en effet, à force de travail, prenant par-ci par-là quelques débris de toutes les doctrines, sans principe pour les choisir, sans lien pour les combiner, nous étions à peu près parvenus, l'un et l'autre, à des compilations informes, que nous appelions des doctrines; et ce n'était pas celles de Descartes ou de Mallebranche, de Locke, de Condillac ou de Kant; ces grands philosophes n'étaient plus nos maîtres; tu étais l'élève de *ta conscience*, moi de la *mienne*, et nous pouvions dire ce mot si doux pour l'égoïsme, *ma doctrine*.

Eh bien! nous avons encore fait alors comme l'école d'Alexandrie; après avoir long-temps battu l'un par l'autre les épicuriens et les stoïciens de nos jours; méprisant, comme les platoniciens, suivant l'expression de saint Augustin, le bruit des faux philosophes qui allaient aboyer après nous, nous passâmes avec amour sous les étendards de l'homme par qui s'était manifestée à nous la volonté divine. Notre personnalité philosophique s'effaça devant le génie; nous ne craignîmes plus de reconnaître un chef, un guide, un maître; et quel maître! L'homme que son siècle méconnaissait, délaissait, méprisait; celui dont la vie, toute de dévoûment, avait dû être un mystère pour l'égoïsme; celui qui, sur le bord de la tombe, au moment où tous les heureux du siècle se livrent au désespoir et appellent des consolations, au moment où les hommes, fatigués d'une vie inutile, témoignent tout au plus une stoïque indifférence; celui, dis-je, qui, de son lit de souffrance et de mort, excitait notre ardeur en nous révélant les espérances de l'humanité, et nous *imposait*, par son exemple, le devoir de tout sacrifier pour réaliser ces espérances; celui, enfin, qui pouvait dire, comme Siméon : « Rien n'empêche plus, grand Dieu, que je m'en aille en paix, puisque mes yeux ont vu l'instrument par lequel vous avez résolu de sauver le monde. »

Le disciple bien-aimé de Jésus l'a dit, mon ami, on ne craint plus quand on aime; l'obéissance est douce, la foi facile, lorsque le maître qui *commande* nous *ordonne de croire* aux nobles destinées de l'espèce humaine, lorsqu'il nous force de diriger toutes nos pensées, tous nos actes, vers un but qui sourit autant à nos cœurs.

Apôtres de la liberté, nous répéterez-vous long-temps encore que la *révolte* est le plus saint des devoirs? Ne craignez-vous pas que l'arme terrible dont vous vous êtes servis en aveugles, *parce que vous ne vouliez que détruire*, ne se tourne un jour contre vous? Ne tremblez-vous pas, en songeant que, bientôt peut-être, l'humanité, instruite par vous, se révoltera contre le joug pesant que, depuis deux siècles, vos doctrines lui ont imposé. Vous qui nous citez sans cesse l'acharnement des premiers chrétiens contre les ennemis de l'Église, vous qui nous parlez de leurs cruelles vengeances, en oubliant que c'était dans les écoles *où se professaient vos principes* qu'ils avaient appris à *se venger*; vous qui savez, enfin, que ce n'était pas comme chrétiens, mais comme barbares qu'ils agissaient, puisque le CHRIST avait commandé le pardon des offenses; croyez-vous que les sociétés humaines n'auront jamais à leur tête des hommes dont elles chériront le pouvoir, dont elles voudront défendre l'autorité? Quoi! toujours des chefs détestés, toujours des maîtres qui complotent notre ruine, qui s'engraissent dans l'oisiveté de notre travail et de nos sueurs; toujours des monstres qui vivent de nos douleurs et de nos larmes! Votre avenir, c'est donc l'enfer? et vous voulez qu'on suive vos pas!!! Non, non, le son du tocsin, ce cri funeste, AUX ARMES! doivent cesser de se faire entendre; ce n'est plus de sang qu'il faut *abreuver nos sillons*; l'incendie et la guerre ont assez long-temps dévoré le monde;

cessez de nous enivrer de défiance et de haine; le moment est venu où l'humanité s'écriera comme Salomon : « Retirez-» vous, aquilons furieux; douces haleines du midi, soufllez » sur nous ! »

DIX-SEPTIÈME SÉANCE.

DÉVELOPPEMENT RELIGIEUX DE L'HUMANITÉ.

FÉTICHISME, POLYTHÉISME, MONOTHÉISME JUIF ET CHRÉTIEN.

Le problème religieux sur lequel nous avons appelé votre attention est aussi vaste qu'il était inattendu : la solution que nous en avons donnée dogmatiquement a inspiré plus de répugnances, provoqué plus de contradictions que ne l'avait fait encore aucune autre de nos prévisions sur l'avenir de l'humanité ; souvent même les vues que nous avions présentées jusqu'alors, quelque radicalement opposées qu'elles fussent aux idées reçues, avaient été accueillies, dès leur début, avec une faveur marquée. Tel n'a pas été le sort de nos prévisions religieuses. Ici, dès les premiers mots, nous avons vu le XVIIIe siècle, dont peut-être nous étions parvenus à ébranler le crédit sur une foule de points importans, ressaisir tout à coup son empire, et se lever en quelque sorte tout entier devant nous, avec toutes ses antipathies, toutes ses terreurs et toute sa dialectique dissolvante.

Ce phénomène, Messieurs, n'était point imprévu de notre part ; et si vous vous rappelez quelques-unes des idées que tant de fois déjà nous vous avons présentées, sur le caractère essentiel des époques critiques, vous verrez que nous devions nous y attendre. Il serait superflu de revenir sur ce que nous avons dit à ce sujet : nous vous rappellerons seulement ce point important, c'est que le grand objet des époques critiques ou de destruction (et celle où nous vivons vous donne tous les moyens de faire l'observation que nous provoquons de votre part) est l'anéantissement des idées religieuses ; que c'est à ce résultat, comme à leur dernier terme, que, sous mille formes diverses, et par toutes les voies possibles, viennent aboutir tous les efforts. Regardez en effet au fond des discussions scientifiques les plus profondes, des débats littéraires les plus graves, qui s'engagent à ces époques ; considérez avec soin le caractère des réorganisations politiques qui sont tentées, des théories sociales qui se produisent, et vous verrez que partout le but principal est d'exclure Dieu, et du gouvernement du monde et de la pensée humaine. On comprendra sans peine qu'il ne peut en être autrement, puisque l'idée Dieu n'est, pour l'homme, que la manière de concevoir l'unité, l'ordre, l'harmonie; de se sentir une destination et de se l'expliquer ; et qu'aux époques critiques, il n'y a plus pour l'homme ni unité, ni harmonie, ni ordre, ni destination. L'*irréligion* est donc le trait moral caractéristique des générations qui préparent les époques critiques, comme elle est le résumé général de l'éducation, de celles qui naissent et se développent dans leur cours.

Parvenus, comme nous le sommes aujourd'hui, aux limites extrêmes de la critique, et lorsque tant de calculs ont été trompés, tant d'espérances déçues, la foi critique peut bien, sans doute, être devenue chancelante à l'égard de plusieurs des dogmes qu'elle avait consacrés : aussi concevra-t-on facilement que les esprits, dépouillés de leur ancienne ferveur, puissent, sur quelques questions particulières, se laisser séduire par une pensée organique d'avenir, dont d'ailleurs le caractère et la portée leur échappent; mais ce n'est pas sur la question religieuse qu'une pareille surprise est possible. Comme, dans le développement des idées critiques, c'est toujours elle, au fond, qui a été débattue; et comme la solution négative qu'elle a reçue alors a été la base, la sanction de toutes les autres négations, il s'ensuit que, dès que cette solution vient à être attaquée, les esprits sont aussitôt instinctivement avertis qu'il s'agit du système entier des idées dont ils se trouvent en possession, et de toutes leurs affections générales; il est donc inévitable alors, comme nous le disions à l'instant, que le génie critique se réveille dans toute sa force, car, dans ces termes, la question devient directement pour lui une question de vie ou de mort. Or, l'expérience de tous les temps prouve que l'humanité ne se laisse pas ainsi facilement déposséder, et qu'elle ne peut subir de transformation complète qu'après une lutte longue et pénible.

Cette lutte, nous n'avons pas craint de la provoquer : c'était risquer, nous le savions, de faire perdre aux idées que déjà nous avions produites, la faveur dont elles avaient pu s'entourer; mais une telle considération n'a pas dû nous arrêter; car, aussi long-temps que la solution que nous avons donnée du problème religieux ne sera point admise, il n'y aura rien de définitivement établi, quant aux idées que nous avons exposées, attendu que ces idées ne sauraient être comprises dans toute leur étendue, qu'en les rapportant à cette solution qui en forme le lien et la sanction.

La discussion est maintenant engagée; il faut la suivre. Aujourd'hui que la première sensation d'étonnement qu'elle a nécessairement produite doit être dissipée, que les explications déjà données peuvent avoir suffi pour ôter à nos propositions leur caractère d'étrangeté, nous pouvons espérer d'être écoutés avec plus d'attention, avec moins de préventions que nous ne l'avons été d'abord.

En proclamant que la religion est destinée à reprendre son empire sur les sociétés, nous sommes loin de prétendre assurément qu'il faille rétablir aucune des institutions religieuses du passé, pas plus que nous ne prétendons rappeler les sociétés à l'ancien état de guerre ou d'esclavage. C'est un nouvel état moral, un nouvel état politique que nous annonçons; c'est donc également un état religieux tout nouveau; car, pour nous, *religion, politique, morale*, ne sont que des appellations diverses d'un même fait. Ce problème, bien que plus vaste qu'aucun autre, puisqu'il les comprend tous, bien que plus propre à intéresser les passions, puisque de sa solution doit dépendre le sort du système entier des idées, des affections dominantes, et des intérêts généraux de l'humanité, n'en est pas moins susceptible d'être posé et résolu dans des termes à la fois simples et clairs; les voies d'investigation à suivre, les moyens de démonstration à employer à son égard, sont les mêmes que pour tous ceux qui nous ont occupés précédemment; sous ce rapport, nous ne nous sommes point écartés des règles tracées au commencement de cette exposition : nous avons avancé, mais nous n'avons point dévié.

Avant d'aller plus loin, nous croyons nécessaire, et de rappeler les termes généraux, préparatoires, dans lesquels nous avons présenté déjà la solution de ce problème, et de revenir succintement sur les considérations auxquelles nous nous sommes livrés pour disposer les esprits à la recevoir.

L'humanité, avons-nous dit, a un avenir religieux; la religion de l'avenir ne doit pas être conçue comme étant seulement, pour chaque homme, le résultat d'une contemplation intérieure et purement individuelle, comme un sentiment, comme une idée, isolés dans l'ensemble *des idées et des sentimens de chacun : elle doit être l'expression de la pensée collective* de l'humanité, la *synthèse* de toutes ses *conceptions*, la *règle* de tous ses *actes*. Non-seulement elle est appelée à prendre place dans l'ordre politique, mais encore, à proprement parler, l'institution politique de l'avenir, considérée dans son ensemble, ne doit être qu'une institution religieuse.

Telles étaient les importantes propositions que nous avions à justifier; mais auparavant nous devions avoir à combattre des argumens, et en quelque sorte des axiomes critiques qui se présentaient à nous comme des fins de non-recevoir à l'examen même du problème que nous proposions.

Ces argumens étaient principalement tirés des progrès des sciences, de la considération des mystères qu'elles avaient éclaircis, des habitudes de *positivisme* qu'elles avaient inculquées aux esprits, et du dégoût qu'elles leur avaient inspiré pour les *hypothèses*.

Nous avons dû peser la valeur de ces argumens. Et d'abord, énumérant les sciences, nous avons trouvé qu'aucune d'elles, soit par son objet, soit par sa méthode nécessaire d'investigation, ne pouvait rien prouver contre les deux idées fondamentales de toute religion : *Providence* et *destination*. Nous avons montré que si les savans avaient concouru à la destruction des croyances religieuses, c'était surtout en qualité de disciples fervens de la philosophie critique et de ses *croyances*, et qu'il ne leur avait rien moins fallu que la *foi* vive qui leur était inspirée par cette philosophie, c'est-à-dire par une *hypothèse* sur l'homme, sur le monde, et sur la relation qui existe entre l'un et l'autre, pour trouver dans les faits, au moyen desquels ils contestaient l'existence de Dieu les preuves que, selon eux, ces faits étaient destinés à donner.

Examinant ensuite les sciences dans leur objet et dans leur méthode, nous avons établi que ces sciences non-seulement ne prouvaient rien contre la religion, mais encore qu'elles-mêmes prenaient leur source et trouvaient leur puissance dans une idée essentiellement religieuse, savoir : qu'il y a *constance, ordre, régularité*, dans l'enchaînement des phénomènes. Partant de cette idée, nous avons fait entrevoir un temps, qui ne pouvait être éloigné, où les sciences, dégagées de l'influence des dogmes de la critique, et envisagées d'une manière plus large, plus générale qu'elles ne le sont aujourd'hui, bien loin de continuer à être regardées comme destinées à combattre la religion, ne se présenteraient plus que comme le moyen donné à l'esprit humain de *connaître les lois par lesquelles* Dieu *gouverne le monde;* de connaître, en d'autres termes, le plan de la providence : ce qui les appelait directement, dans l'avenir, à étendre, appuyer et fortifier le *sentiment* religieux, puisque chacune de leurs découvertes, présentant le plan providentiel d'une manière plus étendue, devait aussi agrandir, confirmer, fortifier l'amour que l'homme peut concevoir pour la suprême *intelligence* qui le conduit sans cesse à de meilleures destinées.

D'un autre côté, nous avons fait voir que le procédé ou la *méthode* scientifique supposait toujours, avant même d'être employée, des *axiomes*, des *croyances;* qu'elle n'avait pour objet que de classer, ordonner les faits d'après la *conception hypothétique* d'un rapport, d'un *lien* existant entre eux, et de confirmer ainsi cette conception. En d'autres termes, nous avons dit qu'il n'existait pas, à proprement parler, de méthode pour découvrir, imaginer, concevoir, créer; que c'était toujours le sentiment qui donnait à la *science* sa base, limitait son domaine, la guidait dans ses recherches, et déterminait l'ordre de ses classifications, en lui fournissant un *criterium* des *différences* ou de l'*analogie* qui existent entre les phénomènes.

Considérant ensuite, dans leur ensemble, les sciences appelées aujourd'hui *positives*, les seules qui soient en possession de la faveur des esprits, les seules dont on entende parler lorsqu'on cherche un appui sur le terrain scientifique, nous avons fait voir qu'elles n'embrassaient dans leurs investigations qu'une partie très-limitée de l'ordre phénoménal universel; que les phénomènes de l'existence *morale* ou *sociale* de l'homme étaient restés en dehors de leur cadre; qu'ils étaient même généralement considérés comme n'étant pas susceptibles d'être rapportés à des lois simples, régulières, positives; qu'en conséquence aucune explication *générale* de l'univers n'avait pu être donnée par ces sciences, et que même les faits qu'elles embrassent particulièrement devaient nécessairement être envisagés d'une manière incomplète, par suite de l'ignorance des savans sur cette autre partie si importante de la science, qui embrasse les relations *morales* des hommes entre eux, et les liens *sympathiques* qui unissent l'espèce humaine et le monde. Et en effet, l'homme ne peut parvenir à s'expliquer, à *définir* l'univers dont il sent l'*unité* infinie, qu'en se plaçant alternativement, et par *abstraction*, tantôt au centre, tantôt à la circonférence de ce phénomène *un* et *multiple*, tantôt rapportant tout à sa *propre* existence, tantôt se considérant comme essentiellement *dépendant* du tout, par rapport auquel son *individualité* n'est qu'un point; ou autrement, pour s'expliquer, pour définir l'univers, l'homme, ainsi que nous l'a dit Saint-Simon, doit mettre alternativement en expérience, et l'homme lui-même et ce qui n'est pas l'homme, le petit monde et le grand monde, RELIANT sans cesse ces deux points de vue, par une conception de la SYMPATHIE qui existe entre eux, conception qui est pour l'homme la révélation de DIEU même. Ce ne serait donc que dans le cas où les sciences dites positives embrasseraient *toutes* les classes des phénomènes qui nous frappent, qu'elles pourraient prétendre prononcer sur l'existence de DIEU, puisque, par définition, DIEU est l'être *infini, universel.*

Examinant la valeur des répugnances de notre époque pour les hypothèses, nous avons montré que toutes les découvertes, tous les progrès de l'esprit humain, jusqu'à ce jour, n'avaient eu pour source que des hypothèses, et qu'il en devrait être toujours ainsi; que toute science, sans en excepter la plus positive, prenait sa base dans une conception hypothétique qui lui assignait son domaine, la guidait dans ses recherches, et déterminait ses classifications; que les plus nobles inspirations de l'homme n'avaient point d'autre fondement; que la *foi* critique qui a été si vive, et qui se montre si puissante encore lorsqu'on l'attaque, reposait tout entière sur une suite d'hypothèses, comme celles-ci par exemple : *qu'aucune intelligence supérieure ne préside à l'ordre de l'univers; — que les faits humains sont livrés au caprice du hasard; — que l'homme n'a point d'existence au-delà de cette manifestation limitée que nous nommons la vie; — qu'il est né libre*, etc., etc., et qu'enfin, malgré ses prétentions, notre siècle n'avait renoncé aux hypothèses générales *providence, ordre, bien, immortalité,* que pour se livrer sans réserve à celles-ci, *fatalité* ou *hasard, désordre, mal, néant.*

Au surplus, les argumens que nous venons de reproduire

sommairement ont été l'objet de développemens assez étendus, dans les digressions auxquelles l'école a été obligée de se livrer pendant les séances précédentes, pour que nous puissions nous dispenser de nous y arrêter davantage. Nous espérons aujourd'hui avoir suffisamment repoussé les fins de non-recevoir qui nous étaient opposées, et entrant directement, dès à présent, en matière, nous entreprendrons de justifier la vérité des propositions dans lesquelles nous avons présenté la solution du problème religieux, par l'emploi de la méthode historique dont nous avons fait connaître longuement le mécanisme au commencement de cette exposition.

A cet effet, nous allons suivre rapidement le développement religieux de l'humanité, et montrer que le sentiment religieux, loin d'avoir été sans cesse en s'affaiblissant comme il paraît généralement convenu de le croire, n'a cessé au contraire de s'accroître et d'acquérir plus d'importance.

Le développement religieux de l'humanité, comprend, jusqu'à ce jour, trois états-généraux successifs.

Le FÉTICHISME, dans lequel l'homme déifie la nature dans chacune de ses productions, de ses formes, dans chacun de ses accidens, sans établir aucun lien général entre lui et le milieu dans lequel il vit, ou entre les êtres nombreux qu'il distingue dans ce milieu.

Le POLYTHÉISME, dans lequel, s'élevant à des abstractions plus générales sur le monde qui l'entoure et sur sa propre existence, il déifie ces *abstractions*, et ainsi unit en elles des phénomènes auparavant isolés; à cette époque, il n'aperçoit point encore de lien commun entre tous les êtres; mais il en suppose l'existence, et témoigne de sa tendance à le saisir, par l'espèce de hiérarchie qu'il établit entre les différentes personnifications auxquelles il rend un culte.

Le MONOTHÉISME, dans lequel, ne concevant point encore l'unité vivante et absolue de l'ÊTRE, il établit pourtant un lien général entre ses manifestations diverses, en les rapportant à une seule cause, *extérieure à l'univers* il est vrai, mais dont la volonté, telle qu'il la conçoit, justifie et résume tous les faits qui le frappent.

De chacun de ces états généraux à celui qui le suit, le progrès du sentiment religieux est évident (1). Ce progrès peut être envisagé sous plusieurs aspects : s'il était généralement reconnu, et que nous n'eussions plus qu'à montrer la direction dans laquelle il s'est opéré, ce serait sans doute dans les faits qui se rapportent directement à la triple face MORALE, *intellectuelle* et *physique* sous laquelle nous avons toujours considéré l'activité humaine, que nous aurions à le suivre ; mais il s'agit pour nous en ce moment de prouver son existence elle-même ; c'est donc dans les termes correspondans aux négations dont il est l'objet que nous devons le présenter.

On prétend généralement aujourd'hui que la religion n'a cessé de perdre de son importance, soit dans la vie individuelle, soit dans la vie sociale.

Sous le premier rapport, cette opinion se produit dans les termes suivans, savoir : que depuis les temps où l'homme a conçu l'existence de la divinité, il a toujours eu moins d'*amour*, moins de *vénération* pour elle, et qu'il s'est toujours graduellement soustrait à la domination de la loi reli-

---

(1) Chacun de ces états religieux lui-même comprend plusieurs nuances, ou plusieurs phases importantes ; mais nous n'aurons à nous occuper ici que de celles que présente le dernier.

gieuse par l'affaiblissement de sa foi en une *vie future*.

Or, il est facile de prouver que c'est précisément le contraire qui a eu lieu.

Dans le *fétichisme*, c'est-à-dire dans l'état le moins avancé de la civilisation, la *crainte* est à peu près le seul sentiment qui unisse l'homme à la divinité qu'il conçoit; le culte tout entier semble alors n'avoir pour objet que de détourner le courroux de puissances ennemies; et si parfois l'*amour* se témoigne dans ce culte, cette expression du sentiment religieux est toujours trop faible, trop exceptionnelle pour en former le caractère.

Si l'on considère les proportions étroites dans lesquelles, à cette époque, la divinité est conçue et figurée, on sentira facilement qu'elle ne saurait inspirer une grande vénération; aussi voyons-nous le fétichiste traiter à peu près de puissance à puissance avec son idole, et se croire le droit de la punir lorsqu'il n'en a point obtenu ce qu'il lui demandait.

L'homme, dans cet état, vivant au jour le jour, sans tradition, sans avenir, occupé tout entier à pourvoir à des besoins de première nécessité, rarement satisfaits, a peu de temps à donner à la contemplation d'une *vie future*. Le sentiment de l'immortalité, sans doute, ne lui est point étranger, car ce sentiment est inhérent à la nature même de l'homme; mais, d'après le genre des besoins qui sont développés en lui, d'après la manière étroite dont il comprend le monde et sa propre existence; la vie future, dans les courts instans où elle occupe sa pensée, ne se présente guère à lui que comme la prolongation de l'état dans lequel il se trouve; aussi cette croyance reste-t-elle à peu près stérile en lui, quant à l'influence qu'elle exerce sur ses déterminations.

Le *polythéisme* présente un progrès sensible sous ce triple point de vue : l'*amour* n'est point une expression étrangère à cet état religieux de l'humanité; le mot de *piété* était connu des païens; mais à cette époque pourtant le sentiment de la *crainte* reste dominant, et l'homme religieux par excellence, le type du juste est encore alors celui que l'on peint comme *craignant* les dieux.

La *vénération* du polythéiste pour ses divinités est bien supérieure à celle du fétichiste; il croit pouvoir, il est vrai, se les rendre favorables par l'attrait des récompenses, mais il ne se sent ni le droit, ni la puissance de les punir.

La croyance en une *vie future* prend alors une plus grande importance, mais surtout comme sanction *pénale*, par l'image des *supplices* dont elle menace les coupables; la seule *récompense* offerte aux justes, qui soit capable de déterminer un attrait puissant vers une autre vie, ne s'acquiert que d'une manière exceptionnelle, et se borne aux rares apothéoses de quelques hommes illustres, qui, sous le nom de héros ou demi-dieux, vont prendre place dans l'Olympe. Quant à l'immortalité réservée aux vertus vulgaires, elle n'a évidemment de prix qu'en présence des terreurs du Tartare, ce qui est assez attesté par les traditions antiques qui nous ont été conservées par la poésie, et qui nous peignent les habitans de l'Élysée (qui dans cet état ne sont plus que des *ombres*), comme étant destinés à regretter éternellement la vie terrestre, même la plus humble.

Le *monothéisme* comprend deux phases, le *judaïsme* et le *christianisme*.

Le *judaïsme* présente un important progrès sur le polythéisme. Le sentiment de la *crainte* tient sans doute encore une place immense dans le cœur du peuple de Moïse, et les épithètes terribles qu'il donne sans cesse au Dieu qu'il sert, et la loi d'extermination qu'il accomplit en son nom, témoignent assez de l'intensité de ce sentiment; mais la poésie vivante qui en contient l'énergique expression, nous montre que déjà il a cessé d'être dominant, et que celui de l'amour commence au moins à lui faire équilibre.

La *vénération* pour la divinité prend aussi alors un développement remarquable; le juif ose bien encore parfois accuser la justice de Dieu; mais il le sent trop élevé au-dessus de lui, non seulement pour concevoir la pensée de le punir, mais même pour essayer de le tenter par la promesse de récompenses.

Ainsi que les philosophes critiques se sont plu si souvent à le remarquer, le dogme de l'*immortalité* ne se trouve point *formellement* exprimé, il est vrai, dans les premiers livres des traditions hébraïques; mais il est au moins implicitement contenu, avec la plus grande évidence, dans plusieurs passages de ces livres (1), et il serait impossible, par exemple, de ne pas en reconnaître l'existence dans les *promesses* faites au peuple de Dieu, promesses qui forment tout le lien de son histoire, et qui se présentent à la fois, et comme la raison la plus profonde de ses entreprises, et comme la sanction la plus générale et la plus puissante de la loi qui lui est donnée. Au surplus, dans les développemens de la doctrine et de la société juives, nous voyons ce dogme se détacher toujours de plus en plus de l'ensemble dans lequel il restait inaperçu, et grandir sans cesse jusqu'au christianisme, qui, héritier direct de la révélation de Moïse, mit assez en évidence, par l'importance qu'il

---

(1) Et notamment dans cette phrase, plusieurs fois reproduite à l'occasion de la mort des patriarches : *et il alla rejoindre son peuple.*

lui donna d'abord, celle qu'il avait prise successivement dans la doctrine dont le règne venait de finir.

Le *christianisme* ouvre enfin une nouvelle et immense carrière à tous les progrès que nous venons de constater. Si Dieu, à cette époque, se révèle encore aux hommes en éveillant dans leurs cœurs le sentiment de la *crainte*, ce qui est la conséquence inévitable des dogmes terribles de la chute de l'homme, de la réprobation, et de l'éternité des peines, ce sentiment pourtant est dès-lors tellement subalternisé, l'*amour* prend une expression si vive, si dominante, dans le sein de la nouvelle société religieuse, que si l'on ne peut admettre que le christianisme soit une loi *toute d'amour*, on comprend au moins, en regard du passé, l'illusion qui a rendu cette expression si familière.

La *vénération* du chrétien pour le Dieu qu'il adore s'élève au niveau de son amour. Quelque inconciliables que lui paraissent les faits qui le frappent, avec les notions qu'il se forme de la justice et de la providence divines, il n'hésite point à soumettre sa raison devant la *profondeur des desseins de* Dieu; qu'elle que soit la fortune qu'il subisse, il ne se croit envers son créateur ni le droit de plainte, ni celui de la censure; dans toutes les situations où il se trouve, il adore, il respecte ses décrets, et n'accuse que lui-même; et cependant il doute encore, à son insu, de la *bonté* et de la *sagesse* divines, car il prie.

La vie *actuelle*, pour le chrétien, n'est en quelque sorte qu'une préparation à la vie *future*; la pensée de l'immortalité, qu'elle se révèle par la crainte des châtimens ou par le désir non moins puissant de s'unir plus étroitement à Dieu, est habituelle en lui, et souvent y est dominante. Au surplus, il serait inutile d'insister davantage sur l'importance qu'a eue le dogme de la vie future dans le christianisme; si cette doctrine aujourd'hui a perdu son empire sur les cœurs, ses créations sont du moins assez voisines de nous pour n'être point encore sorties de notre mémoire.

Le progrès du sentiment religieux, quant à la place qu'il occupe dans l'existence *individuelle*, se montre donc d'une manière évidente dans la succession des trois états généraux que nous venons d'examiner, ainsi que dans les deux phases dont se compose le dernier. Dans cette succession, nous voyons le lien religieux se fortifier sans cesse par le développement de l'*amour*, de la *vénération* de l'homme envers Dieu, et par l'importance toujours plus grande que ne cesse de prendre le dogme de l'*immortalité*.

Il nous reste maintenant à montrer le progrès non moins évident de la religion, sous le rapport de sa valeur *sociale*, de sa puissance d'agrégation.

De même que le fétichiste ne voit que des êtres isolés dans le monde qui l'entoure, il ne voit aussi que des êtres isolés dans la famille humaine; le principe de l'association ne s'étend guère pour lui au-delà des liens directs de la famille, dernier terme de l'individualité, puisque l'individu absolument isolé ne peut se concevoir. Si quelquefois il y a concert entre un plus grand nombre d'hommes, c'est seulement pour une circonstance exceptionnelle, telle que la chasse, une guerre offensive ou défensive; mais après ces réunions temporaires, accidentelles, chacun ne tarde pas à rentrer et à se concentrer au sein de sa famille. Le culte alors est, à proprement parler, tout individuel; il est renfermé, comme le Dieu lui-même, dans le foyer domestique; le chef de *la famille* en est le pontife.

De même que le polythéiste attribue le gouvernement du monde à des causes aussi nombreuses que les abstractions auxquelles son esprit s'élève, de même aussi il divise le gouvernement des hommes entre autant de dieux distincts qu'il existe d'associations différentes sur la surface du globe. Ici la conception religieuse commence seulement à prendre le caractère *social*. Le culte de la famille conserve bien encore une grande importance, mais le culte de la *cité* le domine. Toutefois, dans cet état de choses, la valeur sociale du dogme religieux se trouve encore très-restreinte. D'abord ce dogme ne sert de lien qu'à l'agrégation de la cité, et encore, dans la cité même, il ne forme point directement le lien de tous les hommes qui la composent : la religion du patricien et celle du plébéien ne sont point les mêmes, et, quant à l'esclave, il reste en dehors de toute existence religieuse, et par conséquent sociale.

Le dogme monothéiste des Juifs appelle virtuellement l'humanité à former une association *universelle*. Ce peuple, en reconnaissant l'unité de Dieu, proclame l'unité de la race humaine; il échappe il est vrai aux conséquences de cette conception générale, quant à sa valeur sociale, par cette pensée : « *que* Dieu *a élu un seul peuple, et a exclu tous les autres de son alliance.* » Mais, dans le sein de la *nation* Israélite, à la différence de ce qui se passe dans le sein de la *cité* polythéiste, la croyance religieuse est commune à toutes les classes, et les rattache immédiatement toutes à la société. Nous voyons bien, il est vrai, des esclaves chez les Juifs; mais, s'il est permis de s'exprimer ainsi, ce n'est là encore qu'une inconséquence qui se trouve en partie effacée par la faculté laissée aux esclaves d'embrasser et de professer la foi religieuse de leurs maîtres, par le traitement peu rigoureux auquel ils sont soumis, et par la limitation même du temps de l'esclavage.

Enfin le christianisme paraît : de même que le monothéisme hébreux, il reconnaît l'*unité* de Dieu et l'*unité* de la famille humaine; mais il ne suppose plus, comme lui, l'*élection* exclusive d'un seul peuple: il n'admet pas que la connaissance de Dieu, que l'espoir dans ses promesses, soient refusées à une portion de l'humanité; il appelle *tous* les hommes, au contraire, à partager *la même croyance*, à se réunir en *une même association*, à ne former qu'*une Église*. Après l'établissement du christianisme on voit, il est vrai, l'esclavage se maintenir encore pendant quelque temps; mais il est, dès-lors, attaqué directement sous toutes les formes par les chrétiens, et il cède enfin entièrement à leurs efforts. — Le monothéisme chrétien se présente d'abord avec ce désavantage sur le monothéisme juif, qu'il ne se résout point, comme celui-ci, en une loi *politique*, embrassant et réglant toute l'activité humaine, individuelle et sociale, ou, sous un autre rapport, spirituelle et matérielle. Nous aurons à montrer la raison de ce phénomène; et pourtant nous ferons remarquer, dès à présent, qu'encore que le christianisme ne présente, à proprement parler, qu'une collection de préceptes *individuels*, cependant, par la force virtuelle d'agrégation contenue dans l'énoncé même de son dogme moral, il a donné naissance, sous l'empire du catholicisme, à la plus vaste *association politique* qui eût jamais existé.

De tout ce qui précède, il résulte que la religion, ainsi que nous l'avions annoncé d'abord, a pris une importance de plus en plus grande dans son développement successif, représenté par le fétichisme, le polythéisme et le monothéisme, celui-ci étant considéré dans les deux phases qu'il comprend; et que cette importance, elle l'a acquise, sous le double point de vue de sa valeur *sociale*, et de la place, toujours plus grande, qu'elle a occupée dans l'existence *individuelle* de l'homme. Elle est appelée aujourd'hui, avons-nous dit, à faire un nouveau, un immense progrès. Incessamment nous montrerons dans une exposition nouvelle de la doctrine de notre maître, en quoi doit consister ce progrès, et quels sont les changemens qu'il apportera au monde.

Dans le tableau rapide que nous venons de tracer, nous ne pouvons avoir eu la prétention de faire passer la conviction religieuse dans le cœur de nos auditeurs, ni de leur *démontrer* ce qui ne se démontre pas, *l'existence de* Dieu; nous avons voulu uniquement, à l'aide d'une méthode historique, qui a généralement obtenu leur approbation, constater que les croyances religieuses, loin d'avoir été en s'affaiblissant, ainsi qu'on paraît généralement disposé à l'admettre, ont, au contraire, suivi une marche évidemment progressive.

La langue scientifique que nous avons employée jusqu'ici est peu propre, nous le savons, à déterminer des conversions religieuses : des conversions de cette nature ne s'opèrent que par le langage des hommes inspirés, des prophètes, langage que Dieu ne permet à personne de proférer aujourd'hui, sans doute parce que personne encore ne serait en état de le comprendre. Le seul résultat que nous espérions obtenir, pour le moment, est de préparer les voies à ce langage sympathique, en repoussant les sophismes implantés dans les esprits par la philosophie critique, en combattant les préjugés de l'athéisme, en ruinant les hypothèses désolantes de l'égoïsme.

TABLE DES MATIÈRES.

	Pages.
INTRODUCTION. I^e partie, histoire des travaux de la Doctrine........................	5
IIe partie, plan de l'ouvrage.........	34
Lettre à un catholique sur la vie et le caractère de SAINT-SIMON......................	59
Exposition de la doctrine de SAINT-SIMON..........	
1e Séance.—De la nécessité d'une doctrine nouvelle..	75
2e Séance.—Loi du développement de l'humanité.— Vérification de cette loi par l'histoire....	105
3e Séance.—Conception.—Méthode.—Classification historique........................	123
4e Séance.—Antagonisme.—Association universelle. ——Décroissance de l'un ; progrès successifs de l'autre.............................	144
5e Séance.—Digression sur le développement général de l'espèce humaine................	160
6e Séance.—Transformation successive de l'exploitation de l'homme par l'homme, et du droit de propriété.——Maître, esclave.—Patricien, plébéien.—Seigneur, serf.—Oisif, travailleur...............................	172

		Pages.
7ᵉ Séance.—Constitution de la propriété.—Organisation des banques........................		184
8ᵉ Séance.—Théories modernes sur la propriété....		214
9ᵉ Séance.—Éducation.——Éducation générale ou morale.—Éducation spéciale ou professionnelle...		248
10ᵉ Séance.—Suite de l'éducation générale ou morale.		261
11ᵉ Séance.—Éducation spéciale ou professionnelle...		277
12ᵉ Séance.—Législation.......................		295
13ᵉ Séance.—Introduction à la question religieuse....		331
14ᵉ Séance.—Objections tirées de la prétention des sciences positives à l'irréligion.........		349
15 Séance.—Digression sur l'ouvrage intitulé: *Troisième cahier du Catéchisme des Industriels*, par Auguste Comte, élève de Saint-Simon.................................		373
16ᵉ Séance.—Lettre sur les difficultés qui s'opposent aujourd'hui à l'adoption d'une nouvelle croyance religieuse................		389
17ᵉ Séance.—Développement religieux de l'humanité.——Fétichisme, polythéisme, monothéisme juif et chrétien.........................		412

www.ingramcontent.com/pod-product-compliance
Lightning Source LLC
Chambersburg PA
CBHW071114230426
43666CB00009B/1964